Wer bist du wirklich?

Wer bist du wirklich?

Ein Guide
zu den 16 Persönlichkeitstypen ID16™©

JAROSŁAW JANKOWSKI

Wer bist du wirklich?
Ein Guide zu den 16 Persönlichkeitstypen ID16™©

Originaltitel: Czy wiesz, kim jesteś? Przewodnik po 16 typach osobowości ID16™©

Übersetzung aus dem Polnischen: Wojciech Dzido, Lingua Lab, www.lingualab.pl

Redaktion: Martin Kraft, Lingua Lab, www.lingualab.pl

Technische Redaktion: Zbigniew Szalbot

Herausgeber: LOGOS MEDIA

Druckausgabe: ISBN 978-83-7981-106-9
eBook (EPUB): ISBN 978-83-7981-107-6
eBook (MOBI): ISBN 978-83-7981-108-3

*Meiner geliebten Frau Iwona
und meinem geliebten Sohn Maciej*

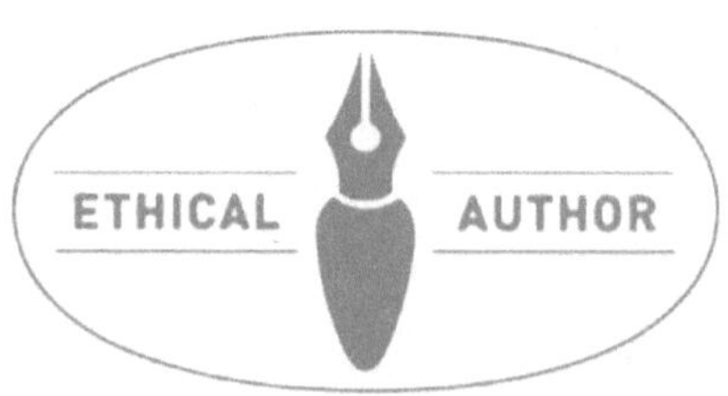

Der Leser steht an erster Stelle.

Eine Autorenkampagne der Alliance of Independent Authors

Inhaltsverzeichnis

Vorwort

Seit Anbeginn der Zeitrechnung haben Denker, Philosophen und einfache Beobachter des Lebens sich für das Phänomen der menschlichen Persönlichkeit interessiert. Bemerkenswert für sie war vor allem die Tatsache, dass das Verhalten und die Einstellung einiger Menschen große Gemeinsamkeiten aufweisen, obwohl sie doch verschiedene Lebenserfahrungen mit sich bringen und anders erzogen wurden.

Diese Beobachtungen veranlassten viele von ihnen zu Reflexionen über die einzelnen Persönlichkeitstypen. Eines der Ergebnisse dieser Ergründungen war die immer noch sehr bekannte Typologie von Hippokrates. Dieser herausragende antike Arzt und Denker unterschied vier grundlegende Temperamente: Sanguiniker, Choleriker, Phlegmatiker und Melancholiker. Die Geschichte kennt aber zahlreiche andere Versuche, sich wiederholende Persönlichkeitsmuster zu beschreiben und zu klassifizieren. Und obwohl aus heutiger Sicht einige von ihnen als überaus vereinfacht erscheinen, haben sie doch eine überaus wichtige Rolle gespielt und den Weg für die spätere und tiefgründigere Reflexion über die Persönlichkeit des Menschen geebnet.

Ein Durchbruch auf diesem Gebiet war die Theorie von Carl Gustav Jung (1875-1961), einem Schweizer Psychiater und Psychologen, die dazu beitrug, die Idee der Persönlichkeitstypen bekannt zu machen und die im weiteren Verlauf des 20. Jahrhunderts auch zur Grundlage für die Schaffung sog. Jungscher Persönlichkeitstypologien sowie Persönlichkeitstests wurde (zu denen auch der Test ID16™© gehört).[1]

Heute sind Persönlichkeitstypologien, die an die Theorie von Jung anknüpfen, ein in der Praxis allgemein verbreitetes Werkzeug, welches von Pädagogen, Trainern, in der Personalwirtschaft sowie Berufs- und Eheberatung verwendet wird. Sie stellen zugleich eine Grundlage für viele Programme dar, welche die persönliche Entwicklung und die Verbesserung von zwischenmenschlichen Beziehungen zum Ziel haben. Die Persönlichkeitstests von Jung wurden auch zu einem Standardwerkzeug von zahlreichen globalen Unternehmen bei ihren Bewerbungsverfahren sowie bei der beruflichen Entwicklung ihrer Mitarbeiter. Anfangs wurden sie in US-amerikanischen Unternehmen angewandt, wobei sie mit der Zeit auch immer mehr Ansehen in Europa erlangten.

Dank der Jungschen Persönlichkeitstests lernen Millionen von Menschen jährlich sich selbst sowie andere Menschen besser kennen. Folglich ändert sich ihr Leben und somit auch die Beziehung zu anderen zum Besseren.

Ich hoffe, dass Ihr Abenteuer mit den verschiedenen Persönlichkeitstypen auch viele positive Veränderungen mit sich bringt. Aus Gründen der Lesbarkeit wurde im Text die männliche Form gewählt, nichtsdestoweniger beziehen sich die Angaben auf Angehörige beider Geschlechter.

Der Autor

---

[1] Mehr zu dem Thema im Kapitel: „ID16™© im Kontext Jungscher Persönlichkeitstypologien"

ID16^{TM©}

im Kontext Jungscher Persönlichkeitstypologien

ID16™© gehört zur Familie der sog. Jungschen Persönlichkeitstypologien, die auf der Theorie von Carl Gustav Jung (1875-1961) basieren – einem Schweizer Psychiater und Psychologen und einem der wichtigsten Vertreter der sog. Tiefenpsychologie.

Auf Grundlage langjähriger Forschungen und Beobachtungen kam Jung zur Schlussfolgerung, dass die Unterschiede in der Haltung und den Vorlieben von Menschen nicht zufällig sind. Er erschuf daraufhin die heute bekannte Unterscheidung in Extrovertierte und Introvertierte. Ferner unterschied Jung vier Persönlichkeitsfunktionen, die zwei gegensätzliche Paare bilden: Empfindung – Intuition und Denken – Fühlen. Jung betonte, dass in jedem dieser Paare eine der Funktionen dominierend ist. Er kam zur Einsicht, dass die dominierenden Eigenschaften eines jeden Menschen stetig und unabhängig von externen Bedingungen sind, ihre Resultante hingegen der jeweilige Persönlichkeitstypus ist.

Im Jahre 1938 erschufen zwei amerikanische Psychiater, Horace Gray und Joseph Wheelwright, den ersten Persönlichkeitstest, der auf der Theorie von Jung basierte und die Bestimmung dominierender Funktionen in den drei von ihm beschriebenen Dimensionen ermöglichte: **Extraversion-Introversion**, **Empfindung-Intuition** sowie **Denken-Fühlen.** Dieser Test wurde zur Inspiration für andere Forscher. Im Jahre 1942, ebenfalls in den USA, begannen wiederum Isabel Briggs Myers und Katharine Briggs ihren eigenen Persönlichkeitstest anzuwenden. Sie erweiterten das klassische, dreidimensionale Modell von Gray und Wheelwright um eine vierte Dimension: **Bewertung-Beobachtung**. Die meisten der späteren Typologien und Persönlichkeitstests, die auf der Theorie von Jung basierten, übernahmen daraufhin auch diese vierte Dimension. Zu ihnen gehört auch u. a. die amerikanische Studie aus dem Jahre 1978 von David W. Keirsey sowie der Persönlichkeitstest von Aušra Augustinavičiūtė aus den 1970er Jahren. In den folgenden Jahrzehnten folgten Forscher aus der ganzen Welt, womit sie weitere vierdimensionale Typologien und Tests erschufen, die an lokale Bedingungen und Bedürfnisse angepasst wurden.

Zu dieser Gruppe gehört die unabhängige Persönlichkeitstypologie ID16™©, die in Polen vom Pädagogen und Manager Jarosław Jankowski erarbeitet wurde. Diese Typologie, die im ersten Jahrzehnt des 21. Jahrhunderts veröffentlicht wurde, basiert ebenfalls auf der klassischen Theorie von Carl Gustav Jung. Ähnlich wie auch andere moderne Jungsche Typologien reiht sie sich in die vierdimensionale Persönlichkeitsanalyse ein. Im Falle von ID16™© werden diese Dimensionen als **vier natürliche Veranlagungen** bezeichnet. Diese Veranlagungen haben einen dichotomischen Charakter, ihre Charakteristik hingegen liefert Informationen über die Persönlichkeit eines Menschen. Die Analyse der ersten Veranlagung hat die Bestimmung einer dominierenden **Lebensenergiequelle** zum Ziel (äußere oder innere Welt). Die zweite Veranlagung wiederum bestimmt die dominierende Art und Weise, wie **Informationen aufgenommen werden** (mithilfe von Sinnen oder Intuition). Die dritte Veranlagung hingegen determiniert die dominante **Entscheidungsfindung** (Verstand oder Herz). Die Analyse der letzten Veranlagung schlussendlich liefert den dominanten **Lebensstil** (organisiert oder spontan). Die Kombination aller natürlichen Veranlagungen ergibt im Endresultat einen von **16 möglichen Persönlichkeitstypen**.

Eine besondere Eigenschaft der Typologie ID16™© ist ihre praktische Dimension. Sie beschreibt die einzelnen Persönlichkeitstypen in der Praxis – auf der Arbeit, im Alltag oder in zwischenmenschlichen Kontakten und Beziehungen. Diese Typologie konzentriert sich nicht auf die innere Dynamik der Persönlichkeit und versucht nicht, eine theoretische Erklärung für innere, unsichtbare Prozesse zu finden. Viel mehr versucht sie zu erläutern, wie die jeweilige Persönlichkeit nach außen wirkt und welchen Einfluss sie auf ihr Umfeld nimmt. Diese Fokussierung auf den sozialen Aspekt einer jeden Persönlichkeit stellt eine Gemeinsamkeit mit der o. g. Typologie von Aušra Augustinavičiūtė dar.

Jeder der 16 Persönlichkeitstypen ID16™© ist eine Resultante natürlicher Veranlagungen des Menschen. Die Zuschreibung zum jeweiligen Typus birgt aber keine Bewertung. Keiner der Typen ist besser oder schlechter als die anderen. Jeder von ihnen ist schlichtweg anders und verfügt über seine eigenen starken und schwachen Seiten. ID16™© erlaubt es, diese Unterschiede zu identifizieren und sie zu beschreiben. Er hilft einem dabei sich selbst zu verstehen und seinen Platz auf dieser Welt zu finden.

Die Tatsache, dass Menschen ihr eigenes Persönlichkeitsprofil kennen, erlaubt es ihnen, voll und ganz ihr Potenzial zu nutzen und an all jenen Gebieten zu arbeiten, die ihnen Probleme bereiten könnten. Es ist eine unschätzbare

Hilfe im Alltag, bei der Suche nach Problemlösungen, beim Aufbau gesunder zwischenmenschlicher Beziehungen sowie bei der Entscheidungsfindung auf dem Bildungs- und Berufsweg.

Die Identifizierung des Persönlichkeitstypus ist kein willkürlicher oder mechanischer Prozess. Jeder Mensch ist als „Inhaber und Nutzer seiner Persönlichkeit" in vollem Maße kompetent zu entscheiden, zu welchem Typus er gehört. Somit haben Menschen eine Schlüsselrolle in diesem Prozess. Solch eine Selbstidentifizierung kann zum einen dadurch erfolgen, dass man sich die Beschreibungen aller 16 Persönlichkeitstypen durchliest und schrittweise die Auswahl einengt. Zum anderen kann man aber auch den schnelleren Weg wählen und den Persönlichkeitstest ID16™© ausfüllen. Auch in diesem Falle spielt der „Nutzer einer Persönlichkeit" die Schlüsselrolle, denn das Ergebnis des Tests hängt einzig und allein von seinen Antworten ab.

Die Identifizierung soll dabei helfen, sich selbst und andere zu verstehen, wenngleich sie keinesfalls als Orakel für die Zukunft angesehen werden sollte. Der Persönlichkeitstyp sollte zudem nie unsere Schwächen oder schlechte Beziehungen zu anderen Menschen rechtfertigen (obwohl er helfen sollte, die Gründe hierfür zu verstehen)!

Im Rahmen von ID16™© wird die Persönlichkeit nie als statisch, genetisch determinierter Zustand verstanden, sondern als Resultante angeborener und erworbener Eigenschaften. Solch eine Perspektive vernachlässigt nicht den freien Willen und kategorisiert nicht. Sie eröffnet viel mehr neue Perspektiven und regt zur Arbeit an sich selbst an, indem sie Bereiche aufzeigt, in denen dies am meisten benötigt wird.

Persönlichkeitstest ID16™©

Der Persönlichkeitstest ID16™© stellt eine Zusammenstellung von 84 Fragen zu Ihren Reaktionen und Verhaltensweisen in normalen Alltagssituationen dar. Die Antworten auf diese Fragen erlauben es, Ihren Persönlichkeitstyp festzustellen.

Wichtige Informationen:

- Der Test besteht aus drei Teilen. Jeder dieser Teile enthält 28 Fragen bzgl. persönlicher Präferenzen oder Verhaltensweisen. Die Fragen bestehen aus Sätzen, die zu Ende geführt werden müssen, indem eine der beiden Optionen gewählt wird.

- Ziel des Tests ist die Bestimmung Ihres Persönlichkeitstyps, nicht aber der Intelligenz, des Wissens oder etwaiger Fähigkeiten. Das Ergebnis hat keinen bewertenden Charakter! Es gibt weder richtige noch falsche Antworten, weswegen Sie nicht versuchen sollten, die „richtigen" Antworten zu suchen und zu wählen. Jeder der 16 Persönlichkeitstypen ist anders, hat aber dennoch den gleichen Wert. Keiner ist besser oder schlechter als der Rest.

- Wählen Sie die einzelnen Antworten gemäß Ihrer *Verhaltensweisen* in den entsprechenden Situationen, nicht aber so, wie Sie sich gerne *verhalten würden* oder wie man sich (Ihrer Meinung nach) *verhalten sollte*. Falls Sie noch nie in einer Situation dieser Art waren, versuchen Sie sich vorzustellen, was Ihre natürliche Reaktion in dieser Situation wäre. Wenn eine Frage Ihre Präferenzen betrifft, antworten Sie wahrheitsgetreu. Lassen Sie sich hierbei nicht von dem Gedanken beeinflussen, was richtig oder von der Allgemeinheit gewünscht wäre.

- *Jede Frage* sollte beantwortet werden. Falls Sie sich mit keiner der Antworten identifizieren können, markieren Sie die Antwort, die Ihnen näher liegt.

- Die Zeit für den Test ist unbestimmt, weswegen Sie sich nicht beeilen müssen. Denken Sie aber nicht zu lange über die Antworten nach.

- Nach jeder Antwort finden Sie in den Klammern einen der folgenden Buchstaben: E, I, S, N, T, F, J oder P. Beim Ausfüllen des Tests sollten Sie sich diese Buchstaben auf einem Zettel aufschreiben und sie am Ende zusammenzählen, wie oft sie die jeweiligen Buchstaben gewählt haben. Ihr Ergebnis könnte dann folgendermaßen aussehen:
  - E – 18
  - I – 3
  - S – 7
  - N – 14
  - T – 4
  - F – 17
  - J – 0
  - P – 21

Weitere Hinweise und Tipps finden Sie am Ende des Tests.

Teil 1/3

1. Ich denke oft über den Sinn des Lebens nach:
   a. Ja [I]
   b. Nein [E]
2. Ich bevorzuge:
   a. geprüfte und erprobte Lösungen [S]
   b. kreative, innovative Ideen [N]
3. Arbeit, die mir gefällt:
   a. im Team [E]
   b. individuell [I]
4. Ich neige dazu:
   a. den Rat anderer anzunehmen [P]
   b. anderen einen Rat zu geben [J]
5. Um mit anderen gute Beziehungen zu pflegen, gebe ich oftmals nach, auch wenn dies für mich nicht vorteilhaft ist:
   a. Ja [F]
   b. Nein [T]
6. Ich erhole mich am besten:
   a. alleine oder im engen Kreis, an einem stillen, ruhigen Ort [I]
   b. inmitten von vielen Menschen, an Orten, wo immer was los ist [E]
7. Es kommt oft vor, dass ich meine Arbeit vor dem geplanten Termin beende oder sogar mehr mache als nötig:
   a. Ja [J]
   b. Nein [P]
8. Die folgende Aussage trifft eher auf mich zu:
   a. Ich mag es, meinen Tag zu planen und mag keine plötzlichen und unerwarteten Planänderungen [J]
   b. Ich mag es nicht, den Tag vorab steif zu verplanen, unerwartete Ereignisse hingegen betrachte ich als interessante Abwechslung [P]

9. Wenn ich unter Bekannten bin, dann spreche ich normalerweise:
   a. mehr als die anderen [E]
   b. weniger als die anderen [I]
10. Ich bevorzuge Autoren, die:
    a. interessante Vergleiche aufstellen und an innovative Ideen anknüpfen [N]
    b. sachlich schreiben und sich auf Fakten konzentrieren [S]
11. Wenn ich ein Problem lösen möchte, dann versuche ich vor allem:
    a. objektiv zu bleiben, sogar auf Kosten der Sympathie anderer Menschen [T]
    b. die Sympathie anderer Menschen zu wahren, sogar auf Kosten der Objektivität [F]
12. Ich bevorzuge es, mich mit:
    a. Aufgaben zu beschäftigen, die von mir bereits ausgeführten Aufgaben ähnlich sind [S]
    b. neuen Aufgaben zu beschäftigen, die ich bislang noch nie gemacht habe [N]
13. Um Angelegenheiten so schnell wie möglich zu erledigen und sie hinter mich zu bringen, handle ich oftmals vorschnell:
    a. Ja [J]
    b. Nein [P]
14. Die folgende Aussage trifft eher auf mich zu:
    a. Ich kann mich über längere Zeit auf eine Sache konzentrieren [I]
    b. Ich lasse mich leicht ablenken und mache oft Pausen während der Arbeit [E]
15. Mich irritieren mehr:
    a. Träumer, die hauptsächlich an die Zukunft denken [S]
    b. Realisten, die nur am „Hier und Jetzt" interessiert sind [N]

16. Ich würde lieber eine Vorlesung besuchen, die von einem Dozenten geleitet wird, der:
    a. reserviert, gelegentlich unhöflich, dafür aber sehr logisch ist und Wissen geordnet vermittelt [T]
    b. zerstreut ist, Wissen auf etwas chaotische Weise vermittelt, dafür aber sehr sympathisch und herzlich ist [F]
17. Wenn ich etwas zu einem bestimmten Termin machen soll, dann ist es für gewöhnlich so, dass:
    a. ich versuche, die Arbeit so schnell wie möglich zu beenden, um mich mit angenehmeren Dingen zu beschäftigen [J]
    b. ich mich erst mit angenehmeren Dingen beschäftige und mich dann an die Arbeit mache, wenn der Termin naht [P]
18. Ich bin der Ansicht, dass:
    a. eine objektive und berechtigte Kritik in den meisten Fällen erwünscht ist, da sie Menschen hilft, ihre Fehler und Vergehen zu erkennen [T]
    b. Kritik, auch wenn sie objektiv und berechtigt ist, oftmals mehr Leid als Gutes bewirkt, da sie zwischenmenschliche Beziehungen zerstört [F]
19. Ich mag es, Termine zukünftiger Treffen, Reisen oder Angelegenheiten aufzuschreiben:
    a. Ja [J]
    b. Nein [P]
20. Ich denke oft darüber nach, ob hinter den Aussagen anderer Menschen sich keine an mich gerichteten Anspielungen oder Bemerkungen verbergen:
    a. Ja [F]
    b. Nein [T]

21. Wenn ich meine Ersparnisse investiere, dann bevorzuge ich:
    a. einen zeitlich versetzten, dafür höheren Gewinn [N]
    b. einen niedrigen, dafür schnellen Gewinn [S]
22. Ich bevorzuge es:
    a. neue Sachen zu lernen [N]
    b. meine bisherigen Fähigkeiten zu verfeinern [S]
23. Mich stören Menschen mehr, die:
    a. schlechte Organisatoren sind und keine Ordnung halten können [J]
    b. kaum flexibel sind und sich nur schlecht an neue Situationen anpassen können [P]
24. Als die schlechtere Eigenschaft betrachte ich:
    a. ungerechte Behandlung anderer Menschen [T]
    b. mangelndes Verständnis für Menschen, die sich in einer schwierigen Lebenssituation befinden [F]
25. Ich bedaure öfters, dass ich:
    a. zu viel gesagt habe [E]
    b. zu wenig gesagt habe [I]
26. Wenn ich eine Aufgabe erledige, dann:
    a. teile ich sie in kleinere Stücke auf und arbeite an ihnen regelmäßig, um so Schritt für Schritt voranzukommen [S]
    b. habe ich Kreativschübe und Momente intensiver Arbeit, dank denen ich vorankomme [N]
27. Ich denke öfter darüber nach, wieso Menschen:
    a. nicht an andere denken [F]
    b. nicht rational vorgehen [T]

28. Ich vertrage nur schlecht:
    a. Lärm, Durcheinander, die Anwesenheit vieler Menschen [I]
    b. Stille, Langeweile und Einsamkeit [E]

Teil 2/3

1. Ich verspüre größeren psychischen Komfort, wenn:
    a. ich noch keine endgültige Entscheidung getroffen habe und noch Handlungsspielraum habe [P]
    b. ich die endgültige Entscheidung getroffen habe und die Angelegenheit abgeschlossen ist [J]
2. Wenn ich mit irgendeiner Arbeit beginne:
    a. bereite ich oftmals einen Plan vor bzw. schreibe auf, was zu tun ist [J]
    b. verschwende ich gewöhnlich keine Zeit für die Vorbereitung eines Planes – ich beginne sofort mit der Arbeit [P]
3. Normalerweise bin ich einer der ersten, die andere anrufen, um sie in schwierigen Lebenssituationen zu trösten:
    a. Ja [F]
    b. Nein [T]
4. Wenn ich die Bedienung eines neuen Geräts kennenlernen möchte, dann:
    a. lese ich die Gebrauchsanleitung genau durch und versuche es dann anzuschalten [S]
    b. schaue ich mir das Gerät an und versuche es anzuschalten und nehme nur dann die Gebrauchsanleitung zur Hilfe, wenn ich Probleme habe [N]

5. Eine größere Genugtuung nach der Erledigung einer Aufgabe bereitet mir:
    a. das Bewusstsein, dass ich sehr gut gearbeitet habe [T]
    b. Lob und Anerkennung von anderen Menschen zu erhalten [F]
6. Ich erzähle oft anderen Menschen über meine Erlebnisse:
    a. Ja [E]
    b. Nein [I]
7. Normalerweise handle ich:
    a. impulsiv [P]
    b. durchdacht [J]
8. Wenn ich mit anderen Menschen in einem Team zusammenarbeite, dann würde ich bevorzugen:
    a. dass es zu kleinen Spannungen und Konflikten kommt, dafür aber klare und verständliche Regeln gelten [T]
    b. dass es keine klaren Regeln gibt, dafür aber eine freundliche und herzliche Atmosphäre herrscht [F]
9. Ich denke oft darüber nach, was die Zukunft mit sich bringt:
    a. Ja [N]
    b. Nein [S]
10. Ich bevorzuge Aufgaben, die:
    a. selbstständiger Arbeit bedürfen [I]
    b. Kontakt mit Menschen erfordern [E]
11. Ich mag Fernsehsendungen, die:
    a. originelle Theorien vorstellen und die Phantasie anregen [N]
    b. einen beratenden Charakter haben und Tipps für die praktische Anwendung beinhalten [S]

12. Wenn ich Reportagen über Menschen sehe, denen
    ein Unglück widerfahren ist, dann ergreift mich
    das oftmals:
    a. Ja [F]
    b. Nein [T]
13. Es passiert mir oft, dass ich andere unterbreche
    oder ihnen ins Wort falle:
    a. Ja [E]
    b. Nein [I]
14. Ich bevorzuge Menschen, die in ihrem Handeln
    sich:
    a. nach ihrer inneren Überzeugung und dem
        Mitgefühl anderen gegenüber richten [F]
    b. nach logischen Grundsätzen und einer
        objektiven Analyse der jeweiligen Situa-
        tion richten [T]
15. Ich mag es:
    a. eine Hauptrolle zu spielen [E]
    b. im Hintergrund zu agieren [I]
16. Es passiert öfter, dass:
    a. ich mich für die Meinung und die Ansich-
        ten anderer Menschen interessiere [P]
    b. anderen meine Meinung und meine An-
        sichten mitteile [J]
17. Ich halte es für die schlechtere Eigenschaft:
    a. zu kritisch zu sein [F]
    b. zu viel Nachsicht zu zeigen [T]
18. Wenn ich eine größere Aufgabe erhalte, dann
    würde ich lieber:
    a. eine konkrete Anweisung bekommen, die
        erläutert, wie sie auszuführen ist [S]
    b. die Möglichkeit haben, sie nach meinen
        Vorstellungen zu realisieren [N]

19. Wenn ich mit anderen ein Problem bespreche, das gelöst werden muss, dann:
    a. mache ich mir zunächst Gedanken über das Problem und ergreife dann das Wort, wenn ich bereits eine Idee habe [I]
    b. ergreife ich spontan das Wort und im Verlauf des Gesprächs tauchen neue Ideen in meinem Kopf auf [E]

20. Bei der Lösung eines Konflikts kommt es vor allem darauf an:
    a. die Situation zu mildern und zu einem Kompromiss zu gelangen [F]
    b. zu klären, welche Seite Recht hatte und welche im Irrtum lag [T]

21. Ich würde lieber eine Aufgabe erledigen, bei der:
    a. meine Phantasie und meine Vorsehungsgabe gefragt sind [N]
    b. zahlreiche detaillierte Prozeduren beachtet werden müssen [S]

22. Wenn ich gefragt werde, dann:
    a. antworte ich für gewöhnlich sofort [E]
    b. brauche ich einen kurzen Augenblick, um nachzudenken [I]

23. Es kommt oft vor, dass ich Angelegenheiten aufschreibe, die ich am jeweiligen Tag erledigen muss:
    a. Ja [J]
    b. Nein [P]

24. Wenn ich ein Problem löse, dann bin ich imstande:
    a. den breiteren Kontext der jeweiligen Angelegenheit zu erkennen und ihre Konsequenzen vorherzusehen [N]
    b. mich auf alle Details des jeweiligen Problems zu konzentrieren [S]

25. Wenn ich eine Aufgabe zu erledigen habe, dann:
    a. zögere ich den Abschluss der Arbeit hinaus, um evtl. noch Veränderungen vornehmen zu können [P]
    b. versuche ich, die Aufgabe so schnell wie möglich zu erledigen, um die Sache abzuschließen [J]
26. Ich würde lieber mit Menschen arbeiten, die:
    a. praktisch und gründlich sind [S]
    b. kreativ und einfallsreich sind [N]
27. Meine Stimmung und mein emotionaler Zustand sind meistens:
    a. schwer zu erkennen [I]
    b. einfach zu erkennen [E]
28. Einige Menschen würden über mich sagen, dass:
    a. ich unordentlich bin [P]
    b. ich wenig flexibel bin [J]

Teil 3/3

1. Ich bewundere Menschen mehr, die:
    a. die Fähigkeit haben, logisch zu denken [T]
    b. sich in die Lage anderer versetzen können [F]
2. Ich mag:
    a. ein Leben voller Veränderungen und Überraschungen [P]
    b. ein geordnetes Leben, in dem alles laut Plan geschieht [J]
3. Wenn ich in einer großen Gruppe von Menschen bin, dann unterhalte ich mich für gewöhnlich:
    a. mit einigen Menschen, vor allem jenen, die ich bereits kenne [I]
    b. mit vielen Menschen, auch mit Unbekannten [E]

4. Mich würde ein Treffen mit einem Menschen
    mehr langweilen, der:
    a. viele detaillierte Informationen vermittelt
        und zahlreiche praktische Fragen stellt
        [N]
    b. über allgemeine Visionen neuer Lösungen
        sinniert, ohne jegliche Einzelheiten [S]
5. Eine Entscheidung ist schlimmer, wenn:
    a. sie unlogisch ist [T]
    b. sie vielen Menschen Leid zufügt [F]
6. Wenn ich im Urlaub bin, dann plane ich oft, was
    ich am nächsten Tag machen werde:
    a. Ja [J]
    b. Nein [P]
7. Ich würde es vorziehen, Lob dafür zu bekommen,
    dass:
    a. man mit mir nett Zeit verbringen kann [F]
    b. ich die richtigen Entscheidungen fällen
        kann [T]
8. Ich bevorzuge es:
    a. einsame Spaziergänge zu machen [I]
    b. neue Menschen kennenzulernen [E]
9. Andere würden sagen, dass:
    a. ich auf geplante Weise vorgehe [J]
    b. ich spontan agiere [P]
10. Wenn ich einen neuen Job suche, dann achte ich
    vor allem:
    a. auf die allgemeinen Arbeitsbedingungen
        [S]
    b. auf das zukünftige Potenzial der jeweili-
        gen Stelle [N]
11. Zu mir passt folgende Beschreibung besser:
    a. Ich schaffe es oftmals nicht, mich zeitlich
        vorzubereiten und rette mich mit Impro-
        visation [P]
    b. Ich bin normalerweise gut vorbereitet und
        muss nicht improvisieren [J]

12. Die Gesellschaft anderer Menschen:
     a.   erschöpft mich für gewöhnlich [I]
     b.   gibt mir gewöhnlich Kraft [E]
13. Wenn ich einen Mitarbeiter suchen würde, dann würde ich vor allem darauf achten, ob:
     a.   unsere Charaktere zueinanderpassen und wir in Harmonie zusammenarbeiten können [F]
     b.   die jeweilige Person über die nötigen Qualifikationen und Fähigkeiten verfügt, um die ihr gestellten Aufgaben auszuüben [T]
14. Andere würden sagen, dass ich:
     a.   praktisch veranlagt bin [S]
     b.   einfallsreich bin [N]
15. Zu mir passt folgende Beschreibung besser:
     a.   Ich verspäte mich oft zu Verabredungen [P]
     b.   Zu Verabredungen komme ich normalerweise pünktlich oder noch vor der Zeit [J]
16. Wenn ich im Mittelpunkt der Aufmerksamkeit stehe, dann fühle ich mich unwohl:
     a.   Ja [I]
     b.   Nein [E]
17. Wenn ich von Problemen anderer Menschen höre, dann:
     a.   denke ich oft darüber nach, worin die objektive Ursache liegt und ob sie nicht selbst Teilschuld tragen [T]
     b.   verspüre ich für gewöhnlich ehrliches Mitgefühl und überlege, wie ich ihnen helfen könnte [F]
18. Andere Menschen würden von mir sagen, dass ich zurückhaltend bin und selten Emotionen zeige:
     a.   Ja [I]
     b.   Nein [E]

19. Ich interessiere mich mehr für:
    a. konkrete Verhaltensweisen von Menschen und Ereignisse [S]
    b. allgemeine Regeln, die menschliches Verhalten und Ereignisse bestimmen [N]
20. Wenn man Kritik an anderen Menschen ausübt, dann sollte man vor allem:
    a. objektiv bleiben [T]
    b. aufpassen, dass man dabei niemanden verletzt [F]
21. Ein angenehmes Wochenende verbringe ich:
    a. zu Hause mit einem guten Buch oder einem Film [I]
    b. mit Freunden bei einem geselligen Treffen oder einer gemeinsamen Party [E]
22. Festgelegte Prozeduren, Instruktionen und Regeln:
    a. sind für gewöhnlich eine praktische Hilfe und erleichtern die Arbeit [S]
    b. schränken oftmals kreative Ideen ein und erschweren die Arbeit [N]
23. Wenn ich mehr Zeit für die Sammlung von Informationen oder Überlegungen benötige, zögere ich meine Entscheidung oft hinaus:
    a. Ja [P]
    b. Nein [J]
24. Wenn ich von einem außerordentlichen Vorhaben höre, dann:
    a. fasziniert mich die Idee selbst [N]
    b. interessiert mich die Art und Weise, wie es realisiert wird [S]
25. Zu mir passt die folgende Beschreibung besser:
    a. Ich kritisiere andere Menschen nicht gerne und wenn ich es machen muss, dann sehr dezent [F]
    b. Ich bin direkt und wenn mir etwas nicht gefällt, dann sage ich es [T]

26. Mehr Freude macht mir:
   a. die Fertigstellung einer Aufgabe [J]
   b. der Beginn der Arbeit an einer neuen Aufgabe [P]
27. Ich würde lieber:
   a. eigenständig oder mit zwei mir nahestehenden Kollegen arbeiten [I]
   b. in einem neuen 10-köpfigen Team arbeiten [E]
28. Wenn ich Formulare oder Umfragen ausfülle, dann prüfe ich für gewöhnlich am Ende, ob ich alle Daten oder Antworten korrekt angegeben habe:
   a. Ja [S]
   b. Nein [N]

Das ist auch schon das Ende des Tests. Nun zur Interpretation der Ergebnisse!

Schritt 1

Prüfen Sie, wie oft Sie den jeweiligen Buchstaben hinter einer Antwort gewählt haben: E, I, S, N, T, F, J oder P.
Ihr Ergebnis kann folgendermaßen aussehen:

- E — 18
- I — 3
- S — 7
- N — 14
- T — 4
- F — 17
- J — 0
- P — 21

Schritt 2

Für jedes der folgenden Buchstabenpaare notieren Sie sich bitte, welchen Buchstaben Sie öfter gewählt haben:

- Paar 1: **E** oder **I**,
- Paar 2: **S** oder **N**,
- Paar 3: **T** oder **F**,
- Paar 4: **J** oder **P**.

Ihr Ergebnis wird die Form eines Codes mit vier Buchstaben haben (z.B. **ENFP**).

Die größere Zahl in dem jeweiligen Paar bedeutet die dominierende Veranlagung für die jeweilige Dimension der Persönlichkeit:

- Quelle der Lebensenergie: **E** (äußere Welt) oder **I** (innere Welt).
- Informationsaufnahme: **S** (Sinne) oder **N** (Intuition).
- Art und Weise wie Entscheidungen getroffen werden: **T** (Verstand) oder **F** (Herz).
- Lebensstil: **J** (organisiert) oder **P** (spontan).

Schritt 3

Suchen Sie nun in der Liste Ihren Code und prüfen Sie, wer Sie sind:

- ENFJ = Berater   S. 76
- ENFP = Enthusiast   S. 138
- ENTJ = Direktor   S. 117
- ENTP = Reformer   S. 303
- ESFJ = Anwalt   S. 53
- ESFP = Moderator   S. 259
- ESTJ = Verwalter   S. 348
- ESTP = Animateur   S. 32
- INFJ = Mentor   S. 240
- INFP = Idealist   S. 161

- INTJ = Stratege   S. 328
- INTP = Logiker   S. 220
- ISFJ = Betreuer   S. 97
- ISFP = Künstler   S. 199
- ISTJ = Inspektor   S. 180
- ISTP = Praktiker   S. 283

Der Animateur (ESTP)

PERSÖNLICHKEITSTYPOLOGIE ID16™©

Profil

Lebensmotto: *Lasst uns etwas unternehmen!*

Energisch, aktiv und unternehmerisch. Sie mögen die Gesellschaft anderer Menschen und sind imstande, den Augenblick zu genießen. Spontan, flexibel und offen für Veränderungen.

Enthusiastische Anreger und Initiatoren, die andere zum Handeln motivieren. Logisch, rational und überaus pragmatisch. *Animateure* sind Realisten, die abstrakte Ideen und die Zukunft betreffende Erwägungen ermüdend finden. Sie konzentrieren sich viel mehr auf konkrete Lösungen von aktuellen Problemen. Sie haben manchmal Schwierigkeiten bei der Organisation und Planung, denn sie neigen zu impulsiven Handlungen, weswegen es passieren kann, dass sie erst handeln und dann nachdenken.

Natürliche Veranlagungen des *Animateurs*

- Die Quelle seiner Lebensenergie: seine äußere Welt.
- Informationsaufnahme: Sinne.
- Art und Weise wie Entscheidungen getroffen werden: Verstand.
- Lebensstil: spontan.

Ähnliche Persönlichkeitstypen

- *Verwalter*
- *Praktiker*
- *Inspektor*

Statistische Angaben

- *Animateure* stellen ca. 6-10 % der Gesellschaft dar.
- Unter *Animateuren* überwiegen Männer (60 %).
- Das Land, welches dem Profil des *Animateurs* entspricht, ist Australien.[2]

Buchstaben-Code

Der universelle Code des *Animateurs* ist in den Jungschen Persönlichkeitstypologien ESTP.

Allgemeines Charakterbild

Animateure sind aktiv und spontan. Sie konzentrieren sich auf den aktuellen Tag und sind imstande, den Augenblick zu genießen. Sie gehören nicht zu all jenen, die viel Zeit mit

---

[2] Dies bedeutet nicht, dass alle Einwohner von Australien zu dieser Gruppe gehören, wenngleich die australische Gesellschaft – als Ganzes – viele charakteristische Eigenschaften des *Animateurs* verkörpert.

Überlegungen über die Zukunft verbringen. *Animateure* bevorzugen es, all dies zu nutzen, was das Leben ihnen gerade bringt. Sie engagieren sich gerne für alles, was neu ist. Sie mögen Unbeständigkeit und Überraschungen.

Es fällt *Animateuren* schwer, auf einem Platz sitzenzubleiben. Sie verspüren ununterbrochen Hunger auf neue Erfahrungen. Wenn sie ein neues Wissensgebiet erforschen, Antworten auf Fragen finden, die sie beschäftigen, oder neue Fähigkeiten erlangen, beginnen sie neue Herausforderungen und Probleme zu entdecken, die es zu lösen gilt. In der Regel passen sie sich sehr leicht an neue Bedingungen an und können Veränderungen gut verkraften (sie erwarten sie sogar!).

Wahrnehmung

In der Regel sind sie Pragmatiker und Realisten – sie stützen sich auf das, was sie anfassen, sehen oder hören können. *Animateure* sind hervorragende Beobachter und zeichnen sich durch ein ausgeprägtes Wahrnehmungsvermögen aus. Dafür vertrauen sie ihrer Vorahnung oder ihrer Intuition nicht. Sie lernen durch praktische Handlungen, langweilen sich wiederum bei theoretischen Überlegungen und abstrakten Ideen. Sie sind von Natur aus offen, tolerant und einsichtig – sowohl gegenüber anderen Menschen, als auch sich selbst. *Animateure* vermögen es, sich selbst viel zu verzeihen und quälen sich nicht mit Fehlern oder schlechten Entscheidungen aus der Vergangenheit.

Entscheidungen

Animateure richten sich nach ihrem logischen Verständnis, wenn sie Entscheidungen treffen. Rationale Argumente und Beweise sprechen sie mehr an als ihre eigenen Empfindungen oder ihre Intuition. Ihre Entscheidungen stellen für gewöhnlich eine Reaktion auf reale Situationen und Bedürfnisse dar. Sie sind damit seltener das Ergebnis einer bewussten und geplanten Vorbereitung auf Ereignisse, die sie in der

Zukunft erwarten. Es passiert ihnen oft, dass sie „laut denken". Sie gelangen zur Lösung von Problemen, indem sie diese mit anderen besprechen und dabei verschiedene Lösungsansätze zum Ausdruck bringen.

Wenn sie einmal eine Entscheidung getroffen haben, dann achten sie nicht besonders darauf, wie sie von ihrem Umfeld wahrgenommen werden. *Animateure* werden vor allem von ihren eigenen Ansichten geleitet, die auf rationalen und objektiven Fakten basieren. Die Befolgung eigener Regeln ist für sie wichtiger als das Befriedigen von anderen Menschen (und sogar wichtiger als die Befolgung von geltenden Sitten und Normen).

In den Augen anderer Menschen

Animateure werden von anderen als sympathische, spontane und offene Menschen betrachtet. In der Regel gelten sie auch als energische, aktive, praktische und überaus direkte Personen (für einige zu direkt). Viele Menschen sehen in ihnen willkommene Partner zum Feiern, aber auch Menschen, auf deren Hilfe sie stets zählen können im Falle von plötzlichen Ereignissen. Seltener werden sie als Experten von Aufgaben angesehen, die nach guter Organisation und Planung verlangen, denn nicht selten haben *Animateure* den Ruf von chaotischen und unorganisierten Personen. Menschen, die uneigennützig anderen dienen oder auf geistliche Dinge des Lebens konzentriert sind, empfinden *Animateure* oft als oberflächliche und auf Karriere und materielle Dinge fixierte Menschen.

Animateuren selbst fällt es schwer all jene zu verstehen, die sich von abstrakten Theorien oder Ideen hinreißen lassen. Auch Liebhaber von sentimentalen Erzählungen, Melodramen und Telenovelas stellen für sie ein Geheimnis dar.

Lösung von Problemen

Animateure sind praktisch veranlagt. Ihnen liegt es fern darüber nachzudenken, was getan werden sollte. Dafür ziehen sie es vor, sich sofort an die Arbeit zu machen. Sie mögen praktische, greifbare Aufgaben. Oftmals beobachten sie unbewusst ihr Umfeld auf der Suche nach Problemen, die es zu lösen gilt. Für gewöhnlich brauchen *Animateure* keine lange Vorbereitungszeit, denn sie sind „stets bereit". Ferner kommen sie hervorragend mit Situationen klar, die schnelles Reaktionsvermögen, Flexibilität und Improvisation erfordern. In plötzlichen Situationen (bspw. bei einer Rettungsaktion) bewahren sie einen kühlen Kopf und vermögen es, die Situation objektiv einzuschätzen und die nötigen Schritte einzuleiten, während andere Menschen sich ihren Emotionen ergeben oder vor Angst erstarren. *Animateure* sind darüber hinaus auch imstande, auf Veränderungen und neue Faktoren zu reagieren und blitzschnell ihre Handlungen zu korrigieren (indem sie sie an die neuen Gegebenheiten anpassen).

Schlechter hingegen kommen sie mit Aufgaben klar, die Planung und längerer Vorbereitung bedürfen. In solchen Situationen versuchen sie sich zu retten - mit der für *Animateure* charakteristischen hervorragenden Fähigkeit zur Improvisation. Es kommt aber vor, dass sie durch ihre Probleme hinsichtlich zeitgerechter Planung und ihre nicht allzu gute Arbeitsorganisation zahlreiche Gelegenheiten verpassen und auch viele „Lebenschancen" nicht wahrnehmen.

Indem sie ihre Möglichkeiten überschätzen (bspw. durch eine Fehleinschätzung des für eine bestimmte Aufgabe erforderlichen Arbeitsaufwandes), schieben sie manchmal zu viele Dinge auf, womit sie ihren Kollegen und Verwandten oftmals Stress bereiten. Obwohl Planung und Organisation nicht zu ihren starken Seiten gehören, sind sie aber doch imstande, mit ein wenig Mühe diese Fähigkeiten entscheidend zu verbessern.

Kommunikation

Animateure vermeiden den schriftlichen Ausdruck. Sie bevorzugen viel mehr die verbale Kommunikation und vermögen es, bildhaft zu erzählen. Ferner sind sie Überredungskünstler. Sie sprechen lieber, als dass sie zuhören. In der Regel sind sie ungeduldig, weswegen es vorkommt, dass sie ihre Gesprächspartner unterbrechen und ihnen ins Wort fallen. Ihre Offenheit, Optimismus und ihr Sinn für Humor bewirken allerdings, dass andere Menschen *Animateuren* gerne zuhören. All dies, in Verbindung mit ihrer Aktivität und ihrem Enthusiasmus, führt dazu, dass ihnen andere Menschen folgen. *Animateure* sind oftmals Initiatoren und Animateure verschiedener Ereignisse (daher auch die Bezeichnung für diesen Persönlichkeitstyp).

Wenn sie mit der Arbeit an einem neuen Unterfangen beginnen, vermögen sie es, anderen Menschen Glauben an den Erfolg einzuflößen und sie somit zur Arbeit zu motivieren. Von Natur aus sind sie jedoch besser bei der Initiierung von Aufgaben als mit deren Fertigstellung. Öfters als andere haben sie auch Probleme mit der Einhaltung ihrer Versprechen oder vorher getroffener Abmachungen. Denn wenn am Horizont die nächste Herausforderung auf sie wartet, verlieren sie ihre Begeisterung für die Realisierung der vorher begonnenen Arbeit. Diese Haltung führt gelegentlich zu Enttäuschung bei all denen, die sich einem Vorhaben angeschlossen haben, welches von ihnen initiiert wurde.

In Stresssituationen

Animateure können gut arbeiten, aber auch gut entspannen. Sie sind imstande, sich „auszuklinken" und sich voll und ganz auf ihre Freizeit oder etwaige Unterhaltung zu konzentrieren, ohne dabei Gewissensbisse zu haben. Oftmals heben sie sich durch eine sehr ausgeprägte Leidenschaft für Sport und aktive Erholung hervor. In der Regel vertragen sie auch gut Stress- und Konfliktsituationen. Langfristige Konflikte können bei ihnen aber Erschöpfung, Energieverlust oder einen Rückzieher zur Folge haben. Erschöpft und müde neigen sie dazu, intensive und sinnliche Eindrücke zu suchen, Genussmittel zu konsumieren oder beim Glücksspiel bzw. riskanten finanziellen Spekulationen auszuschalten.

Sozialer Aspekt der Persönlichkeit

Animateure sind offen gegenüber anderen Menschen, weswegen es leicht fällt, ihnen näher zu kommen. Für gewöhnlich erlangen sie sehr schnell die Sympathien ihres Umfelds. Sie vermögen es relativ schnell, sich unter neuen Personen zurechtzufinden und sich an die Situation anzupassen. Bekannt sind sie auch dafür, dass sie fähig sind, stundenlang unterhaltsame Geschichten zu erzählen und auf scharfsinnige Art und Weise die Realität zu beschreiben. Oftmals reicht allein ihre Anwesenheit, um eine angespannte Situation zu entschärfen. Beim Kontakt mit anderen Menschen sind sie überaus direkt und in der Regel sagen sie auch, was sie denken. *Animateure* neigen dazu, impulsiv und schroff zu sein – ihre kritischen Anmerkungen können sensiblen und emotionalen Menschen Leid zufügen.

Für gewöhnlich verlieren sie keine Zeit für Vermutungen, was andere über sie denken und wie sie beurteilt werden. *Animateure* sind unempfindlich gegen Kritik sowie Druck von außen. Sie können auf Menschen Einfluss gewinnen, sie sogar manipulieren, um ihre Ziele zu verwirklichen.

Obwohl sie oft die Seele der Gesellschaft sind und anderen die Zeit attraktiv gestalten, haben *Animateure* oft Probleme mit tiefgründigen, zwischenmenschlichen Beziehungen. Sie verlieren sich in der Welt der Emotionen und Gefühle. Normalerweise ist es für sie einfacher, Beziehungen aufzubauen, deren Grundlage gemeinsamer Spaß oder das Lösen von Problemen sind. Beziehungen aufzubauen, die auf Gefühlen basieren, fällt ihnen hingegen schwer. Aus diesem Grund sind familiäre Beziehungen für sie eine größere Herausforderung als solche beruflicher Art.

Unter Freunden

Animateure verbringen gerne ihre Zeit dort, wo etwas passiert. Sie mögen die Gesellschaft anderer Menschen und lieben gemeinsame Feiern und jegliche Aktivitäten in Gruppen. Ferner sind sie imstande sich schnell in einem neuen Umfeld zurechtzufinden und sich an die neuen Gegebenheiten anzupassen. Andere schätzen ihren Enthusiasmus, Optimismus und ihren Sinn für Humor, weswegen sie gerne Zeit mit ihnen verbringen. Für gewöhnlich werden *Animateure* als gesellige, spontane und problemlose Personen angesehen.

Animateure schließen gerne neue Bekanntschaften, weswegen sie auch häufiger als andere Menschen ihren Freundeskreis verändern. Bereits nach einem kurzen Gespräch sind sie imstande, das Potenzial neuer Bekannter einzuschätzen. Ein größeres Problem hingegen stellen für sie die Emotionen und Gefühle anderer Menschen dar. Die Spontanität und Impulsivität von *Animateuren* bewirkt, dass sie oftmals als emotionale Menschen wahrgenommen werden. Die Realität sieht dahingegen anders aus — *Animateure* richten sich hauptsächlich nach ihrer Logik und ihrem Verstand.

Animateure lieben Vielfältigkeit in ihrer Freizeit. Von Natur aus spontan treffen sie recht schnell ihre Entscheidungen. Sie langweilen sich bei längeren Tischgesprächen und bevorzugen gemeinsames Handeln. Es sind typische Menschen der Tat — ihre Verwandten und Bekannten wissen, dass sie immer auf die Hilfe der *Animateure* zählen können, wenn ein praktisches Problem schnell gelöst werden muss. Praktische Handlungen sind für *Animateure* eine Art und Weise, wie sie ihre Freundschaft und Verbundenheit zum Ausdruck bringen. Sie schließen am häufigsten Freundschaften mit *Verwaltern*, *Praktikern*, *Reformern* sowie anderen *Animateuren*. Am seltensten hingegen mit *Mentoren*, *Beratern* und *Idealisten*.

In der Ehe

Animateure sind dynamisch, energisch und sinnlich. Ihre Spontanität und ihr Sinn für Humor bewirken, dass es unmöglich ist, sich mit ihnen zu langweilen. Als Ehepartner bringen sie in ihre Beziehungen viel Leben und Energie mit. Dank ihnen „passiert ständig etwas". In der Regel schätzen sie sehr ihre Freiheit und vertragen keine Einschränkungen. Selbst schränken sie wiederum auch ihre Partner nicht ein und gewähren ihnen ihre Freiheiten.

Animateure sorgen sich um die Bedürfnisse ihrer Partner und bekunden ihre Unterstützung. Taten zählen für sie weitaus mehr als Worte. Praktische Bedürfnisse haben für sie einen größeren Stellenwert als emotionale Bedürfnisse. Sie selbst haben keine großen emotionalen Bedürfnisse, weswegen es ihnen auch schwer fällt, diese bei anderen Menschen zu erkennen. In der Regel haben *Animateure* auch Probleme mit der Deutung und Bekundung von Gefühlen, wenngleich sie mit etwas Mühe mit der Zeit diese Fähigkeit verbessern können. Ihre romantischen Partner können auf schmerzliche Art und Weise ein Defizit an Komplimenten, Zärtlichkeit und herzlichen Worten empfinden. Auch kritische Anmerkungen und kräftige Witze seitens der *Animateure* können sie verletzen.

Animateure mögen in der Regel keine Gespräche über Gefühle und Beziehungen. Solche Gespräche sind für sie nicht nur langweilig, sondern werden viel mehr als Zeitverschwendung angesehen, da zeitgleich konkrete Taten realisiert werden könnten! Sensible Ehepartner von *Animateuren* können gemeinsame Gespräche als oberflächlich, die Aussagen ihrer Partner hingegen als zu lakonisch ansehen.

Neue, starke Impulse fixieren *Animateure* für gewöhnlich so stark, dass sie sich den neuen Herausforderungen voll und ganz hingeben und dabei gelegentlich frühere Verpflichtungen vergessen. Wenn sie an einem ungelösten Problem oder einem bislang nicht erforschten Phänomen interessiert sind, dann gibt es nur wenige Sachen, die sie davon abhalten könnten, sich für jene zu engagieren. Im Endeffekt haben *Animateure* oftmals Probleme mit der Einhaltung zuvor abgegebener Versprechen. Dieses Verhalten ruft manchmal Frust bei ihren Partnern aus, vor allem dann, wenn sie den Enthusiasmus der *Animateure* nicht teilen oder das Wesen der Probleme, die sie faszinieren, nicht verstehen.

Animateure leben für den Moment, weswegen das Gelübde „bis dass der Tod uns scheidet" für sie eine echte Herausforderung darstellen kann. Von Natur aus sind solche Verpflichtungen für sie Entscheidungen, die sie jeden Tag aufs Neue treffen. Ihre Spontanität und Vorliebe für Veränderungen, die aus dem Leben ein ständiges Abenteuer machen, stellen ab und zu auch eine Gefahr für die Stabilität ihrer Beziehung dar. Eine potenzielle Gefahr ist ebenfalls ihre ständige Faszination für neue Bekanntschaften und die Vorliebe für Flirts.

Natürliche Kandidaten als Lebenspartner sind für *Animateure* Menschen mit verwandten Persönlichkeitstypen: *Verwalter*, *Praktiker* oder *Inspektoren*. In solchen Beziehungen fällt es ihnen einfacher, gegenseitiges Verständnis und ein harmonisches Zusammenleben zu gestalten. Die Erfahrung zeigt jedoch, dass Menschen imstande sind, gelungene und glückliche Beziehungen zu führen, obwohl scheinbar keine typologische Übereinstimmung vorzufinden ist. Ferner können gerade Unterschiede zwischen den Partnern ihrer Beziehung Dynamik verleihen und positiven Einfluss auf die persönliche Entwicklung ausüben (vielen Personen erscheint diese Perspektive attraktiver als die Vision einer harmonischen Beziehung, in der stets gegenseitiges Verständnis und ein friedliches Zusammenleben vorherrschen).

Als Eltern

Animateure in der Rolle von Eltern behandeln ihre Kinder als unabhängige Personen. Sie fragen sie nach ihrer Meinung, sind bereit, ihnen Recht zu geben und sogar von ihnen zu lernen. *Animateure* regen ihren Nachwuchs an, die

Welt zu entdecken und ihre Freizeit aktiv zu verbringen. In der Erziehung bevorzugen sie einen partnerschaftlichen Stil. Sie sind eher Freunde als Mentoren. Zusammen mit ihren Kindern suchen sie nach Antworten auf alle Fragen und zusammen mit ihnen entdecken sie auch die Welt.

Animateure lehnen es ab, die Rolle von Experten einzunehmen, die fertige Antworten auf alle möglichen Fragen parat haben. Sie schämen sich auch nicht für ihr fehlendes Wissen. In der Regel sind sie tolerant, problemlos und nachsichtig, wenngleich sie auch impulsiv und ungeduldig sein können. Ihrer Erziehung fehlt es oftmals an Kohärenz und Konsequenz. Wenn ihr Partner ebenfalls nicht geordneter bei der Erziehung der Kinder vorgehen kann, so kann ihren Kindern das Gefühl von Stabilität, Sicherheit sowie klaren Regeln, die Ordnung auf der Welt schaffen, fehlen.

Animateure haben oftmals Probleme mit der Disziplinierung ihres Nachwuchses (sie treten diese Pflicht gerne an ihre Partner ab). Dahingegen lieben sie sorgloses Vergnügen und gemeinsame Spiele mit ihren Kindern – ihnen macht es mindestens so viel Spaß, wie ihren Sprösslingen. Ab und zu sind sie so auf das gemeinsame Spielen fixiert, dass sie andere Pflichten vergessen. Wenn sie sich aber wiederum auf andere Pflichten konzentrieren, kann es dazu kommen, dass sie ihre Kinder beinahe vergessen.

Kindern fällt es manchmal schwer, das Verhalten ihres *Animateur*-Elternteils zu verstehen, denn zum einen ist er mal komplett auf das Spielen fixiert, zum anderen komplett unzugänglich. Ein weiteres Problem in der Kind-Eltern-Beziehung ist das Unvermögen von *Animateuren*, Gefühle zu deuten und sie auszusprechen. Von Natur aus gehören sie nicht zu den Eltern, die ihren Kindern mit herzlichen Worten und viel Fürsorge tagtäglich begegnen. Ihre natürliche Art und Weise, ihnen ihre Zuneigung zu zeigen, ist die Sorge um ihre Bedürfnisse, besonders die praktischen. Diese Verantwortung behandeln sie überaus ernst. Wenn also ihren Kindern Leid zugefügt wird, sind sie sofort an Ort und

Stelle, um zu handeln und notwendige Maßnahmen zu treffen (bspw. wenn sie von Problemen in der Schule hören, sind sie meist die ersten, die auch andere Eltern zu Taten mobilisieren).

Die erwachsenen Kinder von *Animateuren* sind ihnen dafür dankbar, dass sie ihnen viele Freiheiten gewährt, sie zur Erkundung ihrer Umwelt angeregt und sie in schwierigen und bedrohlichen Situationen gerettet haben. Auch die verrückten gemeinsamen Spiele behalten sie in guter Erinnerung.

Arbeit und Karriere

Animateure mögen Unbeständigkeit, weswegen sie auch gerne dort arbeiten, wo „etwas los ist". Sie finden sich gut in Unternehmen zurecht, die Aktivität sowie Unternehmergeist wertschätzen und ihren Mitarbeiter ihre Freiheiten bei der Arbeit lassen. Sie ertragen dagegen nur schlecht strikte Kontrolle und mögen keine Deadlines, feste Strukturen und bürokratische Prozeduren. Wenn sie davon überzeugt sind, dass ihre Ansichten zutreffend sind, können *Animateure* bestehende Instruktionen oder Regeln bewusst ignorieren, um ihr Ziel zu erreichen.

Präferenzen

Animateure können Routine und Wiederholbarkeit nicht vertragen. Wenn sie einmal monotone Aufgaben ausführen müssen, versuchen sie sie abwechslungsreicher zu gestalten. So wird ihre Arbeit attraktiver, da sie um veränderbare und vielfältige Elemente ergänzt wird. Viele *Animateure* – da sie nicht ihr ganzes Leben vor dem Schreibtisch oder unter ständiger Kontrolle ihres Chefs arbeiten möchten – entscheiden sich für die Arbeit im Außendienst, die viele Reisen sowie den Kontakt zu ihren Geschäftspartnern nach sich zieht, dafür ihnen aber viel mehr Freiheiten gewährt. Ihre angeborene Aktivität, ihr Unternehmergeist, ihre Veranlagung zum Risiko sowie der Wunsch nach Unabhängigkeit führen dazu, dass viele *Animateure* eigene Firmen gründen und als Unternehmer erfolgreich sind.

Fähigkeiten und Herausforderungen

Animateure eignen sich in der Regel besser für Aufgaben, die nach Spontanität und schnellem Reaktionsvermögen verlangen, anstatt nach Systematik sowie guter Planung und Organisation. Wenn sie in leitenden Positionen sind, brauchen sie tatkräftige Unterstützung seitens ihrer Assistenten oder Sekretäre, die ihnen bei praktischen Routineaufgaben aushelfen. Eine ganz besondere Herausforderung sind für *Animateure* auch Probleme, bei denen Emotionen und Gefühle eine wichtige Rolle spielen. Wenn sie Bereiche betreten, die nach Intuition, Empathie oder der Deutung menschlicher Gefühle verlangen, dann verlieren sie den Boden unter den Füßen, weswegen sie oftmals versuchen, solche Situationen zu vermeiden.

Im Team

Animateure mögen Vorgesetzte, die ihren Mitarbeitern allgemeine Richtungen aufzeigen und ihnen Freiheiten bei der Realisierung ihrer Aufgaben lassen. Sie arbeiten gerne im Team, in das sie für gewöhnlich Optimismus, Enthusiasmus sowie eine praktische Herangehensweise an Herausforderungen einbringen. Sie sind geborene Anreger und Initiatoren. Oftmals machen sie sich als erste an die Arbeit, womit sie auch andere mitziehen. Ihre Begeisterung, ihr Enthusiasmus sowie ihr Engagement stellen für andere Menschen eine positive Inspiration und Motivation dar. *Animateure* arbeiten am liebsten mit offenen und flexiblen Personen (die ihnen ähnlich sind). Ferner bevorzugen sie auch Menschen mit Sinn für Humor und all jene, die lebensfroh sind.

Animateure quält eine Zusammenarbeit mit Menschen, die es nicht schaffen, Verantwortung für ihr eigenes Leben zu übernehmen oder alles schwarzsehen. Sie verstehen auch

Menschen nicht, die monatelang ein Problem besprechen, ohne dabei jegliche praktische Maßnahmen zu ergreifen, um es zu lösen. Theoretische Diskussionen sind für *Animateure* nicht nur überaus langweilig, aber ihres Erachtens auch überaus unproduktiv (Verlust von Zeit und Energie). Ihre eigenen Handlungen hingegen werden manchmal als nicht durchdacht, voreilig und chaotisch bewertet.

Berufe

Das Wissen über das eigene Persönlichkeitsprofil sowie die natürlichen Präferenzen stellen eine unschätzbare Hilfe bei der Wahl des optimalen Berufsweges dar. Die Erfahrung zeigt, dass *Animateure* mit Erfolg in verschiedenen Bereichen arbeiten und aufgehen können. Doch dieser Persönlichkeitstyp prädisponiert sie auf natürliche Art und Weise zu folgenden Berufen:

- Animateur,
- Antiterrorspezialist,
- Bauarbeiter,
- Berufskraftfahrer,
- Bodyguard,
- Elektriker,
- Elektroniker,
- Feuerwehrmann,
- Finanzberater,
- Fotograf,
- Fremdenführer,
- Handelsvertreter,
- Immobilienvertreter,
- Ingenieur,
- Logistiker,
- Mitarbeiter im Krisenzentrum,
- Mitarbeiter im Rettungsdienst,
- Moderator,

- Physiotherapeut,
- Polizeibeamter,
- Reiseleiter,
- Reiseverkehrskaufmann/-frau,
- Schauspieler,
- Schlosser,
- Soldat,
- Sportler,
- Trainer,
- Unternehmer,
- Verkäufer,
- Versicherungsvertreter.

Potenzielle starke und schwache Seiten

Ähnlich wie auch andere Typen haben *Animateure* potenzielle starke und schwache Seiten. Dieses Potenzial kann auf verschiedenste Weise ausgeschöpft werden. Glück im Privatleben sowie Erfolg im Beruf hängen bei *Animateuren* davon ab, ob sie die Chancen, die mit ihrem Persönlichkeitstyp verknüpft sind, nutzen und ob sie den Gefahren auf ihrem Weg die Stirn bieten können. Im Folgenden eine ZUSAMMENFASSUNG dieser Chancen und Gefahren:

Potenzielle starke Seiten

Animateure sind offene, optimistische Menschen, die schnell Kontakte knüpfen. Sie sind nicht nachtragend und vermögen es, zu verzeihen (anderen und sich selber). Sie genießen jeden Tag und quälen sich nicht mit Gedanken über Fehler aus der Vergangenheit. Es sind hervorragende Beobachter, die über ein sehr gutes Erinnerungsvermögen verfügen. *Animateure* zeichnen sich darüber hinaus durch Flexibilität und Spontanität aus. Sie vertragen gut Veränderungen und passen sich schnell an neue Bedingungen an. Ihr Verhalten ist überaus logisch und rational. Sie mögen es, praktische

Probleme zu lösen und haben auch keine Angst, sich an „unlösbare" Aufgaben zu trauen. *Animateure* vermögen es, schnell eine Situation einzuschätzen und angemessen auf Probleme und sich wandelnde Bedingungen zu reagieren. Sie verfügen auch über eine außergewöhnlich Improvisationsgabe. *Animateure* handeln effektiv, unternehmerisch und energisch. Sie vertragen gut Konfliktsituationen und Kritik. Unabhängig von der Meinung und Ansichten anderer Menschen vermögen sie es, so zu handeln, wie sie es für richtig halten. Es ist nicht einfach, sie von ihrem Verhalten abzubringen.

Von Natur aus mutig haben *Animateure* keine Angst vor Risiko. Sie stecken andere Menschen mit ihrem Enthusiasmus und dem Glauben an den Erfolg an. Sie initiieren verschiedene Projekte und motivieren damit andere zur Arbeit. *Animateure* vermögen es auch, ihre ganze Energie für eine für sie wichtige Aufgabe aufzuwenden. Andererseits ist ihnen wohl genutzte Freizeit auch nicht fremd. In der Regel verstehen sie es, hervorragend verbal zu kommunizieren. Sie sprechen bildhaft, humorvoll und interessant, weswegen sie die Aufmerksamkeit anderer Menschen auf sich lenken. Schlussendlich verfügen Animateure über eine natürliche Überredungskunst.

Potenzielle schwache Seiten

Animateure haben Schwierigkeiten mit der Festlegung von Prioritäten sowie methodischem und systematischem Vorgehen. Sie agieren oftmals impulsiv, ihre Reaktionen wiederum beziehen sich auf aktuelle Probleme und Herausforderungen, seltener hingegen sind sie ein Ergebnis geplanter Handlungen mit der Zukunft im Hinterkopf. Da sie sich auf die Gegenwart konzentrieren, haben *Animateure* Probleme damit, zukünftige Chancen und Gefahren zu erkennen. Ebenfalls sind die Konsequenzen ihrer Handlungen sowie deren Einfluss auf andere Menschen für *Animateure* nur schwer vorherzusehen. Sie lassen sich einfach ablenken und vernachlässigen sofort bereits begonnene Aufgaben, wenn sie eine neue Herausforderung erkennen. Im Endeffekt tendieren sie dazu, ihre Versprechen nicht einzuhalten und Aufgaben nicht zu beenden. Ihre Schwierigkeiten bei der Planung und schlechtes Zeitmanagement können zu einer schlechten Aufteilung der ihnen aufgetragenen Aufgaben führen, was sich wiederum in nicht eingehaltenen Terminen äußert.

Animateure haben Probleme mit Arbeit, die sie alleine ausführen müssen, sowie Aufgaben, die nach langer Vorbereitung verlangen (bspw. Recherche zahlreicher Materialien, Vorbereitung eines detaillierten Ablaufplans). Für gewöhnlich tun sie sich mit Routineaufgaben und sich wiederholenden Handlungen schwer. Auch Aufgaben, die nach abstraktem sowie vorausschauendem Denken verlangen, stellen für *Animateure* ein Problem dar. Von Natur aus ungeduldig langweilen sie sich recht schnell. *Animateure* tendieren oftmals zu riskanten Zügen und gefährlichen Handlungen. Ihre Selbstsicherheit, die ihnen oftmals viele Erfolge einbringt, bewirkt manchmal, dass sie ihre Fähigkeiten überschätzen oder die Ernsthaftigkeit der Aufgabe nicht richtig einschätzen. Trotz hervorragender zwischenmenschlicher Beziehungen im Gesellschaftsleben haben *Animateure* Probleme damit, Gefühle und Emotionen zu deuten und ihre eigenen zu äußern. Es kommt vor, dass sie anderen Menschen mit ihren kräftigen oder kritischen Aussagen wehtun, wenngleich sie es oft einmal nicht bemerken.

Persönliche Entwicklung

Die persönliche Entwicklung von *Animateuren* hängt davon ab, in welchem Grad sie ihr natürliches Potenzial nutzen und ob sie die Gefahren, die in Verbindung mit ihrem Typ stehen, zu bewältigen vermögen. Die folgenden praktischen Tipps stellen eine Art Dekalog des *Animateurs* dar.

Sehen Sie ein, dass Sie irren können

Angelegenheiten können weitaus komplexer sein, als es Ihnen erscheint. Sie müssen nicht immer Recht haben. Behalten Sie das im Auge, bevor sie anderen Menschen ihre Fehler aufzeigen oder ihnen die Schuld zuweisen.

Lernen Sie, Prioritäten zu setzen und die Zeit zu verwalten

Enthusiasmus ist mitunter Ihr Antrieb für Handlungen. Doch Zeitrahmen, Arbeitsplan und Prioritäten müssen nicht zwangsweise Ihre Kreativität oder Ihr Vorgehen einschränken, womit Sie durch diese auch nicht bei der Realisierung von Aufgaben gehindert werden. Umgekehrt! Entsprechend angewandt, helfen sie Ihnen, Ihre Ziele zu erreichen!

Loben Sie andere Menschen

Nutzen Sie jede Gelegenheit, um andere Menschen wertzuschätzen, ihnen etwas Gutes zu sagen und sie für ihre Handlungen zu loben. Auf der Arbeit sollten Sie Menschen nicht nur für die erledigten Aufgaben schätzen, aber auch dafür, was es für Menschen sind. Sie werden den Unterschied merken und überrascht sein!

Seien Sie nachsichtiger

Seien Sie mit anderen Menschen geduldiger. Vergessen Sie dabei nicht, dass nicht jeder die gleiche Aufgabe bekommen kann, denn nicht alle Menschen sind für alle möglichen Arten von Aufgaben geschaffen. Wenn also einmal jemand sich mit seiner Aufgabe schwertut, dann ist das nicht zwangsweise ein Anzeichen von Böswilligkeit oder Faulheit.

Schätzen Sie kreative Ideen

Wenn man sich nur auf trockene Fakten und exakte Daten stützt, kann dies zu einer Reihe von Einschränkungen führen. Viele Probleme können nur dank Intuition, innovativer Herangehensweise und kreativen Ideen gelöst werden. Lassen Sie all dies zu!

Denken Sie an die Zukunft

Sie schenken die meiste Beachtung aktuellen Aufgaben und kurzfristigen Zielen. Damit übersehen Sie aber oftmals Chancen, die die Zukunft mit sich bringt. Um diese besser zu nutzen, müssen Sie überlegen, was Sie im kommenden Jahr, in den kommenden fünf Jahren oder im nächsten Jahrzehnt erreichen wollen.

Agieren Sie weniger impulsiv

Bevor Sie eine Entscheidung treffen oder sich für ein Unterfangen engagieren, sollten Sie ein wenig Zeit für die Sammlung und Analyse von Informationen opfern. Solch eine Herangehensweise wird wahrscheinlich die Anzahl Ihrer Aktivitäten verringern, aber zugleich deren Effektivität steigern.

Kritisieren Sie weniger

Nicht jeder ist imstande, konstruktive Kritik wie Sie zu vertragen. Auf viele Personen hat sie einen destruktiven Einfluss. Forschungen zufolge wirkt Lob für positive Verhaltensweisen, selbst wenn diese nur selten vorkommen, motivierender auf Menschen als die Kritik an negativem Verhalten. Seien Sie also bei der Kritik von Verhalten und von Ansichten anderer Menschen zurückhaltender.

Beenden Sie das, was Sie begonnen haben

Sie beginnen mit Begeisterung neue Aufgaben, es fällt Ihnen aber schwer, sie auch abzuschließen. Solch eine Herangehensweise erbringt für gewöhnlich schlechte Resultate. Versuchen Sie festzustellen, was für Sie das Wichtigste ist und wie Sie es erreichen können. Fangen Sie daraufhin an, zu arbeiten, und lassen Sie sich nicht davon ablenken!

Denken Sie an Termine und Jahrestage

Ein geplantes Treffen, Geburtstage von Verwandten sowie familiäre Jahrestage können Ihnen als etwas Unwichtiges erscheinen, vor allem vor dem Hintergrund der Angelegenheiten, mit denen Sie sich befassen. Für andere Menschen haben solche Daten aber eine immense Bedeutung. Wenn Sie es also nicht schaffen, solche Tage im Gedächtnis zu behalten, dann notieren Sie sie!

Bekannte Personen

Eine Liste bekannter Personen, die dem Profil des *Animateurs* entsprechen:

- **Winston Churchill** (1874-1965) – britischer Politiker, Redner, Stratege, Schriftsteller und Historiker, zweifacher Premierminister des Vereinigten Königreichs, Autor zahlreicher historischer Publikationen, Literaturnobelpreisträger;
- **Ernest Hemingway** (1899-1961) – US-amerikanischer Prosaiker (u. a. *Der alte Mann und das Meer*), Literaturnobelpreisträger;
- **Evita**, eigtl. María Eva Duarte de Peron (1919-1952) – argentinische Film- und Radioschauspielerin, politische und soziale Aktivistin;
- **Michail Kalaschnikow** (1919-2013) – sowjetischer Waffenkonstrukteur, Erschaffer des vollautomatischen Gewehrs AK-47 („Kalaschnikow");

- **Peter Falk** (1927-2011) – US-amerikanischer Filmschauspieler (u. a. *Columbo*);
- **Jack Nicholson** (geb. 1937) – US-amerikanischer Filmschauspieler (u. a. *Einer flog über das Kuckucksnest*), Filmproduzent, Drehbuchautor und Regisseur, Träger vieler prestigeträchtiger Auszeichnungen;
- **John Rhys-Davies** (geb. 1944) – walisischer Filmschauspieler (u. a. *Der Herr der Ringe*);
- **Madonna**, eigtl. Madonna Louise Veronica Ciccone (geb. 1958) – US-amerikanische Sängerin und Filmschauspielerin italienischer Abstammung, Trägerin zahlreicher prestigeträchtiger Auszeichnungen;
- **Antonio Banderas**, eigtl. José Antonio Domínguez Bandera (geb. 1960) – spanischer Filmschauspieler (u. a. Desperado), Träger vieler prestigeträchtiger Auszeichnungen;
- **Jeremy Clarkson** (geb. 1960) – US-amerikanischer TV-Journalist (u. a. *Top Gear*);
- **Michael J. Fox** (geb. 1961) – kanadischer Filmschauspieler (u. a. Zurück in die Zukunft);
- **Mike Tyson** (geb. 1966) – US-amerikanischer Boxer, ehemaliger Weltmeister im Schwergewicht;
- **Matt Damon** (geb. 1970) – US-amerikanischer Filmschauspieler (u. a. *Good Will Hunting*), Drehbuchautor und Filmproduzent;
- **David Tennant**, eigtl. David John McDonald (geb. 1971) – britischer Film- und Theaterschauspieler (u. a. *Doctor Who*);
- **Britney Spears** (geb. 1981) – US-amerikanische Popsängerin, Tänzerin und Filmschauspielerin.

Der Anwalt (ESFJ)

PERSÖNLICHKEITSTYPOLOGIE ID16™©

Profil

Lebensmotto: *Wie kann ich dir helfen?*

Enthusiastisch, energisch und gut organisiert. Praktisch, verantwortungsbewusst und gewissenhaft. Darüber hinaus herzlich und überaus gesellig.

Anwälte erkennen menschliche Stimmungen, Emotionen und Bedürfnisse. Sie schätzen Harmonie und vertragen schlecht Kritik oder Konflikte. Sie sind sehr sensibel in Bezug auf Ungerechtigkeiten sowie das Leid anderer Menschen. Sie interessieren sich aufrichtig für die Probleme anderer und sind glücklich, wenn sie ihnen helfen können. Indem sie sich um die Bedürfnisse anderer kümmern, vernachlässigen sie oftmals ihre eigenen. *Anwälte* neigen dazu, anderen auszuhelfen. Sie sind anfällig für Manipulationen.

Natürliche Veranlagungen des *Anwalts*

- Die Quelle seiner Lebensenergie: seine äußere Welt.
- Informationsaufnahme: Sinne.
- Art und Weise wie Entscheidungen getroffen werden: Herz.
- Lebensstil: organisiert.

Ähnliche Persönlichkeitstypen

- *Moderator*
- *Betreuer*
- *Künstler*

Statistische Angaben

- *Anwälte* stellen ca. 10-13 % der Gesellschaft dar.
- Unter *Anwälten* überwiegen Frauen (70 %).
- Das Land, welches dem Profil des *Anwalts* entspricht, ist Kanada.[3]

Buchstaben-Code

Der universelle Code des *Anwalts* ist in den Jungschen Persönlichkeitstypologien ESFJ.

Allgemeines Charakterbild

Anwälte mögen andere Menschen und interessieren sich ernsthaft für ihre Erlebnisse und Probleme. Sie sind imstande sich über das Glück anderer zu freuen und sich wiederum mit ihrem Leid zu identifizieren. Anwälte verstehen

---

[3] Dies bedeutet nicht, dass alle Einwohner von Kanada zu dieser Gruppe gehören, wenngleich die kanadische Gesellschaft – als Ganzes – viele charakteristische Eigenschaften der *Anwälte* verkörpert.

es hervorragend, menschliche Gefühle und Empfindungen zu deuten. Sie sind sich darüber hinaus ihrer eigenen Gefühle bewusst, weswegen sie über sie sprechen und sie ausdrücken können. Für gewöhnlich ist es sehr einfach, sie kennenzulernen und sich ihnen anzunähern. *Anwälte* sind offen und natürlich, sie vermögen es schnell Kontakt aufzubauen und einen gemeinsamen Nenner mit dem Gegenüber zu finden. Die Empathie, Herzlichkeit, Fürsorge und positive Energie der *Anwälte* ziehen die Menschen an. Oftmals haben sie bereits beim ersten Treffen mit einem *Anwalt* das Gefühl, sie würden ihn seit langem kennen.

Haltung gegenüber anderen Menschen

Anwälte erkennen schneller als der Rest die Bedürfnisse anderer und scheuen keine Mühe oder Energie, um ihnen unter die Arme zu greifen. Sie sind sehr empfänglich für menschliches Leid oder jegliche Anzeichen von Ungerechtigkeit. Ihr Mitgefühl sowie ihre Empathie motiviert sie zum Handeln – sie stellen sich auf die Seite Geschädigter und versuchen, ihre Probleme zu lösen. *Anwälte* sind nicht imstande, solche Menschen zu ignorieren und werden so oftmals auf natürliche Art und Weise zu Anwälten all jener, die sich selbst nicht zu helfen wissen (daher auch die Bezeichnung für diesen Persönlichkeitstyp).

Für gewöhnlich denken *Anwälte* positiv über andere Menschen und lassen nur gelegentlich den Gedanken über schlechte Eigenschaften oder Fehler ihrer Familie, Freunde oder Kollegen zu. Manchmal verteidigen sie sie blind bis zum Ende und glauben an ihre Unschuld, trotz offensichtlicher Beweise.

Wahrnehmung und Gedanken

Anwälte sind hervorragende Beobachter und heben sich durch ihr Wahrnehmungsvermögen hervor. Sie erkennen schnell Details und Fakten und vermögen es, sie im Gedächtnis zu behalten. Sie interessieren sich für ihre Außenwelt und sind gut informiert. *Anwälte* wissen, was es Neues bei ihren Bekannten gibt und was in der Umgebung passiert.

Von Natur aus praktisch veranlagt lernen sie durch Handeln und das Lösen von Problemen. Dahingegen langweilen sie theoretische Überlegungen sowie abstrakte, realitätsferne Konzepte. Sie bevorzugen es, praktische Probleme von konkreten Menschen zu lösen. Umso mehr, wenn dadurch die Lebensqualität dieser Menschen gesteigert wird und sie weniger leiden. *Anwälte* zeichnen sich auch durch einen Sinn für Ästhetik und Ordnungsliebe aus. Ihr Zuhause sowie ihre Arbeitsplätze sind für gewöhnlich ein hervorragendes Sinnbild für ihre Persönlichkeit.

Weltanschauung

Anwälte glauben nicht an Vorahnungen oder Intuition. Sie bevorzugen es, handfeste Daten und Fakten zu haben. Es sind aber keineswegs Menschen, die sich nur auf trockene Logik und Kalkulationen stützen. Auch der menschliche Aspekt ist für sie von Bedeutung – *Anwälte* überlegen stets, wie die jeweilige Entscheidung oder das jeweilige Handeln sich auf andere auswirken und von jenen aufgenommen werden würde. Ihr Umfeld hat großen Einfluss auf ihre Weltanschauung und ihre Ansichten. *Anwälte* gehören jedoch nicht zu den Menschen, die oft ihre Überzeugungen ändern. Ähnlich wie in anderen Lebenslagen sind sie auch in dieser Hinsicht sehr konstant, manchmal sogar dogmatisch. In der Regel verbergen sie ihre Ansichten nicht, ganz im Gegenteil – *Anwälte* äußern offen ihre Meinung, machen dies aber sehr taktvoll. Ihre Aussagen nehmen selten den Charakter eines Angriffs oder einer Konfrontation an.

Anwälte betrachten die Realität oftmals schwarz-weiß, ohne jegliche Grautöne. Ihre Welt ist überaus geordnet, Dinge sind entweder gut oder schlecht. Manchmal sind sie sogar imstande, sie etwas zu retuschieren, um sie einer ihrer Kategorien zuzuordnen.

In der Regel fällt es ihnen schwer, die Ansichten anderer Menschen zu verstehen, weswegen sie auch selten versuchen, Probleme aus einer anderen Perspektive zu betrachten. *Anwälte* gehen davon aus, dass ihre Weltanschauung die richtige ist und dass sie gut wissen, was gut für andere ist. Konsequenterweise versuchen sie mit dieser Einstellung oftmals Menschen entgegen ihrem Willen glücklich zu machen.

Entscheidungen

Entscheidungen, von denen *Anwälte* fest überzeugt sind, treffen sie schnell. Manchmal zu schnell. Trotz des für diese Persönlichkeit typischen Pragmatismus kommt es vor, dass sie infolge eines emotionalen Impulses handeln. *Anwälte* denken auch nicht immer über die langfristigen Konsequenzen ihrer Handlungen nach. Sie denken aber immer darüber nach, wie die jeweilige Entscheidung oder ihr Verhalten bei anderen ankommen wird. Wichtigere Entscheidungen besprechen *Anwälte* für gewöhnlich mit ihrer Familie oder Kollegen, wobei sie deren Meinung stets Bedeutung beimessen. Am schwersten fällt es ihnen Entscheidungen zu treffen, die etwaiges Leid anderer oder eine negative Reaktion des Umfelds nach sich ziehen könnten. So zögern sie solche Entscheidungen hinaus bzw. laufen vor ihnen gar weg.

Wenn Emotionen die Oberhand gewinnen oder die Vision von Leid oder verletzten Gefühlen anderer Menschen in Erscheinung tritt, sind sie oft in ihrer Entscheidungsfindung gelähmt. Ein bekanntes Problem von *Anwälten* ist auch ihr niedriges Durchsetzungsvermögen sowie ihre Anfälligkeit für Manipulationen und Ausnutzung durch andere Menschen. Eine ihrer starken Eigenschaften ist hingegen Ausdauer. Wenn sie eine Entscheidung treffen und sich an die Arbeit machen, dann kann man sich sicher sein, dass sie ihre Aufgabe zu Ende führen und dabei jeglichen Hindernissen und Widrigkeiten trotzen.

Im Angesicht von Veränderungen

Anwälte mögen keine Veränderungen. Sie kommen dafür mit ihren praktischen Konsequenzen gut klar (z.B. der Umorganisierung von Arbeit). Dabei sind sie aber von Natur aus sentimental und erleben jede Veränderung als Ende einer Lebensetappe, die nie wieder zurückkehrt. In der Regel brauchen *Anwälte* mehr Zeit, um sich mit Veränderungen vertraut zu machen. In solchen Situationen hilft ihnen ein Gespräch mit anderen Menschen sowie die Möglichkeit, jemandem seine Gedanken und Ängste mitzuteilen.

Anwälte lieben von Natur aus Stabilität, Vorhersehbarkeit, einen geregelten Tagesablauf und sogar Routine. All dies gibt ihnen das Gefühlt von Sicherheit und Kontinuität. Dafür mögen sie keine plötzlichen Planänderungen und keine unerwarteten Wendungen. Sie schätzen im Leben das, was zeitlos und konstant ist (z.B. Institutionen oder Organisationen mit langer Geschichte).

In den Augen anderer Menschen

Anwälte gelten als praxisbezogen, unternehmerisch und aktiv. Für gewöhnlich werden sie auch als herzlich, sorgsam und freundschaftlich eingestuft. Menschen sind sich dessen bewusst, dass sie auf ihre Hilfe zählen können. Einige sind jedoch gereizt von ihrer mangelnden Flexibilität, ihrem vielen Gerede, der übertriebenen Hilfsbereitschaft sowie ihrem unzureichenden Vermögen, Kritik zu vertragen.

Anwälte hingegen werden am meisten durch Unhöflichkeit, Faulheit, Schlampigkeit, Nachlässigkeit und Unzuverlässigkeit anderer Menschen gereizt.

Lösen von Problemen

Anwälte mögen es, handfeste Probleme zu lösen und helfen gerne anderen Menschen. Die Vision einer positiven Veränderung im Leben der Menschen motiviert sie zum Handeln. Sie erkennen schneller als andere menschliche Probleme und engagieren sich für sie, wobei sie nicht selten ihre eigenen Bedürfnisse vernachlässigen. In der Regel ist es für sie einfacher, anderen zu helfen als bei der Lösung eigener Probleme selbst um Hilfe zu bitten.

Anwälte sind keine Freunde von theoretischen und abstrakten Aufgaben. Pragmatismus ist ihre Stärke, denn sie schenken nur wirksamen Lösungen tatsächlicher Probleme Beachtung. Sie mögen es, logische und geordnete Systeme zu schaffen. Oftmals sind *Anwälte* für effiziente Lösungen verantwortlich, die reale Hilfe für konkrete Personen oder Gruppen mit sich bringen. *Anwälte* bevorzugen erprobte Vorgehensweisen und stehen innovativen und experimentellen Vorschlägen skeptisch gegenüber. All jenen, die gerne alternative Methoden zurate ziehen, können *Anwälte* bei ihrer Herangehensweise als unflexible und zu traditionelle Menschen erscheinen.

Anwälte versuchen in der Regel Konflikte zu vermeiden. Im Angesicht eines Konflikts wiederum neigen sie dazu, ihre Stellung zu räumen oder sich zurückzuziehen, um einen Kampf, einen Streit oder andere Auseinandersetzungen zu vermeiden. Wenn sie aber eine grobe Ungerechtigkeit oder das Leid anderer erblicken, sind sie imstande, für die Gerechtigkeit zu kämpfen. Oftmals vertreten sie andere Menschen und verteidigen sie, wenn ihnen Leid widerfahren ist. Sie sind oftmals die Stimme von all jenen, die aus verschiedenen Gründen ihre Interessen selbst nicht verteidigen können. Öfters als andere Menschen engagieren sich *Anwälte* aktiv für soziale Organisationen oder spontane Hilfe für Bedürftige. Dies erfüllt sie mit Freude. Die Tatsache, dass sie jemandem geholfen, ihm Mut gemacht haben und dass sein Leben sich zum Besseren gewendet hat, ist für *Anwälte* eine Quelle des Glücks und persönlicher Genugtuung. Sympathie, Anerkennung und Dankbarkeit seitens anderer Menschen verleiht ihnen Energie. Das, was sie wiederum traurig stimmt, ist menschliche Undankbarkeit sowie ungenutztes Potential. Es fällt ihnen schwer, sich damit abzufinden, dass jemand sich nicht helfen lässt und die ausgestreckte Hand ablehnt.

Kommunikation

Anwälte sprechen offen ihre Meinung aus. In der Regel haben sie keine Angst vor öffentlichen Auftritten. Darüber hinaus sind sie imstande, sich in einer Gruppe zu äußern oder ein Treffen zu moderieren. Dabei sind *Anwälte* hervorragende Diplomaten. Sie wissen, wann und was sie sagen sollten und sind dabei sehr taktvoll und feinfühlig. Wenn sie ihre Meinung äußern, dann versuchen sie stets, niemanden zu verletzen. Dies betrifft auch Kritik, die sie stets auf eine höfliche und dezente Art und Weise äußern. Weniger feinfühlige Gesprächspartner, die direktere Kommunikation gewohnt sind, erkennen infolgedessen die Kritik oftmals gar nicht.

Anwälte freuen sich ehrlich über die Erfolge anderer Menschen und zögern nicht, Lob und Anerkennung auszusprechen. Ihre ehrlichen Reaktionen verleihen Menschen Energie und den Glauben an sich selber. Im Gegenzug schöpfen auch *Anwälte* neue Kräfte, wenn sie positives Feedback erhalten. Was ihnen hingegen die Flügel stutzt, sind Feindseligkeit, Undankbarkeit sowie Unhöflichkeit seitens anderer Menschen.

In Stresssituationen

Anwälte mögen aktive und praktische Maßnahmen. Sie sind imstande, sowohl gut zu arbeiten als auch gut zu feiern. Für gewöhnlich sind sie sehr beschäftigt, zum einen mit dienstlichen Angelegenheiten, zum anderen mit der Unterstützung anderer Menschen. Oftmals nehmen sie mehr Pflichten an, als sie zu bewältigen imstande sind. Infolgedessen sind sie ab und an überfordert und gestresst, was sich wiederum in Scharfzüngigkeit und Selbstmitleid äußert (z.B. nehmen sie die Rolle von Opfern oder Märtyrern an). Zeitgleich können sie in solchen Situationen auch ihr Selbstwertgefühl verlieren und spinnen verschiedene pessimistische Szenarien für die Zukunft. Eine Quelle für Spannungen ist für sie Kritik, Ablehnung, fehlende Akzeptanz oder gar gewöhnliche Gleichgültigkeit anderer Menschen.

Sozialer Aspekt der Persönlichkeit

Anwälte mögen Menschen. Sie legen viel Wert auf harmonische, freundschaftliche und herzliche Beziehungen. Sie sind nicht imstande all jene zu verstehen, die bewusst die Atmosphäre vermiesen, unfreundliche Anmerkungen machen oder offen andere kritisieren. Ein Rätsel stellen für *Anwälte* auch Menschen dar, die über Monate hinweg über Ziele und Aufgaben sprechen, ohne dabei aber praktischen Maßnahmen zu ergreifen. Sie schätzen konkrete, sachliche und gewissenhafte Menschen, die keine Angst vor harter Arbeit haben und sich dabei den Hürden auf ihrem Weg zu stellen vermögen. *Anwälte* schätzen die Haltung jener Menschen auch dann, wenn deren Maßnahmen nicht die gewünschten Resultate nach sich ziehen, denn für *Anwälte* zählen nicht nur Ergebnisse, sondern auch der Wille und das Engagement. Sie verstehen hingegen Menschen nicht, die im Angesicht von Herausforderungen sofort das Handtuch schmeißen, ohne es überhaupt probiert zu haben. Auch Faulheit und Fahrlässigkeit gehören zu den Eigenschaften, die *Anwälte* als störend empfinden.

Anwälte fühlen sich für andere verantwortlich. Sie mögen es, andere Menschen zu vertreten, ihnen zu helfen und in ihrem Namen aufzutreten. Ab und zu nehmen sie die Rolle von Anwälten an, obwohl andere es gar nicht möchten, dass sie jemand vertritt, ihnen hilft oder gewaltsam versucht, ihr Leben zu reformieren.

Für gewöhnlich sind *Anwälte* imstande, anderen den Vortritt zu lassen, um Konflikten aus dem Weg zu gehen. Zum Wohle der anderen vermögen sie es auch, auf eigene Bedürfnisse zu verzichten. Wenn sie selbst Probleme haben, lassen sie es sich nur selten anmerken, denn sie möchten andere nicht mit ihren Schwierigkeiten belasten. In der Regel äußern sie auch ihre Unzufriedenheit nicht direkt. Schlussendlich neigen sie auch dazu, ihre Emotionen zu verbergen. Infolgedessen kann dies aber bei *Anwälten* nach langer Zeit zu unkontrollierten Ausbrüchen führen, was vor allem für ihr Umfeld sehr überraschend ist.

Anwälte tendieren dazu, ihre Familie, Freunde und Kollegen zu idealisieren. Ablehnung oder Verrat seitens geliebter Menschen kann für sie folglich eine wahrhaftige Katastrophe darstellen. In solchen Augenblicken kommt es ihnen vor, dass ihre ganze Welt zusammengebrochen ist. Auch längere Isolation und Einsamkeit können sie nur schwer verkraften.

Unter Freunden

Anwälte sind herzlich und empathisch. Sie interessieren sich ehrlich für andere Menschen und sind sehr treue und ergebene Freunde. Andere Menschen können stets auf ihre Unterstützung zählen. Ihre Hilfe wiederum ist uneigennützig, denn *Anwälten* liegt es fern, Freundschaften instrumental zu behandeln, bspw. als Form der Selbstdarstellung oder als Werkzeug in der Karriere.

Sie schätzen Ehrlichkeit und Offenheit und sehen in anderen ein positives Potenzial, welches sie zu nutzen wissen, indem sie aus ihnen das Beste fördern. All dies zieht Menschen an und bewirkt, dass *Anwälte* allgemein gemocht werden. Für gewöhnlich haben sie viele Freunde und Bekannte. Sie opfern ihnen viel Zeit, nicht selten auf Kosten der Zeit für sich selber oder der eigenen Bedürfnisse.

Freunde sind ein wichtiger Bestandteil ihres Lebens (wichtiger ist nur ihre Familie). Ihr eigenes Glück ist in großem Maße vom Glück ihrer Freunde sowie gesunden Beziehungen zu diesen abhängig. Wenn *Anwälte* nur die Möglichkeit dazu haben, laden sie ihre Freunde nach Hause ein. Sie lieben es, Zeit mit ihnen zu verbringen, ohne sie fühlen sie sich hingegen wie abgekapselt von ihrer Energiequelle.

Anwälte treffen sich gerne mit Freunden. Auch andere Menschen mögen es, sich mit *Anwälten* zu treffen, denn in ihrer Anwesenheit steigert sich ihr Selbstwertgefühl, weswegen sie sich akzeptiert, stärker und besser fühlen.

Indem sie anderen Respekt, Herzlichkeit, ehrliches Interesse und Akzeptanz zollen, erwarten sie auch dasselbe von diesen. Das Bewusstsein, dass sie gemocht und akzeptiert werden, verleiht *Anwälten* Flügel und erfüllt sie mit Glück. Dahingegen vertragen sie keine Kritik und Gleichgültigkeit seitens anderer Menschen. Unter Freunden und Bekannten von *Anwälten* sind Menschen mit verschiedenen Persönlichkeitstypen vorzufinden. Am häufigsten freunden sie sich mit *Moderatoren*, *Betreuern*, *Beratern* sowie anderen *Anwälten* an. Am seltensten hingegen mit *Logikern*, *Reformern* und *Strategen*.

In der Ehe

Anwälte schätzen Stabilität – die Familie ist einer der wichtigsten Aspekte in ihrem Leben. Gesunde familiäre Beziehungen geben ihnen das Gefühl von Sicherheit und stellen ein Fundament fürs Leben dar. *Anwälte* behandeln ihre Verpflichtungen sehr ernst – das Ehegelübde ist für sie heilig. Sie lieben ihr Zuhause und mögen es, dort ihre Zeit zu verbringen. Ferner mögen sie auch familiäre Treffen und sind hervorragende Gastgeber sowie Zeremonienmeister. In der Regel bevorzugen sie die traditionelle Rollenverteilung in der Ehe und kommen mit ihren häuslichen Verpflichtungen hervorragend klar.

Das Ideal, welches sie anstreben, ist ein harmonisches und ruhiges Familienleben sowie das Glück ihrer Familie. Für die Realisierung dieses Ideals wenden *Anwälte* viel Energie auf. Auch wenn sie von Plichten überhäuft werden, was leider oft passiert, vernachlässigen sie nie ihre Familie und lassen ihre Verwandten nicht aus den Augen. Die Personen, die sie lieben, sind für sie von höchster Priorität. *Anwälte* sagen ihnen oft und gerne Komplimente, haben stets ein gutes Wort oder eine nette Geste für sie übrig und vergessen nie einen Geburtstag oder einen wichtigen Jahrestag. Selbst bedürfen sie ebenfalls menschlicher Zuneigung, Nähe und Verbundenheit. Kälte, Gleichgültigkeit sowie Kritik vertragen sie hingegen schlecht.

Für gewöhnlich meiden *Anwälte* konfliktreiche Themen. Sie bevorzugen es viel mehr, Probleme zu verschweigen, sie geduldig zu ertragen oder vorzutäuschen, dass es sie nicht gibt. *Anwälte* tendieren auch dazu, ihre Familie und ihre Freunde zu idealisieren und somit auch ihre negativen Eigenschaften nicht zu beachten. Ferner schieben sie oftmals sich selbst die Schuld für familiäre Probleme zu.

Natürliche Kandidaten als Lebenspartner für *Anwälte* sind Menschen mit verwandten Persönlichkeitstypen: *Moderatoren*, *Betreuer* oder *Künstler*. In solchen Beziehungen ist es weitaus einfacher, gegenseitiges Verständnis und Harmonie aufzubauen. Nichtsdestotrotz zeigt die Erfahrung, dass Menschen imstande sind, gelungene und glückliche Beziehungen zu führen, obwohl scheinbar keine typologische Übereinstimmung vorzufinden ist. Ferner können gerade Unterschiede zwischen den Eheleuten ihrer Beziehung Dynamik verleihen und positiven Einfluss auf die persönliche Entwicklung ausüben.

Als Eltern

Anwälte sind überaus fürsorgliche Eltern und nehmen ihre elterlichen Pflichten sehr ernst. Sie umgeben ihre Kinder mit Herzlichkeit, Fürsorge sowie Liebe und vermögen es, ihre emotionalen Bedürfnisse zu befriedigen. *Anwälte* möchten ihre Kinder zu empfindsamen und verantwortungsbewussten Menschen erziehen, weswegen sie sie für die Bedürfnisse anderer sensibilisieren.

Für gewöhnlich führen sie zuhause klare Regeln ein, dank denen ihre Kinder sich sicher fühlen. *Anwälte* begegnen ihrem Nachwuchs mit Liebe und Akzeptanz, wobei sie von ihnen zeitgleich Respekt erwarten. In der Beziehung zu ihren Kindern sind *Anwälte* keine Anhänger von freundschaftlichen Beziehungen. Viel mehr setzen sie klare Regeln und fordern, dass sie eingehalten werden. Es gelingt ihnen aber nicht immer, dieses Regelsystem durchzusetzen.

Anwälte haben die Tendenz, überfürsorglich zu sein, ihren Kindern auszuhelfen und sie übermäßig zu kontrollieren (ein häufiger Grund für problematische Beziehungen zu Jugendlichen). Ihre Kinder wiederum neigen dazu, ihre Eltern auszunutzen und zu manipulieren, da sie genau wissen, dass ihr *Anwalt*-Elternteil alles für sie machen würde und ggf. auch bei Schwierigkeiten die helfende Hand reicht. Nach vielen Jahren erinnern sich die Kinder sehr gerne an ihr familiäres Zuhause und schätzen *Anwälte* für ihre Fürsorge, Herzlichkeit, Aufopferung, aber auch klare Regeln, die ihnen zwar früher als Begrenzung erschienen, doch letztendlich Ordnung in ihre Weltanschauung gebracht und gelehrt haben, was im Leben von Bedeutung ist.

Arbeit und Karriere

Anwälte mögen eine stabile Anstellung in einem sicheren Umfeld, in dem Harmonie herrscht. Oft suchen sie nach Stellen, bei denen Kontakt mit anderen Menschen wichtig ist.

Organisation

Ordnung, gute Organisation, festgelegte Vorgehensweisen und eine klare Aufgabenverteilung – all dies ist laut *Anwälten* der Schlüssel zu einer reibungslosen Abwicklung von Aufgaben und dem Erreichen festgelegter Ziele. Dahingegen vertragen sie Arbeit in einem unorganisierten und chaotischen Umfeld schlecht. Sie stören sich an schlechter Arbeitsorganisation, unklarer Aufgabenverteilung, Vergeudung und Ineffizienz.

Anwälte mögen keine Aufgaben, die nach ständigen Veränderungen und Flexibilität verlangen. Sie hinterfragen selten die bestehende Ordnung, da sie festgelegte Regeln respektieren und altbewährte Traditionen schätzen. In der Regel zweifeln sie also die Richtigkeit von in Unternehmen angewandten Prozeduren nicht an (auch wenn sie veraltet und nicht mehr an aktuelle Bedürfnisse angepasst sein sollten).

Im Team

Anwälte mögen Teamarbeit und unterstützen gerne ihre Kollegen. Sie bringen viel Energie, eine herzliche Atmosphäre sowie praktische Ideen in das Team ein. Ihr ehrliches Lob und Komplimente motivieren andere zur weiteren Arbeit. *Anwälte* schätzen gesunde und herzliche Beziehungen, dahingegen sind sie kühlen, zurückhaltenden und stillen Personen eher abgeneigt. Sie bevorzugen fleißige, gut organisierte und vorhersehbare Kollegen. *Anwälten* fällt es schwer, Menschen zu verstehen, die sich bei ihren Aufgaben keine Mühe geben und ihre Pflichten vernachlässigen.

Vorgesetzte

Anwälte schätzen Vorgesetzte, die klar und verständlich ihre Anforderungen und Ziele äußern sowie ihre Mitarbeiter nach ihrer Leistung und ihren Verdiensten beurteilen. Sie fühlen sich in hierarchisierten Organisationen mit einer festen Struktur gut aufgehoben. Von ihren Vorgesetzten erwarten sie ein ehrliches Interesse an ihren Mitarbeitern sowie die Anerkennung ihres Engagements.

Anwälte fühlen sich sehr schlecht in Unternehmen, in denen die Mitarbeiter als Bauelemente eines Systems angesehen werden. Wenn sie selbst Führungspositionen innehaben, versuchen sie alle wichtigen Entscheidungen mit ihren Mitarbeitern abzusprechen, da sie sich für ihre Meinung interessieren, sie zum Handeln motivieren und sie auch mit Selbstbewusstsein stärken. Die so engagierten Mitarbeiter fühlen sich dadurch authentisch wertgeschätzt.

Gegenüber Mitarbeitern

Anwälte geben ihren Mitarbeitern gerne Ratschläge und Tipps, vor allem, da sie um Effizienz und gutes Zeitmanagement bemüht sind. Dabei tendieren sie dazu, ihnen auszuhelfen und sie manchmal auch zu stark zu kontrollieren, was die Mitarbeiter wiederum entmutigt, kreative Experimente zu probieren und es ihnen erschwert, aus eigenen Fehlern zu lernen sowie selbstständig zu arbeiten.

Darüber hinaus glauben *Anwälte*, dass traditionelle Strukturen sowie formelle Beziehungen dabei helfen, Harmonie und Stabilität zu bewahren. Deswegen erwarten sie auch von ihren Mitarbeitern nicht nur Gewissenhaftigkeit und Engagement, sondern auch Loyalität und Respekt. Eine Herausforderung für *Anwälte* stellen Situationen dar, bei denen nicht alle Parteien befriedigt werden können oder wenn schwierige und unbeliebte Entscheidungen getroffen werden müssen. Große Probleme bereitet ihnen auch die Disziplinierung ihrer Mitarbeiter oder sie auf unangebrachtes Verhalten aufmerksam zu machen.

Berufe

Das Wissen über das eigene Persönlichkeitsprofil sowie die natürlichen Präferenzen stellen eine unschätzbare Hilfe bei der Wahl des optimalen Berufsweges dar. Die Erfahrung zeigt, dass *Anwälte* mit Erfolg in verschiedenen Bereichen arbeiten und aufgehen können. Doch dieser Persönlichkeitstyp prädisponiert sie auf natürliche Art und Weise zu folgenden Berufen:

- Anwalt,
- Arzt,
- Buchhalter,
- Geistlicher,
- Handelsvertreter,
- Immobilienvertreter,
- Kindergartenbetreuer,

- Krankengymnast,
- Krankenpfleger,
- Lehrer,
- Logopäde,
- Manager,
- Marketingspezialist,
- Mitarbeiter im Kundendienst,
- Mitarbeiter im Reisebüro,
- Mitarbeiter in der Personalabteilung,
- Mitarbeiter in der Sozialhilfe,
- Optiker,
- Pädagoge,
- Pharmazeut,
- Physiotherapeut,
- Portier,
- Restaurator,
- Sanitäter,
- Schauspieler,
- Spezialist für Öffentlichkeitsarbeit,
- Therapeut,
- Trainer,
- Verkäufer.

Potenzielle starke und schwache Seiten

Ähnlich wie auch andere Persönlichkeitstypen haben *Anwälte* potenzielle starke und schwache Seiten. Dieses Potenzial kann auf verschiedenste Weise ausgeschöpft werden. Glück im Privatleben sowie Erfolg im Beruf hängen bei *Anwälten* davon ab, ob sie die Chancen, die mit ihrem Persönlichkeitstyp verknüpft sind, nutzen und ob sie den Gefahren auf ihrem Weg die Stirn bieten können. Im Folgenden eine ZUSAMMENFASSUNG dieser Chancen und Gefahren:

Potenzielle starke Seiten

Anwälte mögen Menschen und interessieren sich ehrlich für ihre Probleme. Sie weisen sehr viel Empathie auf und vermögen es, Gefühle und Emotionen anderer zu deuten. Sie sind zugleich aber auch imstande, ihren eigenen Emotionen Ausdruck zu verleihen. Ihre Herzlichkeit, Interesse und Fürsorge ziehen andere Menschen an. *Anwälte* schaffen um sich herum eine gesunde, freundschaftliche Atmosphäre, weswegen sie sich hervorragend für Teamarbeit eignen, aber auch sehr gute Organisatoren sind. *Anwälte* sind imstande für gemeinsame Ziele zu arbeiten, eine harmonische Zusammenarbeit zu fördern und sich über Erfolge anderer Menschen zu freuen. Sie motivieren andere Menschen zum Handeln, verleihen ihnen Selbstwertgefühl und fördern ihr verstecktes Potenzial.

Darüber hinaus sind *Anwälte* loyale Mitarbeiter. Sie konzentrieren sich eher auf die ihnen anvertrauten Aufgaben als auf persönliche Vorteile, weswegen sie auch seltener als andere die Arbeit auf der Suche nach besseren Bedingungen wechseln. *Anwälte* zeichnen sich durch Fleiß, Elan, Stabilität sowie Realismus, Pragmatismus und Vorhersehbarkeit aus. Sie interessieren sich für Fakten und konkrete Tatsachen sowie effektive und praktische Lösungen, die reale Probleme beseitigen oder auf handfeste Weise das Leben eines anderen Menschen vereinfachen.

Anwälte sind imstande, all das, was sie angefangen haben, auch zu beenden. Wenn man ihnen Aufgaben zugeteilt, kann man also sicher sein, dass sie sich auch dafür engagieren. Dabei sind es vor allem Aufgaben mit festgelegten Prozeduren, die die Verarbeitung von vielen Daten sowie nach wiederholbaren Prozessen verlangen, mit denen *Anwälte* sich gut zu behelfen wissen.

Potenzielle schwache Seiten

Ihre Fixierung auf die Unterstützung anderer Menschen sowie ihr geringes Durchsetzungsvermögen bewirken, dass

Anwälte nicht immer imstande sind, ihre eigenen Bedürfnisse oder Interessen zu vertreten. *Anwälte* sind zudem für Betrügereien, Manipulationen sowie emotionale Erpressung anfällig. Ferner tendieren sie dazu, schwierige (jedoch wichtige) Gespräche zu meiden. Sie sind nicht imstande, toxische oder schädliche Beziehungen aufzugeben und neigen dazu, sich die Schuld für fehlgeschlagene Beziehungen zuzuschieben. *Anwälte* haben Probleme, sich in Krisensituationen zurechtzufinden und sind überaus empfindlich für Kritik. Auch einsames Arbeiten hat schlechten Einfluss auf sie, da sie von Lob und Affirmation seitens anderer Menschen abhängig sind. Im Angesicht von Feindseligkeit oder Gleichgültigkeit können sie ihr Selbstwertgefühl verlieren.

Auch in neuen Bereichen finden sich *Anwälte* nur schlecht zurecht. Die Bindung zu alten, erprobten Lösungen kann bei ihnen Skepsis gegenüber Experimenten und innovativen Maßnahmen hervorrufen. Sie sind nicht gerade flexibel – in Situationen, die nach blitzschnellen Entscheidungen und Improvisation verlangen, verlieren sie recht schnell den Boden unter ihren Füßen. Sie haben auch Probleme mit der Delegierung von Aufgaben und tendieren dazu, anderen auszuhelfen und ihnen zwangsweise zu helfen. Trotz ihrer Offenheit sind *Anwälte* oftmals skeptisch gegenüber Ansichten, die sie nicht teilen. Alleine die Tatsache, dass sie solche Meinungen vernehmen, bewirkt bei ihnen großes Unbehagen. *Anwälte* tendieren auch zu voreiliger Verneinung und Ablehnung all dessen, was für sie neu und fremd ist. Sie kennzeichnen sich häufiger als andere durch Dogmatismus und die Unfähigkeit, komplexe Phänomene zu erkennen.

Ihre Loyalität gegenüber anderen Menschen bewirkt, dass sie ab und an parteiisch sind. Es fällt ihnen infolgedessen schwer anzunehmen, dass ihre Verwandten, Freunde oder Kollegen irren oder Schuld tragen könnten. Indem sie sich auf aktuelle Bedürfnisse konzentrieren, sind *Anwälte* oftmals nicht imstande, zukünftige Herausforderungen zu erkennen. Ihr Engagement für einzelne Probleme hingegen bewirkt, dass sie einen breiteren Kontext nicht zu erkennen vermögen.

Persönliche Entwicklung

Die persönliche Entwicklung von *Anwälten* hängt davon ab, in welchem Grad sie ihr natürliches Potenzial nutzen und ob sie die Gefahren, die in Verbindung mit ihrem Typ stehen, zu bewältigen vermögen. Die folgenden praktischen Tipps stellen eine Art Dekalog des *Anwalts* dar.

Helfen Sie anderen nicht aus

Sie möchten anderen Menschen helfen, aber wenn Sie ihnen überall aushelfen, dann werden sie es nie selbst lernen. Sie wiederum werden ständig überlastet sein. Wenn Sie also anderen helfen, müssen Sie ihnen erlauben, die Verantwortung für ihr Leben zu übernehmen, Fehler zu machen und Konsequenzen aus ihnen für die Zukunft zu ziehen.

Lassen Sie einige Angelegenheiten ihren natürlichen Lauf nehmen

Es wird Ihnen nicht gelingen, alles unter Kontrolle zu haben. Sie werden nicht imstande sein, jedes Problem zu kontrollieren. Lassen Sie also weniger wichtige Angelegenheiten ihren natürlichen Lauf nehmen. Sie werden so viel mehr Energie sparen können und Frust vermeiden.

Haben Sie keine Angst vor Ideen und Meinungen anderer Menschen

Offenheit gegenüber den Ansichten anderer Menschen muss nicht zwangsweise bedeuten, dass Sie Ihre eigene Meinung verwerfen müssen. Haben Sie keine Angst vor den Ideen und Ansichten anderer Menschen, die sich von Ihrer Meinung unterscheiden. Bevor Sie sie ablehnen, denken Sie darüber nach und versuchen Sie sie zu verstehen.

Betrachten Sie Probleme aus einer breiteren Perspektive

Versuchen Sie stets einen breiteren Kontext zu erkennen und Probleme aus verschiedenen Perspektiven und Blickwinkeln unterschiedlicher Leute zu betrachten. Lassen Sie sich beraten und erwägen Sie andere Standpunkte. Versuchen Sie ebenfalls verschiedene Aspekte eines Problems zu durchleuchten.

Haben Sie keine Angst vor Konflikten

Auch zwischen sich sehr nahestehenden Personen kommt es manchmal zu Meinungsverschiedenheiten. Konflikte bedeuten aber nicht zwangsweise etwas Destruktives. Sehr oft helfen sie dabei, Probleme zu finden und sie zu lösen! Stecken Sie also nicht Ihren Kopf in den Sand, wenn Sie sich in einer Konfliktsituation befinden. Versuchen Sie viel mehr klar Ihren Standpunkt sowie Ihre Empfindungen bzgl. des Problems zu vertreten.

Lernen Sie, „Nein" zu sagen

Wenn Sie mit etwas nicht einverstanden sind, haben Sie keine Angst davor, dies auch zu äußern. Wenn Sie nicht imstande sind, eine weitere Aufgabe zu übernehmen, dann lehnen Sie sie einfach ab. Lernen Sie, „Nein" zu sagen. Vor allem dann, wenn Sie spüren, dass jemand Ihre Hilfe ausnutzt oder versucht, Sie bei etwas einzuspannen.

Haben Sie keine Angst vor neuen Erfahrungen

Versuchen Sie jede Woche oder jeden Monat etwas Neues aus. Besuchen Sie Orte, an denen Sie noch nicht waren. Sprechen Sie mit Menschen, die Sie vorher nicht gekannt haben. Nehmen Sie Aufgaben an, die Sie vorher nie hatten. Dies wird Ihnen viele wertvolle Ideen bringen und bewirkt, dass Sie die Welt aus einer breiteren Perspektive betrachten.

Versuchen Sie öfters sich selbst etwas Gutes zu tun

Versuchen Sie sich selbst so zu helfen, wie Sie sich um Glück und gutes Selbstbewusstsein anderer Menschen kümmern. Seien Sie auch für sich selbst verständnisvoll! Versuchen Sie ab und zu sich von ihren Pflichten loszureißen und sich angenehmen, entspannenden oder unterhaltsamen Dingen zu widmen.

Haben Sie keine Angst vor Kritik

Haben Sie keine Angst, kritisch zu sein und Kritik seitens anderer Menschen anzunehmen. Kritik kann konstruktiv sein und muss nicht unbedingt einen Angriff auf andere Menschen oder die Anzweiflung ihrer Werte bedeuten.

Lassen Sie sich von anderen helfen

Sie gehen von der Annahme aus, dass es Ihre Aufgabe ist, anderen Menschen zu helfen und es für gewöhnlich so ist, dass andere bei Ihnen um Hilfe bitten. Wenn Sie aber ein Problem haben, sollten Sie nicht davor zurückschrecken, auch andere Menschen im Gegenzug um Hilfe zu bitten und diese anzunehmen! Die Fähigkeit, Hilfe anzunehmen, ist ebenso wichtig, wie die Fähigkeit, Hilfe zu leisten.

Bekannte Personen

Eine Liste bekannter Personen, die dem Profil des *Anwalts* entsprechen:

- **Louis Burt Mayer**, eigtl. Eliezer Meir (1884-1957) – US-amerikanischer Unternehmer jüdischer Herkunft, Filmverleiher und -produzent, Mitbegründer der Filmproduktionsgesellschaft Metro-Goldwyn-Mayer;

- **Ray Kroc** (1902-1984) – US-amerikanischer Unternehmer, Gründer der McDonald's Corporation, bekannt als „König der Hamburger";
- **Sam Walton** (1918-1992) – US-amerikanischer Unternehmer, Gründer von Wal-Mart (heute die größte Handelskette der Welt);
- **Mary Tyler Moore** (1936-2017) – US-amerikanische Filmschauspielerin (u. a. *Eine ganz normale Familie*);
- **Bill Clinton** (geb. 1946) – 42. Präsident der Vereinigten Staaten;
- **Dany Glover** (geb. 1946) – US-amerikanischer Filmschauspieler (u. a. *Lethal Weapon*), Produzent und Regisseur;
- **Sally Field** (geb. 1946) – US-amerikanische Filmschauspielerin (u. a. *Brothers & Sisters*);
- **Eddie Murphy** (geb. 1961) – US-amerikanischer Bühnen- und Filmschauspieler (u. a. *Beverly Hills Cop*), Produzent, Drehbuchautor und Regisseur;
- **Lars Ulrich** (geb. 1963) – dänischer Schlagzeuger, Mitbegründer der Band Metallica;
- **Björk Guðmundsdóttir** (geb. 1965) – isländische Sängerin, Textautorin, Komponistin und Schauspielerin;
- **Geri Halliwell**, eigtl. Geraldine Estelle Halliwell (geb. 1972) – britische Sängerin spanisch-schwedischer Abstammung, Mitbegründerin der Band Spice Girls;
- **Elvis Stojko** (geb. 1972) – kanadischer Eiskunstläufer, zweifacher olympischer Silbermedaillengewinner und dreifacher Weltmeister;
- **Linda Park** (geb. 1978) – US-amerikanische Filmschauspielerin koreanischer Abstammung (u. a. *Star Trek: Enterprise*);

- **Samaire Armstrong** (geb. 1980) – US-amerikanische Film- und Fernsehschauspielerin (u. a. *O.C., California*).

75

Der Berater (ENFJ)

PERSÖNLICHKEITSTYPOLOGIE ID16™©

Profil

Lebensmotto: *Meine Freunde sind meine Welt.*

Optimistisch, enthusiastisch und scharfsinnig. Höflich und taktvoll. Sie verfügen über ein unglaubliches Empathievermögen, wodurch es sie glücklich stimmt, durch selbstloses Handeln anderen Menschen Gutes zu tun. *Berater* vermögen es, Einfluss auf das Leben anderer zu nehmen – sie inspirieren, entdecken in ihnen verstecktes Potenzial und verleihen ihnen Glauben an das eigene Können. *Berater* strahlen Wärme aus, weswegen sie andere Menschen anziehen. Sie helfen ihnen oftmals, persönliche Probleme zu lösen.

Doch *Berater* neigen dazu, gutgläubig zu sein und die Welt durch eine rosarote Brille zu betrachten. Da sie ständig auf andere Menschen fixiert sind, vergessen sie oftmals ihre eigenen Bedürfnisse.

Natürliche Veranlagungen des *Beraters*

- Die Quelle seiner Lebensenergie: seine äußere Welt.
- Informationsaufnahme: Intuition.
- Art und Weise wie Entscheidungen getroffen werden: Herz.
- Lebensstil: organisiert.

Ähnliche Persönlichkeitstypen

- *Enthusiast*
- *Mentor*
- *Idealist*

Statistische Angaben

- *Berater* stellen ca. 3-5 % der Gesellschaft dar.
- Unter *Beratern* überwiegen Frauen (80 %).
- Das Land, welches dem Profil des *Beraters* entspricht, ist Frankreich.[4]

Buchstaben-Code

Der universelle Code des *Beraters* ist in den Jungschen Persönlichkeitstypologien ENFJ.

Allgemeines Charakterbild

Berater sind energisch, scharfsinnig und optimistisch. Sie sind glücklich, wenn sie anderen helfen können und vermögen es hervorragend, die Gefühle und Emotionen anderer Menschen zu deuten. Wenn *Berater* Menschen beobachten,

---

[4] Dies bedeutet nicht, dass alle Einwohner von Frankreich zu dieser Gruppe gehören, wenngleich die französische Gesellschaft – als Ganzes – viele charakteristische Eigenschaften des *Beraters* verkörpert.

erkennen sie in ihnen Charakterzüge, die unsichtbar für andere sind. Sie zeichnen sich durch außerordentliche Intuition sowie Empathie aus, weswegen sie oftmals anderen Mut machen, sie inspirieren oder zum Handeln motivieren.

Haltung gegenüber anderen Menschen

Berater verfügen über ein gesundes Maß an Selbstwertgefühl, wenngleich sie fähig sind, auf ihre Bedürfnisse zu verzichten und sich nach anderen zu richten (sofern sie auf diese Weise anderen ihre Hilfsbereitschaft zeigen können). Sie sind überaus empfänglich für die Probleme ihrer Familienangehörige und Freunde. Oftmals sind *Berater* so auf andere Menschen fixiert, dass sie keine Zeit für Reflexionen über das eigene Leben haben. Ab und an fällt es ihnen sogar schwer, ihre eigenen Lebensziele und Bedürfnisse zu definieren.

Andere sehen in ihnen hervorragende Lehrer, Mentoren und Vertraute. Sie schätzen an *Beratern* ihre Hilfsbereitschaft und bitten sie in schwierigen Lebenslagen gerne um Rat. *Berater* sind oftmals auch im Beruf Berater (daher auch die Bezeichnung für diesen Persönlichkeitstyp). Unabhängig von ihrem ausgeübten Beruf sind sie zumindest Berater für ihre Bekannten und Verwandten, denn sie helfen ihnen oftmals bei der Lösung persönlicher Probleme. Die Bemerkungen von *Beratern*, die ihnen selbst natürlich und offensichtlich vorkommen, stellen für andere eine beachtliche Inspiration dar und helfen ihnen dabei, eine neue, frische Perspektive bezüglich der jeweiligen Situation einzunehmen.

Die Probleme anderer Menschen nehmen einen großen Teil der Zeit und Energie von *Beratern* in Anspruch. Das Wissen darüber, dass sie jemandem helfen können, erfüllt sie jedoch mit großer Freude. Für gewöhnlich fühlen sie sich für andere Menschen verantwortlich und sind nicht imstande, Schwierigkeiten anderer gleichgültig zu begegnen. Manchmal tendieren sie sogar dazu, nahezu gewaltsam das Leben anderer Menschen reparieren oder ihnen aushelfen zu wollen.

Wahrnehmung und Gedanken

Berater denken voraus und kehren selten zu Misserfolgen aus der Vergangenheit zurück. Sie denken global und weit reichend. Nicht nur die Realisierung ihrer Pläne, aber auch der Prozess der Planung und der Weg zum Ziel bereiten ihnen Freude. Die Zukunft ist für sie aufregender als die Gegenwart. Probleme betrachten sie aus einer weitreichenden Perspektive und erkennen verschiedene Aspekte der Bereiche, mit denen sie sich beschäftigen. *Berater* vermögen es, zeitgleich an unterschiedlichen Fronten zu arbeiten.

Sie träumen von einer besseren Welt und glauben an die Erfüllung dieser Träume. Diese Vision motiviert sie zum Handeln und verleiht ihnen Kraft. Für gewöhnlich mögen sie Veränderungen und neue Herausforderungen. Mit Begeisterung (manchmal unkritisch) nehmen sie innovative Ideen und Gedanken auf. Oftmals sind sie an geistlichen Dingen interessiert, aber auch an sozialen Problemen. Von Natur aus sind *Berater* Vertreter einer egalitären Haltung. Es kommt vor, dass sie ihr Leben einer Idee unterordnen und dieser auf nahezu fanatische Art und Weise nachgehen.

Innerer Kompass

In ihrem Leben richten sich *Berater* nach ihren Werten, weswegen sie Entscheidungen, die ausschließlich auf Grundlage von logischen und rationalen Argumenten getroffen wurden, mit Misstrauen begegnen. Wenn jemand ihr Wertesystem angreift oder auf eine Art und Weise handelt, die sich gegen ihre Ansichten richtet, vermögen sie heftig zu protestieren, womit sie ihr Umfeld überraschen, da sie für gewöhnlich anderen Menschen und Konfrontationen aus dem Weg gehen. In Extremfällen sind *Berater* fähig, für all jenes, was sie als richtig und gerecht empfinden, sogar zu kämpfen. Es ist aber keineswegs ein Kampf um die eigenen Rechte, die sie von Natur aus an zweite Stelle stellen, sondern um ihrer Meinung nach unanfechtbare Regeln und Verhaltensnormen.

In den Augen anderer Menschen

Berater sind normalerweise allgemein beliebt und verfügen über eine außerordentliche Gabe, Menschen anzuziehen. Auch die enthaltsamsten und kühlsten Menschen begegnen ihrem Charme, ihrer Herzlichkeit und ehrlichem Interesse nur selten mit Gleichgültigkeit. *Berater* haben den Ruf von Menschen, auf die immer Verlass ist. Ihre Ratschläge helfen anderen dabei, ihre Probleme in einem neuen Licht zu sehen, die Gespräche mit *Beratern* hingegen motivieren sie zum Handeln und verleihen ihnen Selbstwertgefühl. Dahingegen finden einige Menschen den Optimismus von *Beratern* verdächtig, sie selbst hingegen werden ab und an als zu idealistisch, enthusiastisch und realitätsfremd betrachtet (sogar naiv oder leichtgläubig).

Berater wiederum stören sich an der Skepsis anderer, chronischem Pessimismus, Stagnation und fehlendem Glauben an mögliche Veränderungen. Sie können all jene nicht verstehen, die gleichgültig gegenüber fremdem Leid sind und nicht auf die Gefühle anderer Menschen achten. Ein Leben, welches nur darauf bedacht ist, eigene Bedürfnisse zu stillen, erscheint *Beratern* als leer und wertlos. Sie verstehen auch keine Menschen, die keinen Wert auf Harmonie und eine herzliche Atmosphäre legen und die bewusst Konfrontationen provozieren. *Berater* selbst reagieren sehr empfindlich auf Kritik und versuchen um jeden Preis, Konflikten und unangenehmen Situationen aus dem Weg zu gehen.

Kommunikation

In zwischenmenschlichen Beziehungen weisen *Berater* unglaubliches Taktgefühl auf. Sie sind hervorragende Diplomaten und wissen stets, was in der jeweiligen Situation gesagt werden sollte. *Berater* sind imstande, Einfluss auf andere auszuüben, ihr Verhalten zu formen und sogar – zum Nutzen der Sache – andere zu manipulieren. Normalerweise sind *Berater* sehr kommunikativ und überzeugend.

Berater bevorzugen direkte und verbale Kommunikation. Sie sind sich im Klaren, dass Worte eine riesige Kraft innehaben und vermögen es, über ihre Sprache Herr zu werden. Manchmal überlegen sie vorher, was sie in der jeweiligen Situation sagen sollten und denken sich sogar den Verlauf eines späteren Gesprächs aus. Für gewöhnlich haben *Berater* keine Angst vor öffentlichen Auftritten und sind fähig, ihre Ansichten verständlich darzulegen. Eine Ausnahme stellen dagegen Situationen dar, in denen sie sich auf die von ihnen befolgten Werte berufen, da sie irrtümlicherweise davon ausgehen, dass diese von anderen allgemein geteilt würden. In solchen Situationen können *Berater* unverständlich wirken.

In Konfliktsituationen

Gesunde zwischenmenschliche Beziehungen sind für *Berater* der Schlüssel zu einem glücklichen Leben und erfolgreicher Arbeit. Wenn sie sich eines nicht gelösten Konflikts bewusst sind, vermögen sie es nicht, normal in der Familie zu funktionieren oder sich auf ihre beruflichen Aufgaben zu konzentrieren. *Berater* mögen auch keine Einsamkeit. Sie brauchen Wärme, Akzeptanz und Herzlichkeit. Sie können aber auch glücklich sein, wenn ihre Bedürfnisse nicht erfüllt sind, da sie aus dem Geben Freude schöpfen.

Ihr besonders niedriger Toleranzpegel für Kritik sowie die Tendenz jeglichen unangenehmen Situationen aus dem Weg zu gehen, bewirken, dass sie im Angesicht eines Konflikts oftmals aufgeben, vom Kampf ablassen oder mit für sie unvorteilhaften Bedingungen zufrieden sind. All dies nur, um der unangenehmen Situation ein Ende zu setzen. Indem sie so agieren, setzen sie sich unwillkürlich neuen, ebenso unkomfortablen Situationen in der Zukunft aus.

Herausforderungen

Berater führen für gewöhnlich ein aktives Leben und haben selten Zeit, um auszuruhen. In ihrer Freizeit engagieren sie sich gerne sozial oder helfen einfach nur ihren Bekannten. Dies bereitet ihnen sehr viel Freude, wenngleich ihr niedriges Durchsetzungsvermögen sowie ihr Unvermögen, „Nein" zu sagen, bewirken, dass sie zu viel auf ihren Schultern tragen und überbelastet sind. Da *Berater* jedes Bedürfnis stillen möchten, lassen sie sich leicht ablenken und sind nicht imstande, sich auf Prioritäten zu konzentrieren.

Berater mögen es, unter Menschen zu sein. Gleichzeitig sind sie sehr empfindlich, weswegen sie leicht verletzt werden können. Ihr niedriger Toleranzpegel für Kritik bewirkt, dass sie sich jede kritische Äußerung zu Herzen nehmen und alle negativen Kommentare emotional verarbeiten. Dabei nutzen sie aber nicht die Hilfe anderer Menschen. Auch längere Einsamkeit können sie nur schwer vertragen. Wenn sie von anderen Menschen abgeschnitten sind, werden sie von dunklen Gedanken und Apathie gefesselt.

Sozialer Aspekt der Persönlichkeit

Berater fühlen sich sehr gut unter anderen Menschen. Soziale Kontakte sind für sie eine der wichtigsten Sachen im Leben. Sie bringen für sie sehr viel Energie auf und sind überaus loyal. In zwischenmenschlichen Beziehungen schätzen sie Akzeptanz. Ehrlichkeit, Tiefe und Herzlichkeit. Schneller als andere erkennen sie Emotionen, Gefühle und Bedürfnisse anderer Menschen. *Berater* sind aber auch sehr sensibel – sie vertragen keine emotionale Kälte, Gleichgültigkeit und Kritik.

In der Regel sind *Berater* sehr offen und gesellig. Sie vermögen es, ihren Emotionen und Gefühlen Ausdruck zu verleihen und teilen anderen gerne ihre Erlebnisse mit. Ihre Haltung gegenüber Menschen ist sehr positiv und enthusiastisch: Sie glauben an sie, wünschen ihnen aufrichtig Glück, identifizieren sich mit ihnen und haben an ihrem Glück sowie ihrer Trauer teil. Oftmals – beinahe physisch – leiden sie mit anderen Menschen mit. Das Glück anderer hingegen bewirkt, dass sie selbst glücklich sind.

Wenn sie unter Menschen sind, schenken *Berater* ihnen ihre volle Aufmerksamkeit und sind nur sehr selten darauf bedacht, diese auf ihre eigene Person zu lenken oder ihre Ansichten zu verbreiten, wenngleich sie es im Bedarfsfall vermögen jene deutlich zum Ausdruck zu bringen.

Unter Freunden

Berater sprießen geradezu vor Energie, Optimismus und Humor. Sie sind allgemein beliebt und ziehen andere Menschen an. Man kann immer auf sie zählen, sie sind natürlich, hören zu und interessieren sich ernsthaft für das Leben und die Probleme anderer Menschen. All dies macht sie zu nahezu idealen Kandidaten als potenzielle Freunde. Ihre Akzeptanz, ihr Verständnis sowie ihr Interesse bewirken, dass Menschen sich bei ihnen besser und wertvoller fühlen.

Berater sind sehr loyale Freunde und zuverlässige Vertrauenspersonen. Sie geben ihren Freunden Kraft und den Glauben an die eigenen Fähigkeiten. Ferner erkennen sie in ihnen ihr verstecktes Potenzial und machen ihnen ihre Möglichkeiten bewusst. Die Unterstützung ihrer Freunde ist für *Berater* etwas völlig Natürliches und macht ihnen große Freude. Ihre positive Einstellung gegenüber anderen Menschen bewirkt wiederum, dass sie gelegentlich nicht fähig sind, etwas abzulehnen und erlauben, sich ausnutzen zu lassen.

In der Regel bauen *Berater* gesunde und freundschaftliche Beziehungen zu allen Menschen auf, unabhängig von deren Persönlichkeitstyp. Am häufigsten freunden sie sich jedoch mit *Enthusiasten, Mentoren, Anwälten* und anderen *Beratern* an. Am seltensten wiederum mit *Praktikern, Animateuren* und *Inspektoren.*

In der Ehe

Die Ehe betrachten *Berater* als Bund für das ganze Leben. Sie bringen eine gewaltige Ladung Herzlichkeit, Zärtlichkeit, Akzeptanz und Sinn für Humor in die Beziehung mit ein.

Selbst erwarten sie dasselbe und leiden, wenn ihre Partner ihnen keine Liebe und Verbundenheit bekunden. Nichtsdestotrotz ist dies für gewöhnlich für sie kein größeres Problem, da sie vor allem glücklich sind, wenn sie selbst geben können (teilweise fließt also das Glück ihrer Familie auf sie zurück). *Berater* sind treu, loyal und unglaublich ergeben.

In ihren Partnern sehen sie all dies, was das Beste ist – sie akzeptieren sie, unterstützen und rechtfertigen sie auch des Öfteren. In ihren Beziehungen ist jedoch oftmals das Gleichgewicht zwischen Geben und Nehmen erschüttert. *Berater* geben von Natur aus mehr als sie nehmen. Sie konzentrieren sich maßgeblich auf das Glück der anderen Person und kämpfen dabei selten um ihre eigenen Rechte und äußern auch selten ihre Bedürfnisse. Dafür kontrollieren sie stetig den Status ihrer Beziehung und die emotionale Form ihrer Partner (bspw. mit Fragen nach dem Wohlbefinden), womit sie für einige anstrengend sein können.

Ein allgemeines Problem von *Beratern* ist ihr niedriger Toleranzpegel für Kritik. Sie lassen sich leicht durch kräftige Anmerkungen und direkte Kommentare seitens weniger empfindlicher Partner verletzen. *Berater* versuchen um jeden Preis, Konflikten und unangenehmen Gesprächen aus dem Weg zu gehen. Für gewöhnlich bevorzugen sie es auch zu leiden, statt andere auf ihr unangebrachtes Verhalten aufmerksam zu machen. Es fällt ihnen auch schwer, sich aus destruktiven Beziehungen zurückzuziehen, weswegen sie oft lange in toxischen Beziehungen ausdauern. Im Angesicht von Eheproblemen sind *Berater* dazu bereit, sich aufzuopfern und hart für die Beziehung zu arbeiten. Wenn ihre Bemühungen nicht erfolgreich sind, tendieren sie dazu, sich die Schuld zuzuweisen. Wenn ihre Beziehung hingegen fehlschlägt, denken *Berater* über die eigenen Fehler nach. Für gewöhnlich vermögen sie es aber, sich schnell wieder davon frei zu machen und sich mit der Trennung abzufinden.

Natürliche Kandidaten als Lebenspartner sind für *Berater* Personen mit verwandten Persönlichkeitstypen: *Enthusiasten*, *Mentoren* oder *Idealisten*. In solchen Beziehungen ist es für sie einfacher, gegenseitiges Verständnis und harmonische Beziehungen aufzubauen. Die Erfahrung zeigt aber, dass *Berater* imstande sind, Beziehungen auch mit Personen einzugehen, deren Typ offensichtlich völlig verschieden ist.

Als Eltern

Berater sind verantwortungsbewusste Eltern. Sie nehmen ihre Pflichten gegenüber ihren Kindern sehr ernst und sind sich der Bedeutung richtiger Beziehungen zu ihnen bewusst. *Berater* versuchen ihren Kindern die Werte zu vermitteln, an die sie selbst glauben, weswegen sie auch versuchen, mit gutem Beispiel voranzugehen. Sie begegnen ihren Kindern mit viel Herzlichkeit, Fürsorge und viel Lob sowie Ermunterung. *Berater* akzeptieren ihre Kinder so, wie sie sind und lassen sie dies auch wissen, wenngleich sie auch fähig sind, Disziplin walten zu lassen. Sie bringen ihren Kindern alle Normen und Regeln bei, die im Leben eine Rolle spielen, da sie möchten, dass ihre Kinder später gutes von schlechtem Benehmen unterscheiden und richtige Entscheidungen treffen können. *Berater* bemühen sich zudem, dass ihren Kindern nichts fehlt, weswegen sie stets an ihrer Seite sind. Sie versetzen sich in ihre Lage, trösten, ermuntern und motivieren sie oder haben konkrete Ideen für sie parat. Kinder von *Beratern* können sicher sein, dass ihre Eltern in schwierigen Lebenssituationen für sie da sind und dass es selten vorkommen wird, dass ihre Eltern ihre Probleme nicht erkennen werden.

Berater vermögen es, Einfluss auf das Verhalten ihrer Kinder auszuüben. Für gewöhnlich nutzen sie dies für einen guten Zweck aus (bspw. indem sie das Selbstwertgefühl ihrer Kinder stärken). Manchmal resultiert diese Fähigkeit aber darin, dass *Berater* ihre Kinder manipulieren. Ferner tendieren sie dazu, ihrem Nachwuchs auszuhelfen, womit sie ihm die Chance nehmen, zu experimentieren und aus Fehlern zu lernen. Ältere Kinder beschweren sich manchmal, dass ihre Eltern sich zu sehr in ihr Leben einmischen.

Müde von der übertriebenen Fürsorge und – ihres Erachtens – zu intensiven Kontrolle sind die Kinder von *Beratern* manchmal auf ihre Altersgenossen, die weitaus mehr Freiheiten genießen, neidisch. Rückblickend sind sie jedoch ihren Eltern dankbar, dass sie stets von ihnen Liebe erfahren haben, in ihnen Rückhalt hatten und von ihnen den Unterschied zwischen Gut und Böse gelernt haben.

Arbeit und Karriere

Berater haben keine Probleme mit Veränderungen, lernen gerne neue Dinge und mögen Herausforderungen. Sie vermögen es, sich von ganzem Herzen für ein Ziel, an welches sie glauben, zu engagieren. *Berater* haben keine Angst vor innovativen Ideen und Pionierprojekten. Sie mögen zugleich aber Ordnung, Struktur, gute Organisation sowie verständliche und klare Regeln. Es fällt ihnen infolgedessen schwer, sich für ein Projekt zu begeistern, welches schlecht vorbereitet wurde bzw. dessen Ziele unklar definiert wurden. *Berater* bevorzugen einfache Lösungen, weswegen sie versuchen, komplizierte Prozeduren zu vereinfachen und komplexe Systeme zu reduzieren. Menschen mit diesem Persönlichkeitstyp sind gute Organisatoren und mögen es, nach Plan zu arbeiten. Sie nehmen ihre Verpflichtungen sehr ernst. Wenn sie eine Entscheidung treffen sollen, beachten sie nicht nur die objektiven Voraussetzungen oder die wirtschaftliche Berechnung, sondern auch den Einfluss der jeweiligen Entscheidung auf das Leben der Menschen. In der Regel gehen *Berater* davon aus, dass Veränderungen, die Mitarbeiter betreffen, mit diesen ausgemacht oder zumindest besprochen werden sollten.

Im Team

Berater fühlen sich hervorragend bei Aufgaben, die Kontakt zu anderen Menschen erfordern. Sie arbeiten deswegen gerne in Unternehmen und Institutionen, deren Tätigkeit zum Ziel hat, menschliche Probleme zu lösen oder ihre Lebensbedingungen zu verbessern. Sie finden sich sehr gut im Kundenservice zurecht sowie in Beratungsstellen bzw. in der Sozialhilfe. Konsequenterweise eignen sie sich auch überaus gut für Aufgaben, die nach interpersonellen Fähigkeiten verlangen. Wenn sie in einem Team arbeiten, stellen sie eine enorme Unterstützung für andere Mitarbeiter dar (die weitaus weiter reicht als die dienstlichen Verpflichtungen).

Berater vermögen es, eine herzliche, freundliche Atmosphäre aufzubauen und Kompromisse zu schließen. Sie haben einen positiven Einfluss auf ihre Kollegen – sie motivieren sie, inspirieren und stecken sie mit ihrem Optimismus sowie dem Glauben an den Erfolg an. Dahingegen fühlen sich *Berater* in anonymen Großunternehmen oder Institutionen, in denen Emotionen, Gefühle sowie Bedürfnisse der Mitarbeiter keinen Stellenwert haben und Mitarbeiter nur als „Rädchen im Getriebe" angesehen werden, sehr schlecht. Sehr wichtig für sie sind ehrliche, natürliche und direkte Kontakte zu anderen Kollegen. Sie mögen kein Umfeld, in dem die Kontakte des Personals formalisiert sind und der Informationsaustausch nach strikt festgelegten Prozeduren abläuft. Es fällt ihnen auch schwer, sich in Teams zurechtzufinden, die von kühlen und wortkargen Mitarbeitern dominiert sind. Auch Aufgaben, die nach viel Routine, detaillierten Instruktionen und der Verarbeitung vieler Daten verlangen, empfinden *Berater* eher negativ. Für gewöhnlich lassen sich *Berater* leicht ablenken – wenn jemand sie bei der Arbeit stört und um Rat bittet, sind sie fähig, ihre aktuellen Aufgaben zu vergessen und sich voll und ganz ihrem Gesprächspartner zu widmen.

Vorgesetzte

Berater schätzen Vorgesetzte, die gemäß der Werte handeln, an die sie glauben, ihren Mitarbeitern Freiheiten bei ihren Pflichten gewähren sowie ihren individuellen Arbeitsstil respektieren. Wenn sie hingegen selbst zu Vorgesetzten werden (was relativ oft passiert), handeln sie genauso. Die Arbeit in einer Führungsposition bedeutet für *Berater* viel Stress, da sie unangenehmen Situationen (die sie von Natur aus meiden) die Stirn bieten und sich vor allem nach wirtschaftlichen Interessen der Firma richten müssen, was nicht immer für ihre Mitarbeiter von Vorteil ist. *Berater* verspüren aus diesem Grund auch großes Unbehagen. Eine potenzielle Problemquelle kann ihre Tendenz zu vorschnellen Entscheidungen sein.

Berufe

Das Wissen über das eigene Persönlichkeitsprofil sowie die natürlichen Präferenzen stellen eine unschätzbare Hilfe bei der Wahl des optimalen Berufsweges dar. Die Erfahrung zeigt, dass *Berater* mit Erfolg in verschiedenen Bereichen arbeiten und aufgehen können. Doch dieser Persönlichkeitstyp prädisponiert sie auf natürliche Art und Weise zu folgenden Berufen:

- Arzt,
- Ausbilder,
- Berater,
- Coach,
- Diplomat,
- Dozent,
- Geistlicher,
- Handelsvertreter,
- Konsultant,
- Lehrer,
- Leiter,
- Manager,
- Mitarbeiter in der Sozialhilfe,
- Musiker,
- Politiker,
- Polizeibeamter,

- Psychiater,
- Psychologe,
- Redakteur,
- Reiseverkehrskaufmann/-frau,
- Reporter,
- Sanitäter,
- Schauspieler,
- Schriftsteller,
- Spezialist für Arbeitnehmerrechte,
- Spezialist für Marketing,
- Spezialist für Öffentlichkeitsarbeit,
- Therapeut.

Potenzielle starke und schwache Seiten

Ähnlich wie auch andere Persönlichkeitstypen haben *Berater* potenzielle starke und schwache Seiten. Dieses Potenzial kann auf verschiedenste Weise ausgeschöpft werden. Glück im Privatleben sowie Erfolg im Beruf hängen bei *Beratern* davon ab, ob sie die Chancen, die mit ihrem Persönlichkeitstyp verknüpft sind, nutzen und ob sie den Gefahren auf ihrem Weg die Stirn bieten können. Im Folgenden eine ZUSAMMENFASSUNG dieser Chancen und Gefahren:

Potenzielle starke Seiten

Berater sind energisch und optimistisch. Darüber hinaus sind sie loyal, treu und pflichtbewusst. Man kann auf sie zählen. *Berater* sind verantwortungsbewusste, geordnete und gut organisierte Menschen, die global und vorausdenken. Probleme betrachten sie aus einer breiten Perspektive und erkennen dabei verschiedene Aspekte der Dinge, mit denen sie sich befassen. *Berater* leben nach ihren Werten. Wenn die Situation es verlangt, vermögen sie es, ungeachtet der Konsequenzen, diese Werte auch zu verteidigen. Sie äußern offen ihre Gefühle und Emotionen. *Berater* sind gute Redner und können ihre Gedanken auf eine verständliche und überzeugende Art und Weise darlegen, wenngleich sie ihre Ansicht anderen Menschen nicht aufdrücken und auch sich selbst nicht in den Vordergrund stellen. Sie konzentrieren sich auf andere Menschen und widmen ihnen gerne viel Zeit. Ferner sind *Berater* bereit, sich an andere anzupassen und ihren Bedürfnissen entgegenzukommen, sofern dies Probleme lösen oder das Leben zum Guten wenden kann.

In zwischenmenschlichen Beziehungen sind *Berater* sehr taktvoll und feinfühlig. Sie sind hervorragende Diplomaten und verfügen über außergewöhnliche interpersonelle Fähigkeiten sowie ein enormes Maß an Empathie. *Berater* erkennen die Gefühle und Stimmungen anderer Menschen. Sie sind ihnen gegenüber sehr offen, wirklich an ihren Problemen interessiert und hilfsbereit. Sie handeln sehr intuitiv und verfügen über eine ausgeprägte Beobachtungsgabe. *Berater* vermögen es, durch Menschen „hindurch zu sehen" und ihre Gedanken, Vorhaben und Motive abzulesen. Sie erkennen auch sehr schnell Probleme in zwischenmenschlichen Beziehungen, besitzen Überzeugungsgabe und bevorzugen Kompromisse. *Berater* suchen die Einigung und wirken bei Lösungen mit, die für alle Seiten von Vorteil sind. Sie sind scharfsinnig, höflich und humorvoll.

Berater sind auch hervorragende Gesprächspartner – sie haben die seltene Gabe, anderen Menschen zuzuhören und in ihnen das Beste zu fördern. Sie erkennen in ihnen Potenzial sowie Möglichkeiten, die von anderen nicht bemerkt werden. *Berater* inspirieren zum Handeln, motivieren, trösten und bewirken, dass Menschen anfangen, an ihre eigenen Fähigkeiten zu glauben. Sie verfügen darüber hinaus über eine natürliche Gabe andere Menschen anzuziehen – sie sind erwünschte Freunde und Kollegen. Ihr Charme, ihre Wärme, Herzlichkeit sowie natürliche Akzeptanz sowie ehrliches Interesse bewirken, dass andere Menschen sich gerne in ihrer Gesellschaft aufhalten (da sie sich geschätzt und wertvoll fühlen). *Berater* sind ebenfalls natürliche Anführer

– Menschen folgen ihnen, sie hingegen stecken sie mit ihren Visionen und dem Glauben an den Erfolg an.

Potenzielle schwache Seiten

Berater zeichnen sich durch extremen Optimismus und Idealismus aus. Für gewöhnlich sehen sie die Realität durch eine rosarote Brille und tendieren dazu, negative Phänomene, Einschränkungen und Gefahren zu marginalisieren oder sie nicht zu erkennen. Ihre Ideen sind gelegentlich realitätsfern. Sie sind dazu fähig, ihr ganzes Leben einer übergeordneten Idee zu widmen, weswegen ihre Sicht der Dinge sowie ihre Umwelt eingeengt werden. Manchmal sind sie sehr kritisch und misstrauisch gegenüber Ansichten, die fern ab von ihrer Meinung sind. Sie sind ebenfalls dazu veranlagt, anderen auszuhelfen (manchmal auch zu manipulieren). Es kommt vor, dass sie übertrieben fürsorglich und dominant sind.

Berater kommen nur schwer mit Konfliktsituationen klar und haben einen sehr niedrigen Toleranzpegel für Kritik seitens anderer Menschen. Oftmals bevorzugen sie es, ihre Probleme zu verschweigen oder etwaiges Fehlverhalten anderer nicht zu kommentieren, statt ein schwieriges Gespräch zu führen. Um jeden Preis versuchen sie, unangenehmen Situationen aus dem Weg zu gehen, weswegen sie dazu tendieren, vorzeitig Zugeständnisse zu machen und schnell aufzugeben, wodurch sie auf den Kampf um die eigenen Rechte verzichten. *Berater* haben auch oft das Problem mit der Beendigung von destruktiven und toxischen Beziehungen. Sie wissen ihre eigenen Erfolge nicht wertzuschätzen und schmälern ihre eigenen Verdienste. Dafür neigen sie dazu, sich die Schuld für Misserfolge in die Schuhe zu schieben. *Berater* können Probleme damit haben, sich an gesellschaftliche Normen und Konventionen anzupassen.

In der Regel sind *Berater* kaum flexibel und vermögen es nicht, sich in Situationen zurechtzufinden, die nach Improvisation verlangen. Es fällt ihnen auch schwer, Entscheidungen auf Grundlage von rein rationalen und logischen Argumenten, ohne jeglichen sozialen Kontext, zu treffen. Das Bewusstsein dessen, dass die jeweilige Entscheidung einen negativen Einfluss auf das Leben anderer Menschen haben könnte, lähmt sie und bewirkt, dass sie die Situation nicht mit kühlem Kopf einschätzen und entsprechende Maßnahmen einleiten können. Aus demselben Grund haben sie auch manchmal Probleme mit objektiven Beurteilungen. Ihre Sensibilität für die Bewertungen seitens anderer Menschen führt dazu, dass es ihnen schwer fällt, in einem unfreundlichen (noch mehr in einem feindseligen) Umfeld zu leben. Ihre Tendenz zum Perfektionismus kann die Effizienz ihrer Handlungen beeinträchtigen (sie verbessern Dinge, die bereits gut genug sind). Für gewöhnlich wenden *Berater* zu wenig Zeit auf für die Reflexion über ihr eigenes Leben und ihre Prioritäten. Sie konzentrieren sich viel mehr auf die Bedürfnisse anderer Menschen und vergessen dabei ihre eigenen.

Persönliche Entwicklung

Die persönliche Entwicklung von *Beratern* hängt davon ab, in welchem Grad sie ihr natürliches Potenzial nutzen und ob sie die Gefahren, die in Verbindung mit ihrem Typ stehen, zu bewältigen vermögen. Die folgenden praktischen Tipps stellen eine Art Dekalog des *Beraters* dar.

Konzentrieren Sie sich

Sie werden es nicht schaffen, allen Menschen zu helfen und all ihre Probleme zu lösen. Konzentrieren Sie sich auf das, was für Sie am Wichtigsten ist und lassen Sie nicht zu, dass weniger wichtige Angelegenheiten Sie ablenken. Wenn Sie so vorgehen, vermeiden Sie Frust und erreichen mehr.

Haben Sie keine Angst vor Kritik

Haben Sie keine Angst davor, ihre Kritik zu äußern und diese auch seitens anderer Menschen anzunehmen. Kritik kann konstruktiv sein und muss nicht zwangsweise einen Angriff auf Menschen oder eine Anzweiflung ihres Wertes bedeuten.

Denken Sie an sich selbst

Denken Sie an ihre eigenen Bedürfnisse und finden Sie die nötige Zeit, um über Ihr Leben nachzudenken. Lassen Sie nicht zu, dass andere Sie ausnutzen und lernen Sie, „Nein" zu sagen. Wenn Sie wirksam anderen Menschen helfen wollen, müssen Sie auch um sich selbst Sorge tragen.

Verbessern Sie nicht alles – handeln Sie

Statt zu überlegen, wie etwas, was Sie planen, verbessert werden könnte, machen Sie es einfach. Ansonsten werden Sie Ihr ganzes Leben damit verbringen, Ihre Pläne zu perfektionieren. Machen Sie lieber etwas, was gut ist (nicht unbedingt perfekt), statt nichts zu machen.

Haben Sie keine Angst vor Konflikten

Auch unter engsten Vertrauten kommt es manchmal zu Kontroversen. Konflikte bedeuten aber nicht zwangsläufig etwas Destruktives. Oftmals helfen sie dabei, Probleme zu erkennen und sie zu lösen! In Konfliktsituationen sollten Sie nicht den Kopf in den Sand stecken, sondern offen Ihren Standpunkt vertreten sowie Ihre Gefühle bzgl. der jeweiligen Situation in Worte fassen.

Seien Sie praktischer

Sie haben eine natürliche Tendenz zu idealistischen Ideen, die fern ab des reellen Lebens sind. Denken Sie über ihre praktischen Aspekte nach – darüber, wie sie in der realen, unvollkommenen Welt realisiert werden könnten.

Sehen Sie ein, dass Sie irren können

Niemand ist unfehlbar. Andere Menschen können teilweise oder komplett Recht haben. Sie hingegen können teilweise oder komplett im Irrtum sein. Akzeptieren Sie dies und lernen Sie, Fehler einzugestehen.

Fragen Sie

Gehen Sie nicht davon aus, dass das Schweigen anderer Menschen deren Gleichgültigkeit oder Feindseligkeit bedeutet. Wenn Sie es wirklich wissen möchten, was andere denken, fragen Sie einfach.

Helfen Sie anderen nicht aus

Helfen Sie Menschen dabei, ihr Potenzial zu entdecken und motivieren Sie sie zum Handeln. Dabei dürfen Sie aber nicht dasjenige machen, was andere selbstständig machen sollten. Sie sind nicht imstande, für sie zu leben, weswegen Sie ihnen erlauben sollten, ihre Angelegenheiten selbst zu erledigen und aus ihren Fehlern zu lernen.

Ruhen Sie sich aus

Versuchen Sie manchmal, Ihre Pflichten loszulassen und etwas Angenehmes zu unternehmen. Entspannen Sie, haben Sie ein bisschen Spaß. Dies hilft Ihnen, einen besseren Standpunkt einzunehmen und mit einem klaren Kopf zu Ihren Pflichten zurückzukehren.

Bekannte Personen

Eine Liste bekannter Personen, die dem Profil des *Beraters* entsprechen:

- **Abraham Lincoln** (1809-1865) – 16. Präsident der Vereinigten Staaten;

- **Abraham Maslow** (1908-1970) – US-amerikanischer Psychologe, Autor der Maslowschen Bedürfnispyramide, einer der herausragendsten Vertreter der Humanistischen und Transpersonalen Psychologie;
- **Ronald Reagan** (1911-2004) – 40. Präsident der Vereinigten Staaten;
- **François Mitterand** (1916-1996) – Präsident Frankreichs (in den Jahren 1981-1995);
- **Johannes Paul II.**, eigtl. Karol Wojtyła (1920-2005) – polnischer römisch-katholischer Geistlicher, Erzbischof von Krakau, Kardinal, Papst (1978-2005);
- **Sean Connery** (1930-2020) – schottischer Filmschauspieler (u. a. *Der Name der Rose*), Träger vieler prestigeträchtiger Auszeichnungen;
- **Michail Gorbatschow** (1931-2022) – russischer Politiker und Reformator, letzter Anführer der Kommunistischen Partei der Sowjetunion und einziger Präsident der UdSSR;
- **Tommy Lee Jones** (geb. 1946) – US-amerikanischer Filmschauspieler (u. a. *Men in Black*);
- **Samuel Leroy Jackson** (geb. 1948) – US-amerikanischer Schauspieler (u. a. *Pulp Fiction*) sowie Filmproduzent;
- **Kirstie Alley** (1951-2022) – US-amerikanische Filmschauspielerin (u. a. *Kuck mal, wer da spricht!*);
- **Patrick Swayze** (1952-2009) – US-amerikanischer Filmschauspieler (u. a. *Dirty Dancing*), Tänzer, Sänger und Choreograf;
- **Tony Blair**, eigtl. Anthony Charles Lynton Blair (geb. 1953) – ehemaliger Vorsitzender der Labour-Partei und Premierminister des Vereinigten Königreichs;
- **Barack Obama** (geb. 1961) – 44. Präsident der Vereinigten Staaten;

- **Johnny Depp**, eigtl. John Christopher Depp II (geb. 1963) – US-amerikanischer Filmschauspieler (u. a. *Der Fluch der Karibik*);
- **Ben Stiller** (geb. 1965) – US-amerikanischer Filmschauspieler (u. a. *Meine Frau, ihre Schwiegereltern und ich*), Regisseur und Produzent.

Der Betreuer (ISFJ)

PERSÖNLICHKEITSTYPOLOGIE ID16™©

Profil

Lebensmotto: *Mir liegt viel an deinem Glück.*

Herzlich, bescheiden, vertrauenswürdig und überaus loyal. An erster Stelle stehen für *Betreuer* andere Menschen. Sie erkennen ihre Bedürfnisse und möchten ihnen helfen. Sie sind praktisch, gut organisiert und verantwortungsbewusst. Ferner zeichnen sie sich durch Geduld, Fleiß und Ausdauer aus. Sie führen ihre Pläne zu Ende.

Betreuer bemerken und prägen sich Details ein. Sie schätzen Ruhe, Stabilität und freundschaftliche Beziehungen zu anderen Menschen. Darüber hinaus vermögen sie es, Brücken zwischen Menschen zu bauen. Sie vertragen nur schlecht Kritik und Konflikte. *Betreuer* verfügen über ein starkes Pflichtbewusstsein und sind stets bereit anderen zu helfen. Manchmal werden sie von anderen ausgenutzt.

Natürliche Veranlagungen des *Betreuers*

- Die Quelle seiner Lebensenergie: seine innere Welt.
- Informationsaufnahme: Sinne.
- Art und Weise wie Entscheidungen getroffen werden: Herz.
- Lebensstil: organisiert.

Ähnliche Persönlichkeitstypen

- *Künstler*
- *Anwalt*
- *Moderator*

Statistische Angaben

- *Betreuer* stellen ca. 8-12 % der Gesellschaft dar.
- Unter *Betreuern* überwiegen Frauen (70 %).
- Das Land, welches dem Profil des *Betreuers* entspricht, ist Schweden.[5]

Buchstaben-Code

Der universelle Code des *Betreuers* ist in den Jungschen Persönlichkeitstypologien ISFJ.

Allgemeines Charakterbild

Betreuer mögen Menschen! Unter all den introvertierten Typen sind sie am offensten für andere Menschen. Sie interessieren sich für ihre Erlebnisse und Probleme und sind sich

---

[5] Dies bedeutet nicht, dass alle Einwohner von Schweden zu dieser Gruppe gehören, wenngleich die schwedische Gesellschaft – als Ganzes – viele charakteristische Eigenschaften der *Betreuer* verkörpert.

ihrer Gefühle bewusst. Ihr ganzes Leben hindurch „überwachen" *Betreuer* ihr Umfeld auf der Suche nach Menschen, die Hilfe brauchen.

In den Augen anderer Menschen

Andere Menschen sehen in *Betreuern* herzliche, sympathische und stets hilfsbereite Personen. Sie genießen den Ruf freundschaftlicher, ruhiger und bescheidener Menschen. Die Bedürfnisse anderer Menschen haben bei *Betreuern* allerhöchste Priorität, Hilfestellung wiederum ist ihr natürliches Bedürfnis. Sie erkennen in Menschen positives Potenzial und vermögen es, aus ihnen das Beste zu fördern. Ihre Haltung bewirkt, dass sie allgemein beliebt sind.

Gegenüber anderen Menschen

Mitleid für Bedürftige – Arme, Leidende, Geschädigte – stellt für sie eine riesige Kraft dar, die sie zum Handeln motiviert. Sie betreuen gerne all jene, die es benötigen, und unterstützen sie praktisch und emotional (daher auch die Bezeichnung für diesen Persönlichkeitstyp). *Betreuer* möchten andere vor Leid, falschen Entscheidungen und unangenehmen Erfahrungen schützen. Sie scheuen keine Zeit, um anderen Menschen bei ihren Problemen zu helfen. Ihre Unterstützung ist jedoch sehr diskret und taktvoll, sie selbst drängen sich nicht auf und verlangen keine Anerkennung.

Organisation

Betreuer sind pflichtbewusst, arbeitsam und gut organisiert. Sie machen keinen Rummel um ihre Person und sind sparsam mit Worten. Sie haben ein „Talent für Details" – sie erinnern sich an Einzelheiten, die andere nicht bemerken, was auch zwischenmenschliche Beziehungen betrifft, da es vorkommt, dass *Betreuer* sich nach Jahren an gewisse Aussagen, spezifische Gesten oder Gesichtsausdrücke erinnern.

Sie glauben ernsthaft an Menschen und erkennen in ihnen das Beste. *Betreuer* schätzen eine harmonische Zusammenarbeit, eine herzliche und freundliche Atmosphäre sowie Sicherheit und Stabilität. Das Gute imponiert ihnen. Sie streben Frieden und Versöhnung an und meiden Konflikte und Streitigkeiten. *Betreuer* mögen keine unvorhergesehenen Situationen und plötzlichen Veränderungen. Sie bevorzugen es, wenn alles nach Plan läuft. Für gewöhnlich schätzen sie Traditionen und bewährte Handlungsmethoden, die die Probe der Zeit überdauert haben. An neue Lösungen treten sie mit einem gewissen Misstrauen heran, wenngleich *Betreuer* imstande sind, sie anzunehmen, wenn sie offensichtliche Vorteile erkennen, die aus ihnen resultieren.

Betreuer mögen keine Vergeudung. Sie sind von Natur aus sparsam und rechnen mit der Ungewissheit des nächsten Tages, weswegen sie für gewöhnlich Geld für „schlechtere Zeiten" aufbewahren.

Gedanken

In ihrer inneren „Datenbank" sammeln sie Informationen über Ereignisse, die sie selbst oder andere Menschen betreffen. Sie vermögen es, neue Informationen mit früheren Erfahrungen zu verbinden. *Betreuer* haben eine klare Vision dessen, wie die Welt sowie die Beziehungen zwischen Menschen aussehen sollten. Dies ist für sie der Ausgangspunkt für ihr Handeln – ihre Taten stellen die praktische Realisierung ihrer Vision dar.

Betreuer sind von Natur aus Praktiker und verlieren selten Zeit für abstrakte Theorien. Der Umgang mit Meinungen und Ansichten, die sich von ihren eigenen unterscheiden, stellt für sie ein Problem dar, da es bei ihnen zu Unbehagen und innerer Unruhe führt, weswegen sie für gewöhnlich versuchen, andere Meinungen mit ihrer in Einklang zu bringen oder zumindest die gegenseitigen Unterschiede zu verringern.

Kommunikation

Betreuer sind sehr gute Zuhörer. Auch wenn sie selber nicht viel sagen, sehen andere in ihnen gute Gesprächspartner. Am besten fühlen sie sich in einer intimen Atmosphäre, weswegen sie auch Gespräche unter vier Augen bevorzugen. Wenn *Betreuer* mit einer Person sprechen, verstehen sie es, sich voll und ganz auf das besprochene Thema zu konzentrieren.

Schwer fällt es ihnen hingegen, andere Menschen zu kritisieren oder öffentlich ihre Missbilligung zu bekunden. Einige Menschen nehmen es ihnen übel, dass sie es nicht vermögen, andere direkt zu kritisieren, sondern dies hinter ihrem Rücken machen.

Wenn sie eine Frage diskutieren oder sich für eine Präsentation vorbereiten sollen, mögen *Betreuer* es, genügend Zeit zum Nachdenken und zur Vorbereitung zu haben. Sie haben ein Gefühl für die Kontinuität von Prozessen, sind geordnet und mögen es, Dinge in der richtigen Reihenfolge zu machen. Ihre Reden sind für gewöhnlich ruhig, wenngleich sie es verstehen, ihre Zuhörer zu bewegen. In der Regel fällt es *Betreuern* schwer, Kontakt mit Menschen zu knüpfen, die chaotisch, ständig zerstreut, unpünktlich und unzuverlässig sind.

Entscheidungen

Betreuer meiden Risiko und all jenes, was für sie fremd ist. Eine Entscheidung treffen sie Schritt für Schritt, denn sie mögen keine Eile und brauchen Zeit, um in Ruhe alle Optionen zu erwägen. Wenn sie über etwas nachdenken, notieren sie sich die verschiedenen Möglichkeiten oftmals auf einem Blatt Papier. Die endgültige Entscheidung treffen *Betreuer* aufgrund von Fakten und früheren Erfahrungen. Sie denken stets darüber nach, welchen Einfluss die jeweilige Entscheidung auf andere Menschen ausübt und wie sie von ihnen aufgenommen wird.

Für gewöhnlich haben *Betreuer* ein sehr starkes Pflichtbewusstsein. Wenn sie um Hilfe oder einen Gefallen gebeten werden, lehnen sie selten ab. Deswegen werden sie auch oftmals von anderen ausgenutzt und von Pflichten erdrückt. Aber auch in solchen Situationen beschweren und beklagen sich *Betreuer* für gewöhnlich nicht, da sie die guten Beziehungen zu anderen Menschen wahren möchten.

Ästhetik

Das Zuhause und die Arbeitsplätze von *Betreuern* heben sich nicht nur durch Ordnung, aber auch durch eine funktionale Inneneinrichtung und geschmackvolle Ausstattung hervor. Ferner sind sie sehr gemütlich – Menschen verbringen dort gerne ihre Zeit. *Betreuer* verfügen über ein hervorragendes räumliches Gespür. Sie vermögen es, Räume gut auszunutzen und sind empfänglich für Schönheit.

Betreuer legen großen Wert auf Jahrestage und Geburtstage anderer Menschen. Sie verleihen ihrer Sympathie mithilfe von netten Gesten und Überraschungen Ausdruck. Ferner vermögen es *Betreuer*, Leidenschaften, Vorlieben und Bedürfnisse anderer zu erkennen, weswegen ihre Geschenke (auch Kleinigkeiten) meistens sehr viel Freude bereiten, da sie nicht nur stillvoll, aber auch überaus durchdacht und an die Interessen und Vorlieben der Beschenkten angepasst sind.

Freizeit

Betreuer vermögen es nur dann zu entspannen, wenn sie wissen, dass sie ihre Aufgaben erfüllt haben. Für gewöhnlich nehmen sie aber so viele Pflichten auf sich, dass sie nur wenig Freizeit haben. Darüber hinaus unterscheidet sich ihre Vorstellung von „Freizeit" von der herkömmlichen Vorstellung. *Betreuer* nutzen nämlich „Freizeit", um ihrer Familie und ihren Freunden zu helfen. Es passiert eher selten, dass sie sie für eigene Vergnügungen nutzen.

Sozialer Aspekt der Persönlichkeit

Die Bindungen zwischen *Betreuern* und anderen Menschen haben einen besonderen, persönlichen Charakter. Sie sehen andere Menschen nicht nur als Kollegen, Vorgesetzte, Mitarbeiter, Kunden oder Schützlinge an, aber auch als Menschen, die ihre Welt, ihre Leidenschaften, Gefühle und Emotionen haben. Der Kern der Beziehungen zu ihnen ist ihr Dienst.

Betreuer möchten sich nützlich fühlen und brauchen die Bestätigung, dass sie ihre Arbeit gut machen und dass ihre Meinung von anderen geteilt wird. Zwar bringen sie Lob und öffentliche Ehren in Verlegenheit, doch umso schwieriger fällt es ihnen, menschliche Gleichgültigkeit zu verkraften. Deprimierend wirkt auf *Betreuer* auch offene Kritik. In Stresssituationen beginnen sie über verschiedene schwarze Szenarien nachzudenken. Sie stellen sich verschiedene Unglücke vor, die sie ereilen könnten. Ferner verlieren sie dann den Glauben an ihre Fähigkeiten und sehen der Zukunft pessimistisch entgegen.

Betreuer helfen gerne anderen Menschen, wenngleich sie selbst sich nichts anmerken lassen, wenn sie selbst Probleme haben, da sie andere Menschen nicht mit ihren Schwierigkeiten belasten möchten. Für gewöhnlich äußern sie auch nicht ihre Unzufriedenheit und tendieren dazu, Emotionen zu unterdrücken. Nach einer langen Periode, in der sie so handeln, kann es wiederum – zum großen Erstaunen anderer – zu einem unkontrollierten Wutausbruch kommen.

Unter Freunden

Betreuer sind wirklich am Leben und den Problemen ihrer Freunde interessiert. Sie behandeln Freundschaften nicht instrumental, bspw. als Mittel zur Selbstdarstellung oder zum Aufbau einer Karriere. Freundschaftliche Bindungen behandeln sie als wichtiges Element ihrer Welt, weswegen sie ihre Verpflichtung sehr ernst nehmen und ihre Freundschaften gewöhnlich ein Leben lang halten. Freunde schätzen *Betreuer* dafür, dass sie nicht selbstfixiert sind, die Bedürfnisse und Probleme anderer Menschen erkennen, dass man sich immer auf sie verlassen kann und dass ihr Interesse authentisch und ehrlich ist.

Die unter *Betreuern* gängige positive Einstellung zu Menschen sowie die Fähigkeit, wertvolle Eigenschaften in jedem Menschen zu entdecken, bewirken, dass sie sich mit allen Persönlichkeitstypen gut verstehen. Am häufigsten freunden sie sich jedoch mit *Künstlern*, *Anwälten*, *Mentoren* und anderen *Betreuern* an. Am seltensten hingegen mit *Reformern*, *Logikern* und *Direktoren*.

Nach Zeiträumen intensiver Aktivität oder längerer Zeit in einer Gruppe brauchen *Betreuer* Ruhe, Einsamkeit und Zeit, um ihre Gedanken zu fassen und Energie zu sammeln. Dies bedeutet aber keineswegs eine Abneigung gegenüber Menschen.

In der Ehe

Familie ist für *Betreuer* der zentrale Punkt ihres Lebens. Für gewöhnlich schätzen sie traditionelle Werte und sind ihren Nächsten sehr ergeben. Sie sorgen sich um sie, um ihre Sicherheit und ihr Wohlbefinden. Ferner bemühen sie sich um gute und gesunde Beziehungen, für die sie viel Energie aufwenden. Ihre Gefühle sind sehr intensiv, obwohl man sie nicht immer mit dem „bloßen Auge" zu erkennen vermag. *Betreuer* äußern ihre Gefühle nämlich nicht in Worten, sondern in konkreten Taten und netten, herzlichen Gesten. Sie selbst schätzen ebenfalls jegliche Anzeichen von Hingabe, Liebe oder Dankbarkeit seitens ihrer Lebenspartner. *Betreuer* sind sehr treue und unglaublich loyale Partner, ihre Beziehungen wiederum halten für gewöhnlich ein Leben lang. Ihre Pflichten nehmen *Betreuer* auch sehr ernst.

Das Verhältnis zu ihrem Lebenspartner hat für *Betreuer* höchste Priorität. Es fällt ihnen schwer, eine Beziehung abzubrechen (sogar eine schlechte, schädliche oder toxische) oder sich mit der Tatsache abzufinden, dass ihr Partner sie verlassen hat. In der Regel schieben sie sich in solchen Situationen selbst die Schuld zu und suchen nach eigenen Fehlern und Mängeln. Von Natur aus uneigennützig und auf die Bedürfnisse anderer konzentriert, werden *Betreuer* gelegentlich ausgenutzt und akzeptieren diesen Zustand auch noch. Sie kommen schlecht mit Konfliktsituationen zurecht und vermeiden reizbare Themen. *Betreuer* ziehen es vor, Probleme zu verschweigen, sie geduldig zu ertragen oder so zu tun, als ob es sie nicht gäbe.

Natürliche Kandidaten als Lebenspartner sind für *Betreuer* Personen mit verwandten Persönlichkeitstypen: *Künstler*, *Anwälte* oder *Moderatoren*. In solchen Beziehungen ist es für sie einfacher, gegenseitiges Verständnis und harmonische Beziehungen aufzubauen. Die Erfahrung zeigt aber, dass *Betreuer* auch imstande sind, gelungene, glückliche Beziehungen mit Personen einzugehen, deren Typ offensichtlich völlig verschieden ist. Umso interessanter sind diese Beziehungen, da die Unterschiede zwischen den Partnern der Beziehung Dynamik verleihen und Einfluss auf die persönliche Entwicklung nehmen können.

Als Eltern

Betreuer sind sehr verantwortungsbewusste Eltern. Sie sorgen sich um die Bedürfnisse ihrer Kinder und nehmen ihre elterlichen Pflichten sehr ernst. Ihrer Überzeugung nach sollten Kinder so früh wie möglich richtiges Verhalten und Verantwortung beigebracht bekommen. *Betreuer* möchten ihren Nachwuchs zu unabhängigen und verantwortungsbewussten Menschen erziehen.

Sie sind entschiedene, aber zugleich sehr ergebene Eltern. Für gewöhnlich führen sie in ihre Häuser klare Regeln ein, dank deren ihre Kinder zum einen wissen, wie sie sich verhalten sollten, zum anderen sich sicher fühlen. Manchmal haben *Betreuer* aber Schwierigkeiten damit, ihre Regeln durchzusetzen und ihre Kinder zu disziplinieren. Bevor sie ihre Kinder bestrafen, müssen *Betreuer* erst sicher sein, dass es gut für ihren Nachwuchs sein wird.

Die Kinder von *Betreuern* nutzen ihre Aufopferung oftmals aus, denn sie gehen von vornerein davon aus, dass ihre Eltern alles für sie machen werden. Wenn erwachsene Kinder von *Betreuern* Probleme haben, sind jene dazu fähig, bei sich die Schuld zu suchen. Für gewöhnlich sind diese Überlegungen aber falsch, denn *Betreuer* sind sehr gute Eltern, die ihren Kindern ein sicheres und herzliches Zuhause bieten. Nach vielen Jahren schätzen Kinder von *Betreuern* ihre Eltern für ihre Opferbereitschaft und Sorge, wie auch dafür, dass sie ihnen gesunde Regeln und Verantwortungsbewusstsein beigebracht haben.

Arbeit und Karriere

Betreuer sind sehr ausdauernd und bereit, Opfer zu bringen und auf ihr Vergnügen zu verzichten. Sie finden sich gut in einer Arbeit zurecht, deren Kern es ist, Hilfe zu leisten bzw. Menschen, die es alleine nicht schaffen, zu unterstützen. Sie mögen Aufgaben, dank deren sie menschliche Probleme lösen können. Wenn sie im Privatsektor arbeiten, beraten sie andere Menschen gerne und helfen ihnen bei der Wahl des besten Produkts bzw. der besten Dienstleistung. In sozialen Institutionen hingegen betreuen sie aufopfernd hilfsbedürftige Menschen.

Umfeld

Wenn *Betreuer* an einer Aufgabe arbeiten, brauchen sie einige Augenblicke der Ruhe, um – fern ab des Lärms anderer Menschen – sich vorzubereiten und ihr Handeln zu überdenken. Wenn sie es für notwendig erachten, engagieren sie sich aber genauso gut für Teamarbeit. Sie fühlen sich am besten in kleinen Gruppen, in die sie eine angenehme, herzliche Atmosphäre einbringen und eine Stütze für ihre Kollegen darstellen. Oftmals helfen sie ihrem Team, einen Konsens zu erreichen.

Betreuer mögen reguläre, gut vorbereitete Treffen, deren Termin und Programm im Vorfeld bekannt ist. Dahingegen sind sie keine Freunde von Überraschungen, Improvisation sowie der Besprechung von Problemen ohne vorherige Überlegungen. Wichtig ist für sie die Gewissheit, dass sie einer größeren Gruppe oder Gemeinschaft angehören, mit der sie sich identifizieren können. Sie mögen Unternehmen mit einer festgelegten Struktur, deren Organisationsstruktur Spannungen unter den Mitarbeitern lindert.

Aufgaben

Betreuer vermögen es, Dinge zu Ende zu bringen. Gut ausgeführte Arbeit erfüllt sie mit riesiger Zufriedenheit. Sie sind sehr penibel und imstande, sich auf Einzelheiten zu konzentrieren. Im Gegensatz zu vielen anderen Menschen sind sie Routinearbeiten nicht abgeneigt. Ihre Zuverlässigkeit, freundliche Gesinnung gegenüber anderen Menschen sowie der Wille, anderen zu helfen, bewirken, dass sie sehr willkommene Mitarbeiter sind. Am liebsten befassen sich *Betreuer* mit Dingen, von denen sie Ahnung haben und in denen sie erfahren sind. Wenn sie eine neue Aufgabe bekommen, brauchen sie mehr Zeit als andere um sich einzuarbeiten, woraufhin sie diese aber im Endeffekt auch genauer erfüllen. Sie mögen Aufgaben mit klar definierten Zielen.

Betreuer sind überaus loyale Mitarbeiter, die sich voll und ganz für die Realisierung von Unterfangen engagieren. Infolgedessen sind sie nicht imstande, Kollegen zu verstehen, die bewusst ihren Pflichten nicht nachgehen.

Vorlieben

Anleitungen, Vorschriften und Regeln stellen für *Betreuer* den Ausgangspunkt dar. Sie mögen es zu wissen, was sie machen sollen und wie es zu bewerkstelligen ist. Dabei verstehen sie es, sich an die vorhandenen Regeln und Vorgaben anzupassen. Wiederum gehören Situationen nicht zu ihren Stärken, in denen sie etwas Neues erfinden sollen oder „unbekanntes Terrain" betreten müssen. Fehlende konkrete Instruktionen oder fehlende Erfahrungen aus der Vergangenheit, auf die sie sich stützen könnten, führen dazu, dass sie den Boden unter den Füßen verlieren. Sie kommen ebenfalls schlecht mit Situationen zurecht, die von ihnen schnelle Entscheidungen und Improvisation verlangen. Darüber hinaus sind *Betreuer* keine Freunde von organisatorischen Veränderungen, neuen Prozeduren und Umgestaltungen. Sie bevorzugen viel mehr ein stabiles Umfeld, in dem sich nicht viel verändert.

Vorgesetzte

Betreuer schätzen gut organisierte Vorgesetzte, die die Hingabe und Aufopferung ihrer Mitarbeiter anerkennen und ihnen die nötige Unterstützung bieten. Sie verstehen klare Vorgaben, konkrete Ziele und verständliche Regeln, die für alle Mitarbeiter gelten.

Betreuer bevorzugen es, Einfluss auf den Lauf der Dinge und Entscheidungsfindungen zu haben. Selbst sind sie aber ungern Führungskräfte, da sie lieber im Hintergrund agieren und ihre Anführer unterstützen. Auf diese Art und Weise meiden sie die Notwendigkeit, Menschen zu disziplinieren, sie zu tadeln, Konflikte zu lösen oder unbeliebte Entscheidungen zu treffen.

All jene *Betreuer*, die aber Führungskräfte sind, führen sehr hohe Qualitätsstandards ein und sorgen für eine hohe Arbeitseffizienz. *Betreuer* dulden keine Anzeichen von Vergeudung. Sie zeigen ihren Mitarbeitern klare und konkrete Ziele auf und unterstützen sie bei deren Realisierung. „Unangenehme Gespräche" mit dem Personal wiederum erschöpfen und stressen sie weitaus mehr als ihre Mitarbeiter selbst. *Betreuer* haben ferner ein Problem damit, jemandem Anweisungen zu erteilen (sie fühlen sich dabei unwohl) sowie Arbeit zu delegieren (sie übernehmen Aufgaben oftmals selbst, die eigentlich ihren Mitarbeitern zu übertragen wären). Dies führt zu Ermüdung, die Mitarbeiter hingegen verlieren dadurch die Möglichkeit, sich fortzubilden und ihre Fähigkeiten auszubauen.

Berufe

Das Wissen über das eigene Persönlichkeitsprofil sowie die natürlichen Präferenzen stellen eine unschätzbare Hilfe bei der Wahl des optimalen Berufsweges dar. Die Erfahrung zeigt, dass *Betreuer* mit Erfolg in verschiedenen Bereichen arbeiten und aufgehen können. Doch dieser Persönlichkeitstyp prädisponiert sie auf natürliche Art und Weise zu folgenden Berufen:

- Administrator,
- Arzt,
- Bauarbeiter,
- Berater,
- Bibliothekar,
- Buchhalter,
- Büroleiter,
- Designer,
- Experte für Arbeitnehmerrechte,
- Gärtner,
- Geistlicher,
- Immobilienvertreter,
- Innenarchitekt,
- Kurator,
- Landwirt,
- Lehrer,
- Manager,
- Medizintechniker,
- Mitarbeiter in der Sozialhilfe,
- Musiker,
- Physiotherapeut,
- Psychologe,
- Sanitäter,
- Schauspieler,
- Therapeut,

- Tierarzt,
- Trainer,
- Verkäufer,
- Verwalter,
- Unternehmer,
- Versicherungsvertreter.

Potenzielle starke und schwache Seiten

Ähnlich wie auch andere Persönlichkeitstypen haben *Betreuer* potenzielle starke und schwache Seiten. Dieses Potenzial kann auf verschiedenste Weise ausgeschöpft werden. Glück im Privatleben sowie Erfolg im Beruf hängen bei *Betreuern* davon ab, ob sie die Chancen, die mit ihrem Persönlichkeitstyp verknüpft sind, nutzen und ob sie den Gefahren auf ihrem Weg die Stirn bieten können. Im Folgenden eine ZUSAMMENFASSUNG dieser Chancen und Gefahren:

Potenzielle starke Seiten

Betreuer sind sehr verantwortungsbewusst und nehmen ihre Verpflichtungen sehr ernst. Sie sind arbeitsam, ausdauernd, opferbereit und geduldig. *Betreuer* widmen der Erfüllung ihrer Aufgaben viel Zeit und Energie. Sie verstehen es, Angelegenheiten zu Ende zu bringen und sich von Schwierigkeiten und Hindernissen nicht aufhalten zu lassen. Sie sind offen für andere Menschen und interessieren sich ehrlich für ihr Wohl, wobei sie ihre Gefühle, Leidenschaften und Emotionen zu deuten wissen. Sie sind herzlich, diskret, loyal, uneigennützig und auf die Bedürfnisse anderer fixiert (sie stehen bei ihnen an vorderster Stelle).

Betreuer sind zudem hervorragende Zuhörer – andere Menschen fühlen sich sehr wohl in ihrer Gesellschaft. Sie vermögen es, all jene praktisch und emotional zu unterstützen, die Hilfe brauchen oder sich in einer Krise befinden. Es handelt sich bei *Betreuern* um Menschen des Konsens – sie erschaffen eine gesunde und konstruktive Atmosphäre und versuchen stets Brücken zwischen Menschen aufzubauen und ihnen bei der Suche nach Kompromissen zu helfen.

Betreuer verfügen über eine ausgezeichnete räumliche Vorstellungskraft sowie einen praktischen Sinn. Sie sind sehr geordnet und langweilen sich auch bei Routinearbeiten nicht. Ferner vermögen sie es, komplexe Prozeduren anzuwenden und effektiv mit Mitteln umzugehen. *Betreuer* haben ein natürliches Organisationstalent, ein „Auge für Details" sowie ein hervorragendes Gedächtnis – sie erinnern sich an Aspekte, die der Aufmerksamkeit anderer entgleiten.

Potenzielle schwache Seiten

Ihre Fixierung auf die Unterstützung anderer Menschen sowie ihre geringe Durchsetzungsfähigkeit bewirken, dass *Betreuer* sich nicht immer um ihre eigenen Bedürfnisse kümmern und ihre eigenen Interessen verteidigen. Oftmals sind sie auch nicht imstande, ihre eigenen Erwartungen zu äußern oder ihre Meinung in Worte zu fassen (vor allem, wenn es Kritik ist). *Betreuer* sind darüber hinaus für Betrug, Manipulationen und Ausnutzung anfällig. Sie tendieren dazu, reizbare Themen zu verschweigen und schwierige (wenngleich wichtige) Gespräche zu meiden. *Betreuer* sind nicht imstande, schädliche oder toxische Beziehungen zu beenden. Ferner sind sie nicht kritikfähig und für Krisensituationen schlecht gewappnet.

Darüber hinaus kommen *Betreuer* schlecht mit Bereichen klar, die für sie komplett neu sind. Sie sind wenig flexibel und verlieren in Situationen, die nach schnellen Entscheidungen und Improvisationstalent verlangen, den Boden unter den Füßen. *Betreuer* haben auch Probleme mit der Abordnung von Pflichten und tendieren dazu, anderen auszuhelfen. Sie sind Personen mit sehr intensiven Empfindungen, die aber Probleme damit haben, sie auszudrücken. Manchmal „ersticken sie" ihre negativen Gefühle, was zu unkontrollierten und destruktiven Wutausbrüchen führt.

Betreuer haben oftmals Schwierigkeiten damit, die Realität aus einer breiten Perspektive zu betrachten sowie Ansichten und Meinungen zu verstehen, die nicht mit ihren eigenen einhergehen. Alleine die Tatsache, dass sie mit ihnen in Berührung kommen, bewirkt bei ihnen oftmals großes Unbehagen. Ferner tendieren *Betreuer* dazu, sofort alles zu verneinen und abzulehnen, was nicht zu ihren Ansichten passt, da sie ihre Ideen als die einzig richtigen ansehen. Eine Kritik ihrer Meinung oder ihrer Taten erachten sie oftmals als persönlichen Angriff und ein Anzeichen dafür, dass sie Menschen enttäuscht haben.

Persönliche Entwicklung

Die persönliche Entwicklung von *Betreuern* hängt davon ab, in welchem Grad sie ihr natürliches Potenzial nutzen und ob sie die Gefahren, die in Verbindung mit ihrem Typ stehen, zu bewältigen vermögen. Die folgenden praktischen Tipps stellen eine Art Dekalog des *Betreuers* dar.

Haben Sie keine Angst vor Ideen und Meinungen anderer Menschen

Offenheit gegenüber den Ansichten anderer Menschen muss nicht zwangsweise bedeuten, dass Sie Ihre eigene Meinung verwerfen müssen. Haben Sie keine Angst vor den Ideen und Ansichten anderer Menschen, die sich von Ihrer Meinung unterscheiden. Bevor Sie sie ablehnen, denken Sie darüber nach und versuchen Sie, sie zu verstehen.

Betrachten Sie Probleme aus einer breiteren Perspektive

Versuchen Sie stets einen breiteren Kontext zu erkennen und Probleme aus verschiedenen Perspektiven und Blickwinkeln unterschiedlicher Leute zu betrachten. Lassen Sie sich beraten und erwägen Sie andere Standpunkte. Versuchen Sie ebenfalls verschiedene Aspekte eines Problems zu durchleuchten.

Lernen Sie, „Nein" zu sagen

Wenn Sie mit etwas nicht einverstanden sind, haben Sie keine Angst davor, dies auch zu äußern. Wenn Sie nicht imstande sind, eine weitere Aufgabe zu übernehmen, dann lehnen Sie sie einfach ab. Lernen Sie, „Nein" zu sagen. Vor allem dann, wenn Sie spüren, dass jemand Ihre Hilfe ausnutzt oder versucht, Sie bei etwas einzuspannen.

Haben Sie keine Angst vor neuen Erfahrungen

Versuchen Sie jede Woche oder jeden Monat etwas Neues aus. Besuchen Sie Orte, an denen Sie noch nicht waren. Sprechen Sie mit Menschen, die Sie vorher nicht gekannt haben. Nehmen Sie Aufgaben an, die Sie vorher nie hatten. Dies wird Ihnen viele wertvolle Ideen bringen und bewirkt, dass Sie die Welt aus einer breiteren Perspektive betrachten.

Haben Sie keine Angst vor Konflikten

Auch zwischen sich sehr nahestehenden Personen kommt es manchmal zu Meinungsverschiedenheiten. Konflikte bedeuten aber nicht zwangsweise etwas Destruktives. Sehr oft helfen sie dabei, Probleme aufzuzeigen und sie zu lösen! Stecken Sie also nicht Ihren Kopf in den Sand, wenn Sie sich in einer Konfliktsituation befinden. Versuchen Sie viel mehr klar Ihren Standpunkt sowie Ihre Empfindungen bzgl. des Problems zu vertreten.

Lassen Sie einige Angelegenheiten ihren natürlichen Lauf nehmen

Es wird Ihnen nicht gelingen, alles unter Kontrolle zu haben. Sie werden nicht imstande sein, jedes Problem zu kontrollieren. Lassen Sie also weniger wichtige Angelegenheiten ihren natürlichen Lauf nehmen. Sie werden so viel mehr Energie sparen können und Frust vermeiden.

Helfen Sie anderen nicht aus

Sie möchten anderen Menschen helfen, aber wenn Sie ihnen überall aushelfen, dann werden sie es nie selbst lernen. Sie wiederum werden ständig überlastet sein. Wenn Sie also anderen helfen, müssen Sie ihnen erlauben, die Verantwortung für ihr Leben zu übernehmen, Fehler zu machen und Konsequenzen aus ihnen für die Zukunft zu ziehen.

Lassen Sie sich von anderen helfen

Sie gehen von der Annahme aus, dass es Ihre Aufgabe ist, anderen Menschen zu helfen und es für gewöhnlich so ist, dass andere bei Ihnen Unterstützung suchen. Wenn Sie aber ein Problem haben, sollten Sie nicht davor zurückschrecken, auch andere Menschen im Gegenzug um Hilfe zu bitten und diese anzunehmen!

Haben Sie keine Angst vor Kritik

Haben Sie keine Angst, kritisch zu sein und Kritik seitens anderer Menschen anzunehmen. Kritik kann konstruktiv sein und muss nicht unbedingt einen Angriff auf andere Menschen oder die Anzweiflung ihrer Werte bedeuten.

Seien Sie besser zu sich selbst

Versuchen Sie sich selbst auf die gleiche Art und Weise zu helfen, wie Sie sich um das Glück und Wohlbefinden anderer Menschen kümmern. Seien Sie verständnisvoller zu sich selbst. Versuchen Sie manchmal ihre Verpflichtungen ruhen zu lassen und etwas einfach zum Vergnügen zu machen, zur Erholung, zum Spaß…

Bekannte Personen

Eine Liste bekannter Personen, die dem Profil des *Betreuers* entsprechen:

- **Alfred Tennyson** (1809-1892) – einer der angesehensten britischen Dichter (u. a. *Die Lady von Shalott*);
- **Charles Dickens**, eigtl. Charles John Huffam Dickens (1812-1870) – britischer Schriftsteller, einer der herausragendsten Vertreter des Sittenromans (u. a. *Oliver Twist*);
- **Louisa May Alcott** (1832-1888) – US-amerikanische Schriftstellerin und Vorreiterin der Frauenliteratur, ehrenamtliche Sanitäterin während des Sezessionskriegs;
- **Mutter Teresa von Kalkutta**, eigtl. Agnes Gonxha Bojaxhiu (1910-1997) – indische Ordensschwester und Missionarin albanischer Herkunft, die in Indien humanitäre Hilfe geleistet hat, Friedensnobelpreisträgerin;
- **William Shatner** (geb. 1931) – kanadischer Schauspieler (u. a. *Star Trek*);
- **Connie Sellecca** (geb. 1955) – US-amerikanische TV- und Filmschauspielerin (u. a. *Das Geheimnis des wilden Mustangs*);
- **Diana, Fürstin von Wales**, eigtl. Lady Diana Frances Spencer (1961-1997) – erste Ehefrau von Charles, Fürst von Wales, und Mutter zweier Kinder, engagierte sich sehr im Wohltätigkeitsbereich;
- **Michael Jordan** (geb. 1963) – US-amerikanischer Basketballer, gilt als der beste Spieler aller Zeiten;

- **Kiefer Sutherland** (geb. 1966) – US-amerikanischer Schauspieler (u. a. *Eine Frage der Ehre*) und Regisseur;
- **Rose Arianna McGowan** (geb. 1973) – US-amerikanische Schauspielerin (u. a. *Charmed – Zauberhafte Hexen*);
- **Victoria Davey „Tori" Spelling** (geb. 1973) – US-amerikanische Schauspielerin (u. a. *Beverly Hills 90210*);
- **Sarah Polley** (geb. 1979) – kanadische Schauspielerin (u. a. *Das geheime Leben der Worte*), Regisseurin und Drehbuchautorin.

Der Direktor (ENTJ)

Profil

Lebensmotto: *Ich sage euch, was zu tun ist!*

Unabhängig, aktiv und entschieden. Rational, logisch und kreativ. *Direktoren* betrachten analysierte Probleme in einem breiteren Kontext und sind imstande, die Konsequenzen von menschlichem Verhalten vorherzusehen. Sie zeichnen sich durch Optimismus und eine gesunde Selbstsicherheit aus. Sie können theoretische Konzepte in konkrete, praktische Pläne umwandeln.

Visionäre, Mentoren und Organisatoren. *Direktoren* verfügen über natürliche Führungsqualitäten. Ihre starke Persönlichkeit, ihr kritisches Urteilsvermögen sowie ihre Direktheit verunsichern andere Menschen häufig und führen zu Problemen bei zwischenmenschlichen Beziehungen.

Natürliche Veranlagungen des *Direktors*

- Die Quelle seiner Lebensenergie: seine äußere Welt.
- Informationsaufnahme: Intuition.
- Art und Weise wie Entscheidungen getroffen werden: Verstand.
- Lebensstil: organisiert.

Ähnliche Persönlichkeitstypen

- *Reformer*
- *Stratege*
- *Logiker*

Statistische Angaben

- *Direktoren* stellen ca. 2-5 % der Gesellschaft dar.
- Unter *Direktoren* überwiegen Männer (70 %).
- Das Land, welches dem Profil des *Direktors* entspricht, sind die Niederlande.[6]

Buchstaben-Code

Der universelle Code des *Direktors* ist in den Jungschen Persönlichkeitstypologien ENTJ.

Allgemeines Charakterbild

Direktoren sind unabhängig, aktiv und energisch. Sie richten sich nach ihrer eigenen Intuition und verlassen sich auf diese. *Direktoren* haben einen scharfsinnigen Verstand und

---

[6] Dies bedeutet nicht, dass alle Einwohner der Niederlande zu dieser Gruppe gehören, wenngleich die niederländische Gesellschaft – als Ganzes – viele charakteristische Eigenschaften des *Direktors* verkörpert.

vermögen es, Wechselbeziehungen zwischen einzelnen Fakten zu erkennen und richtige Verallgemeinerungen zu formulieren. Sie analysieren Probleme unter verschiedenen Gesichtspunkten und betrachten sie aus einer breiten Perspektive.

Wahrnehmung und Gedanken

Direktoren erkennen sehr schnell sich wandelnde Bedingungen und Gegebenheiten. Sie sind dabei außerordentlich logisch und rational. Sie vermögen es, eine Situation objektiv und unparteiisch zu bewerten. Sie denken voraus, fassen verschiedene mögliche Szenarien ins Auge und sehen langfristige Konsequenzen einer Handlung vorher. Von Natur aus sind *Direktoren* Optimisten. Sie glauben an ihre Fähigkeiten und gehen davon aus, dass sie all jenes schaffen, was sie sich vorgenommen haben. Sie sind aber keineswegs Träumer und wissen um die Mühe, die bei der Realisierung von Aufgaben aufzubringen ist. *Direktoren* bereiten sich solide auf die Arbeit vor und mögen keine Improvisation.

Entscheidungen

Direktoren vermögen es, Theorien und allgemeine Konzepte in konkrete Aktionspläne umzuwandeln. Sie sind Visionäre und ihre Visionen verleihen ihnen Energie und motivieren sie zur Arbeit. Wenn sie eine Entscheidung treffen müssen, mögen *Direktoren* es, wenn sie Zeit zum Nachdenken bekommen. Sie erwägen verschiedene Möglichkeiten und wählen diejenige aus, die ihnen am logischsten und vernünftigsten erscheint. Wenn sie einmal eine Entscheidung getroffen haben, zögern sie nicht, sie auch schnell umzusetzen.

In den Augen anderer Menschen

Von anderen werden *Direktoren* als Menschen mit einer starken Persönlichkeit angesehen – energisch, entschieden und zielstrebig. Sie werden allgemein für ihre Zuverlässigkeit und ihren Fleiß geachtet. Oftmals haben sie aber auch den Ruf von Menschen, denen man sich nur schwer nähern und die man schwer kennenlernen kann. Viele sind von ihrer Direktheit eingeschüchtert oder dieser gar abgeneigt. Manchmal beschweren sich Familienangehörige und Mitarbeiter von *Direktoren*, dass es ihnen schwerfällt, „sie vollends zufrieden zu stimmen".

Innerer Kompass

Direktoren sind sehr unabhängig. Sie richten sich nicht nach dominierenden Ansichten oder allgemein geltenden Trends. Vielmehr sind es ihre eigenen Überlegungen und Schlüsse, die wichtiger sind als die Meinung anderer Menschen. Es ist für sie von keinem Belangen, ob ihre Ansichten von anderen geteilt werden. *Direktoren* halten stark an ihren eigenen Regeln und Ansichten fest und stellen sie als etwas Offensichtliches dar.

Für gewöhnlich gehen sie von vornerein davon aus, dass sie recht haben (oftmals ist es auch so). *Direktoren* sind aber ebenso imstande, ihre Ansichten zu verifizieren, wenn sie neue Informationen erhalten oder die Gegebenheiten sich ändern. Sie mögen Herausforderungen, langweilen sich dagegen bei wiederholbaren Routinetätigkeiten. Von Natur aus sind *Direktoren* eingehend und versuchen alle Ideen, die ihnen gefallen, tiefgründig zu erforschen und zu verstehen. Sie denken auch über die Möglichkeit nach, diese Ideen in die Praxis umzusetzen. Für gewöhnlich haben sie bereits in der Jugend ein breites Interessensspektrum, welches sie mitsamt ihrem Wissen im Verlaufe der Jahre erweitern und systematisieren, womit sie eine Art innerer Weltkarte erschaffen, die es ihnen erlaubt, die Realität mitsamt ihren Phänomen zu verstehen.

Organisation

Direktoren haben enormen Wissenshunger. Sie selbst stellen sich zahlreiche Fragen und suchen Antworten auf diese. Es fällt ihnen einfach, Ursachen und deren Wirkungen sowie allgemeine Regeln, die die Welt sowie menschliches Verhalten bestimmen, zu erkennen. Sie lassen sich durch rationale Argumente überzeugen. In ihren Konzeptionen dulden sie keine logischen Inkohärenzen, in Systemen keine inneren Widersprüche, in Organisationen keine Überlappung von Kompetenzen und Ineffizienz. *Direktoren* haben eine außerordentliche Vorliebe für Ordnung und mögen keine Verschwendung oder Chaos.

Direktoren sind von Natur aus Perfektionisten und können alle Dinge bis zur Unendlichkeit verbessern. Sie nutzen ihre Zeit sehr effektiv aus und vermögen es, mehrere Sachen gleichzeitig zu machen (bspw. ein Buch zu lesen und zeitgleich fernzuschauen). Wenn sie sich einer Sache annehmen, versuchen sie, diese so gut wie möglich zu erledigen. *Direktoren* sind nicht imstande, bewusst Aufgaben unterhalb ihrer Möglichkeiten zu erledigen. Die Beendigung einer Angelegenheit und ein erfolgreicher Abschluss der Arbeit befriedigt sie und verleiht ihnen ein Gefühl der Freiheit (da nun die nächsten Aufgaben in Angriff genommen werden können).

Gegenüber anderen Menschen

Direktoren sind überaus unabhängig, durchsetzungsfähig und widerstandsfähig gegen Manipulationen sowie Druck und Kritik seitens anderer Menschen. Sie sind fähig, „Nein" zu sagen und erlauben es nicht, sich ausnutzen zu lassen. Wenn sie von etwas überzeugt sind, dann ist für *Direktoren* die Meinung anderer Menschen belanglos (inklusive herausragender Persönlichkeiten und allgemein geschätzter Autoritäten).

Direktoren zeigen oftmals kein Verständnis für Meinungen, die im Gegensatz zu ihrer eigenen stehen. Sie erkennen recht mühsam die Gefühle anderer Menschen und sind sich infolgedessen auch nicht bewusst, dass sie oftmals andere mit ihren kritischen Anmerkungen und kräftigen Äußerungen verletzen.

Freizeit

Direktoren sind Titanen der Arbeit und vermögen es für gewöhnlich nicht, zu entspannen. Sie sind von Natur aus unfähig, sich passiv zu erholen. Auch wenn sie mal nicht physisch aktiv sind, arbeitet ihr Verstand weiterhin sehr intensiv. Sie analysieren ununterbrochen neue Möglichkeiten und Ideen und denken über die Art und Weise ihrer Realisierung nach. Sie mögen es, neue Sachen zu lernen und ihren Horizont zu erweitern. In ihrer Freizeit vertiefen *Direktoren* somit gerne ihr Wissen und sammeln neue Informationen.

In Stresssituationen

Bei langfristigem Stress verlieren *Direktoren* manchmal ihr Selbstwertgefühl und fangen an, ihren eigenen Erfolgen mit Kritik zu begegnen. Sie fühlen sich in solchen Situationen von der Unmenge an Pflichten erdrückt und hegen die Angst, dass sie die Kontrolle über die Situation verlieren könnten. Um Druck abzulassen, können *Direktoren* zu Genussmitteln greifen.

Sozialer Aspekt der Persönlichkeit

Direktoren zeigen nur selten ihre Emotionen und sind eher sparsam mit Lob. Sie können kühl, verschlossen und unzugänglich wirken. Tatsächlich aber sind sie fähig, sich vor anderen, denen sie vertrauen, zu öffnen. Sie neigen auch dazu, sentimental und emotional zu sein, wenngleich sie sich dies nicht anmerken lassen. Den Menschen in ihrem Umfeld fällt es schwer, ihre sentimentale Ader zu erkennen (oder gar an sie zu glauben!).

Direktoren schätzen am meisten die Gesellschaft intelligenter und kompetenter Menschen, von denen sie lernen können. Sie respektieren all jene, die ihre Meinung behaupten können, diskutieren können und ihre eigenen Ansichten hart umkämpfen. Oftmals ignorieren sie dagegen Menschen, die solche Herausforderungen nicht annehmen. *Direktoren* verstehen nämlich nicht, dass nicht jeder Mensch eine Vorliebe für Streitigkeiten und Konfrontationen hat. Fälschlicherweise gehen sie davon aus, dass das Unvermögen einer offenen Äußerung der eigenen Ansichten sowie die Abneigung gegen den Kampf um seine eigene Meinung gleichbedeutend mit einer fehlenden eigenen Meinung sind.

Von anderen Menschen verlangen *Direktoren* rationales und vernünftiges Verhalten. Sie verstehen Menschen nicht, die sich nicht nach Logik richten. Ferner mögen sie es auch nicht, sich zu wiederholen und Menschen von ihrer Meinung zu überzeugen, wenn diese sie von Anfang an ablehnen, ohne den Versuch, sie überhaupt zu verstehen. Sie schätzen die Freiheit, weswegen sie manchmal auch Beziehungen, die ihre Unabhängigkeit einschränken würden, aus dem Weg gehen. Sie selbst gewähren ebenfalls anderen Freiheiten und neigen nicht dazu, dominant zu sein.

Unter Freunden

Entgegen der Vermutungen vieler Personen bedeuten *Direktoren* gute Beziehungen zu anderen Menschen sehr viel. Sie gehen jedoch davon aus, dass Beziehungen bestimmten Zielen dienen sollten (bspw. der Lösung von Problemen, der Erledigung von Aufgaben, der Unterstützung anderer Menschen bei der Förderung ihres Potenzials).

Wenn *Direktoren* inmitten von Menschen sind, schöpfen sie Energie. Am liebsten freunden sie sich mit all jenen an, die ihre Ansichten teilen oder ihre Horizonte erweitern, indem sie ihnen neue Informationen und Erfahrungen vermitteln. Von anderen Menschen werden *Direktoren* auch als interessante Gesprächspartner angesehen. Begegnungen mit ihnen inspirieren und motivieren oft Menschen zum Handeln. Andere wiederum fühlen sich von ihnen eingeschüchtert oder schrecken vor ihnen ab, da sie sich nicht an ihr übersteigertes Selbstbewusstsein, ihr kritisches Urteilsvermögen sowie ihre Standhaftigkeit bei ihren Ansichten (oftmals als Anzeichen von Arroganz verstanden) gewöhnen können. Für gewöhnlich sprechen *Direktoren* nämlich offen aus, was sie denken und achten dabei nicht auf andere Menschen oder Umstände. Wenn sie anderen eine Frage stellen, sind sie auch sehr direkt, was etliche ihrer Gesprächspartner in Verlegenheit bringt.

Einige Menschen, von den standhaften Äußerungen der *Direktoren* erdrückt, sind nicht in der Lage, in deren Gegenwart ihre eigenen Ansichten oder Überlegungen mitzuteilen. *Direktoren* hingegen fühlen sich wohl in der Gesellschaft anderer starker Persönlichkeiten, auch wenn sie ihre Ansichten nicht teilen. Sie schätzen Menschen, die ihre Meinung klar äußern und keine Angst vor Konfrontationen haben. Am häufigsten freunden sich *Direktoren* mit *Reformern*, *Strategen*, *Verwaltern* und anderen *Direktoren* an. Weitaus schwerer fällt es ihnen, mit *Künstlern*, *Moderatoren* und *Betreuern* einen gemeinsamen Nenner zu finden.

In der Ehe

Als Ehepartner nehmen *Direktoren* ihre Verpflichtungen sehr ernst. In einer Beziehung übernehmen sie für gewöhnlich die Rolle der Anführer und Beschützer der Familie. Ihre Hingabe zeigen sie nicht so sehr durch fürsorgliche Gesten oder herzliche Worte, sondern durch konkrete Handlungen – sie sind Menschen der Tat.

Von Natur aus sind *Direktoren* nicht besonders empfänglich für die Gefühle ihrer Partner und vermögen es nicht, ihre Bedürfnisse zu erkennen. Sie sind zwar imstande, wirklich zu lieben, dabei können sie sich aber zeitgleich nicht bewusst sein, was ihr Partner empfindet und durchlebt. Mit ein bisschen Mühe können sie dies aber ändern. In Beziehungen mit Personen mit einer romantischen Gesinnung ist diese Mühe absolut unerlässlich! *Direktoren* selbst haben nur wenige emotionale Bedürfnisse. Sie mögen das Bewusstsein, dass sie im Leben ihrer Partner eine wichtige Rolle spielen und von ihnen geliebt werden. Für gewöhnlich erwarten sie aber keine herzlichen Worte, Komplimente oder stetige Liebesbeweise. Ein starkes Bindemittel ihrer Beziehungen ist ihre Hingabe und die Verantwortung für ihre Familie.

Charakteristisch für ihre Ehebeziehungen sind der gegenseitige Respekt sowie die gegenseitige Förderung. *Direktoren* schätzen Beziehungen, die für sie eine Stütze und Inspiration darstellen, weswegen es vorkommt, dass sie die Beziehung verlassen, wenn sie ihren Anforderungen nicht mehr entspricht. Eine andere potenzielle Gefahr für die Beziehung ist bei *Direktoren* oftmals Arbeitssucht, da sie oft berufliche Erfolge erzielen und gefragte Mitarbeiter sind. Sie sind oftmals außer Haus und wenn sie mal bei ihrer Familie sind, ist ihre Aufmerksamkeit von beruflichen Angelegenheiten gefesselt, weswegen es zu verschiedenen Spannungen kommt. Die positive Einstellung zu Konflikten, Streitigkeiten und Kritik (als Faktor der Selbstentwicklung und Weiterbildung) stellt für romantische und emotionale Partner ein großes Problem dar.

Natürliche Kandidaten als Lebenspartner sind für *Direktoren* Personen mit verwandten Persönlichkeitstypen: *Reformer*, *Strategen* oder *Logiker*. Die Erfahrung zeigt aber, dass Menschen imstande sind, Beziehungen auch mit Personen einzugehen, deren Typ offensichtlich völlig verschieden ist. Umso interessanter sind diese Beziehungen, da die Unterschiede zwischen den Partnern der Beziehung Dynamik verleihen und Einfluss auf die persönliche Entwicklung nehmen können. *Direktoren* bevorzugen diese Perspektive, die sich für sie interessanter gestaltet als eine harmonische Beziehung, in der ständig Übereinstimmung und gegenseitiges Verständnis herrscht.

Als Eltern

Auch als Eltern nehmen *Direktoren* ihre Rolle sehr ernst. Sie helfen ihren Kindern dabei, die Welt zu verstehen, lehren sie eigenständiges und unabhängiges Denken und kümmern sich sehr um ihre Entwicklung und Bildung. Dabei stellen sie aber auch hohe Ansprüche an ihren Nachwuchs. *Direktoren* erwarten im Gegenzug Respekt, Gehorsamkeit und die Befolgung der von ihnen aufgestellten Regeln. In Extremfällen nehmen sie eine herrschsüchtige Haltung ein oder werden zu Diktatoren im eigenen Haus. Für gewöhnlich gehen sie nicht sparsam mit Kritik um, ganz im Gegenteil zum Lob. Oftmals vermögen sie es auch nicht, die emotionalen Bedürfnisse ihrer Kinder zu deuten.

Normalerweise zeigen *Direktoren* kein Verständnis für sich wiederholende Fehler und Vergehen. Manchmal sehen sie nicht, dass ihre Anforderungen die Möglichkeiten ihrer Kinder übersteigen und deren schlechtere Noten in der Schule nicht ausschließlich das Resultat von Faulheit oder Leichtsinn sind. Ihre Kinder bemühen sich für gewöhnlich, den Anforderungen ihrer Eltern gerecht zu werden und Fehler zu vermeiden, um Kritik auszuweichen. Ein kritischer Augenblick hingegen ist die Pubertät – Jugendliche hören zu diesem Zeitpunkt auf, die Regeln von *Direktoren* zu akzeptieren und für gewöhnlich lehnen sie sich gegen ihre Disziplin und Regeln auf. *Direktoren* selbst vermögen es nur schwer sich an die immer größer werdende Selbstständigkeit ihrer Kinder zu gewöhnen.

All jene Personen unter *Direktoren*, denen es gelingt, die obigen Fehler zu vermeiden, sind für ihre Kinder hervorragende Eltern und große Autoritäten. Sie tragen zu ihrer Entwicklung bei und regen sie an, die Welt zu erkunden, sich Wissen anzueignen und Herausforderungen anzunehmen. Dank dessen wachsen ihre Kinder gewöhnlich zu verantwortungsbewussten, kreativen und unabhängigen Menschen heran, die keine Angst vor Herausforderungen haben.

Arbeit und Karriere

Die berufliche Karriere stellt für *Direktoren* ein wichtiges Element in ihrem Leben dar. In der Regel sind sie ihrer Arbeit sehr ergeben und werden oftmals befördert.

Direktoren erkennen neue Herausforderungen und Probleme (auch potenzielle) recht schnell und bieten ihnen auch gerne die Stirn. Sie denken global und weit reichend. *Direktoren* sind Visionäre – sie stellen Ziele auf, die sie daraufhin unermüdlich verfolgen. Wenn sie nach Lösungen suchen, betrachten sie die Situation aus einer langfristigen Perspektive – sie denken über die Situation hinaus und vermögen es, Faktoren zu erkennen, die in der Zukunft auftreten könnten. All dies, in Verbindung mit ihrer Zuverlässigkeit, ihrem Verantwortungsbewusstsein und ihrer Bereitschaft zu schwerer Arbeit bewirkt, dass sie erwünschte Mitarbeiter sind. Sie sind imstande, ihre ganze Energie für die Realisierung einer Aufgabe, an die sie glauben, aufzuwenden. Dahingegen sind sie nicht imstande, sich für die Arbeit an Projekten zu engagieren, die auf sie unreal, verschwommen oder inkohärent wirken.

Vorgesetzte

Direktoren schätzen kompetente und sachliche Vorgesetzte, die in ihrem Leben konkrete Erfolge aufweisen können und ihren Mitarbeitern die nötigen Freiheiten bei der Arbeit gewähren.

Im Team

Wenn sie in einem Team arbeiten, übernehmen *Direktoren* für gewöhnlich die Initiative und – häufiger als andere – auch die Verantwortung. Deswegen werden sie auch als natürliche Anführer angesehen. Sie sind imstande, anderen den Weg aufzuzeigen, sie zu motivieren und für die festgelegten Ziele vorzubereiten. *Direktoren* stecken ihre Kollegen mit Optimismus und dem Glauben an den Erfolg an. Sie vermögen es, das Beste aus ihnen zu fördern und ihnen bei der Nutzung ihres Potenzials unter die Arme zu greifen (wenngleich ihre Hilfe nicht darauf basiert, dass sie ihnen fertige Lösungen vorstellen oder aushelfen).

Direktoren sind hervorragende Mentoren und Trainer. Sie helfen anderen Menschen, langfristige Ziele zu erkennen und diese auf kurzfristige Arbeitspläne zu übertragen. Als Vorgesetzte machen sie ihren Mitarbeitern die Veränderungen in ihrem Umfeld bewusst und zeigen ihnen die Herausforderungen in der Zukunft auf. Für gewöhnlich werfen sie Menschen schnell ins kalte Wasser. Als Vorgesetzte bemühen sich *Direktoren* um die Effizienz ihres Unternehmens oder ihrer Abteilung, für die sie verantwortlich sind.

Aufgaben

Wenn *Direktoren* mit einem Projekt begonnen, die Art und Weise, wie es realisiert werden soll, bestimmt und gute Auftragnehmer gefunden haben, ziehen sie sich gerne zurück und widmen sich neuen Aufgaben. Sie kommen gut mit komplexen Problemen, vor denen andere am liebsten fliehen würden, zurecht und sind gute Strategen, die ihre Prioritäten klar festlegen.

Firma

Direktoren fühlen sich wohl in Großunternehmen und Firmen, die Karrieremöglichkeiten bieten, klare Spielregeln anwenden und ihre Mitarbeiter für bestimmte Erfolge auszeichnen. Dahingegen fühlen sie sich eher schlecht, wenn sie in Firmen arbeiten müssen, in denen die Befolgung gängiger Regeln oder detaillierter Prozeduren wichtiger ist als kreative Ideen und die Ergebnisse ihrer Arbeit.

Arbeitsstil

Direktoren sind ideale Manager in Bereichen, die nach organisierter und strategischer Planung verlangen (bspw. die Erschaffung neuer Systeme, die Einführung innovativer Lösungen, die Organisation eines Teams oder die Verwaltung eines Unternehmens während der Umstrukturierung). Sie haben die Fähigkeit, zeitgleich unterschiedliche Projekte und Unterfangen zu koordinieren.

Sehr oft gelangen sie zu den höchsten Stufen der Firmenhierarchie (sie sind oftmals Direktoren, daher auch die Bezeichnung für diesen Persönlichkeitstyp). *Direktoren* mögen es, mit Menschen zu arbeiten, auf die man sich verlassen kann, die ihre Aufgaben erfüllen und ihre Begeisterung während der Arbeit teilen. Dahingegen dulden sie keine Passivität, Stagnation oder fehlendes Engagement. *Direktoren* zeigen all jenen keine Geduld, die ihnen nicht gerecht werden, mit der Realisierung ihrer Aufgaben zaudern oder stets dieselben Fehler begehen. *Direktoren* können auf sehr direkte Weise (manchmal auch überaus deftig) die Errungenschaften ihrer Mitarbeiter beurteilen, ohne dabei zu berücksichtigen, dass sie sie verletzen oder kränken könnten. Es fällt ihnen auch leicht, sich von Mitarbeitern zu trennen, die ihren Anforderungen nicht gerecht wurden. Sie kümmern sich dabei nicht sonderlich um die Gefühle anderer Menschen, denn viel wichtiger erscheint *Direktoren* das Treffen der richtigen Entscheidung als die Sympathien ihres Umfelds. Sie stören sich an Unordnung, Vergeudung, übertriebener Bürokratie und zu komplexen Prozeduren.

Direktoren betrachten Probleme auf objektive Art und Weise, frei von sentimentalen oder emotionalen Zügen. Sie binden sich nicht an konkrete Lösungen und sind fähig, diese auch zu verwerfen, wenn sie nicht mehr funktionieren. Dabei zählt für sie nicht, wer sie eingeführt hat und für wie lange sie verwendet wurden. *Direktoren* sind imstande mit einem klaren Kopf alle unpraktischen und ineffektiven Lösungen zu eliminieren. Sie vermögen es, mit einer Bewegung von der Tradition geheiligte Arbeitsmethoden oder Gebräuche abzuschaffen. Wenn sie von ihren Ideen überzeugt sind, möchten sie diese um jeden Preis realisieren, d.h. auch unter Nichteinhaltung geltender Prozeduren und ohne Rücksicht auf personelle Kosten.

Berufe

Das Wissen über das eigene Persönlichkeitsprofil sowie die natürlichen Präferenzen stellen eine unschätzbare Hilfe bei der Wahl des optimalen Berufsweges dar. Die Erfahrung zeigt, dass *Direktoren* mit Erfolg in verschiedenen Bereichen arbeiten und aufgehen können. Doch dieser Persönlichkeitstyp prädisponiert sie auf natürliche Art und Weise zu folgenden Berufen:

- Administrator,
- Artdirector,
- Coach,
- Direktor für Entwicklung,
- Direktor für Marketing,
- Dozent,
- Finanzberater,
- Geschäftsführer,
- Informatiker,
- Investor,
- IT-Analytiker,
- Journalist,
- Jurist,
- Manager,
- Musiker,
- Planer,
- Politiker,
- Projektkoordinator,
- Psychologe,
- Reporter,
- Richter,
- Schriftsteller,
- Spezialist für HR,
- Spezialist für Kreditwesen,
- Spezialist für Marketing,
- Spezialist für Öffentlichkeitsarbeit,
- Unternehmer,
- Verwalter,
- Vorsitzender der Geschäftsleitung,

- Wissenschaftler,
- Verwaltungsbeamter.

Potenzielle starke und schwache Seiten

Ähnlich wie auch andere Persönlichkeitstypen haben *Direktoren* potenzielle starke und schwache Seiten. Dieses Potenzial kann auf verschiedenste Weise ausgeschöpft werden. Glück im Privatleben sowie Erfolg im Beruf hängen bei *Direktoren* davon ab, ob sie die Chancen, die mit ihrem Persönlichkeitstyp verknüpft sind, nutzen und ob sie den Gefahren auf ihrem Weg die Stirn bieten können. Im Folgenden eine ZUSAMMENFASSUNG dieser Chancen und Gefahren:

Potenzielle starke Seiten

Direktoren verfügen für gewöhnlich über ein gesundes Selbstwertgefühl und natürliche Führungsqualitäten. Sie vermögen es, andere mit ihrem Optimismus und dem Glauben an den Erfolg anzustecken. Sie sprießen vor Energie und Lust an der Arbeit. *Direktoren* engagieren sich voll und ganz bei der Realisierung von Aufgaben, von denen sie überzeugt sind. Eine Vision verleiht ihnen Kraft, weswegen sie auch imstande sind, hart für ihre Realisierung zu arbeiten. Sie zeichnen sich aus durch eine positive Einstellung gegenüber Aufgaben und Problemen. Dabei sind *Direktoren* sich der potenziellen Schwierigkeiten bewusst, glauben aber, dass es ihnen gelingen wird, sie zu überwinden. Sie nehmen ihre Verpflichtungen sehr ernst. Wenn sie sich einer Aufgabe annehmen, dann kann man davon ausgehen, dass sie diese auch zu Ende führen. *Direktoren* interessieren sich für neue Ideen und sind auch offen für neue Lösungen – sie vermögen sie sich anzueignen und sie für die Realisierung ihrer Ziele zu verwenden.

Direktoren sind unabhängig, aktiv und kreativ. Sie haben die Fähigkeit, Theorien und allgemeine Konzeptionen in konkrete Arbeitspläne umzuwandeln. Ihre Arbeit nehmen sie sehr ernst und erwarten dies auch von anderen Menschen. Sie konzentrieren sich auf den Kernpunkt der Sache und lassen sich nicht von weniger wichtigen Aspekten ablenken. *Direktoren* können Fakten und Daten objektiv und klar analysieren, ohne dabei in Emotionen oder Vorurteile zu verfallen. Sie vermögen es zudem, effektiv Geld und andere Ressourcen zu verwalten. *Direktoren* sind gut organisiert und sehr tüchtig, direkt und geradlinig. Deswegen müssen andere auch keine Vermutungen anstellen, welche Meinung sie zu einem jeweiligen Thema haben. *Direktoren* sagen das, was sie denken und sind gute Redner – öffentliche Auftritte und Diskussionen stellen für sie kein Hindernis dar.

Direktoren sind von Natur aus an Weiterbildung, Vertiefung von Wissen und Selbstentfaltung in verschiedenen Lebensbereichen interessiert. Dank ihrer starken, durchsetzungsfähigen Persönlichkeit kommen sie gut mit schwierigen Situationen und Konflikten zurecht. Sie sind imstande, eine Bekanntschaft zu beenden, wenn sie unkomfortabel und destruktiv wird. Sie sind offen für konstruktive Kritik und haben eine Vorliebe für Ordnung. *Direktoren* sind hervorragende Organisatoren und Koordinatoren der Arbeit anderer Menschen. Sie vermögen es auch, effektive und gut funktionierende Systeme zu erschaffen. Darüber hinaus sind *Direktoren* gute Strategen, die ihre Prioritäten richtig bestimmen.

Potenzielle schwache Seiten

Direktoren drängen auf Konfrontationen. Ihre Vorliebe für harte Polemiken und Streitigkeiten bewirkt, dass sie als schwierige und kritische Gesprächspartner gesehen werden. Ihre starke Persönlichkeit schüchtert andere Menschen oftmals ein oder erzeugt sogar Furcht vor ihnen. Wenn *Direktoren* mit anderen streiten, versuchen sie mit allen Mitteln ihr Recht zu behaupten und den Gegner zu „zerschmettern". Sie sind auch nur selten imstande, auch nur im geringsten Maße der anderen Seite Recht zu geben. Es fällt ihnen zudem schwer, die Bedürfnisse anderer Menschen zu erkennen, sofern sie sich von ihren eigenen unterscheiden. *Direktoren* sind von Natur aus unsensibel für die Gefühle und Reaktionen anderer Menschen. Sie selbst haben auch Schwierigkeiten, ihre Gefühle in Worte zu fassen und fühlen sich unbeholfen in Situationen, wenn sie die Emotionen anderer deuten müssen. Sie sind keine guten Zuhörer und haben die Tendenz, alle Meinungen, die von ihrer abweichen, zu kritisieren.

Indem sie viel von sich verlangen, setzen *Direktoren* auch die Anforderungen für andere sehr hoch an. Für viele Menschen ist diese Messlatte aber zu hoch gelegt. Wenn sie andere auf Vergeudung, Schlamperei oder andere Vergehen aufmerksam machen, sind sie manchmal sehr streng oder gar rau. Dafür sind sie sehr sparsam mit Lob, wenn eine Sache gut läuft. Sie missachten die Bedeutung positiver Stärkung durch Ermunterung, Lob oder Belohnungen. *Direktoren* übernehmen auf natürliche Weise die Initiative und teilen ungern mit anderen die Verantwortung. Oftmals treffen sie auch voreilige Entscheidungen. *Direktoren* möchten andere Menschen beherrschen, in Extremsituationen wiederum neigen sie dazu, dogmatisch und herrschsüchtig zu sein (ab und an erniedrigen sie andere Menschen). Wenn sie gestresst sind, können sie vor Wut explodieren. Eine andere Methode, wie *Direktoren* Stress abbauen, sind übermäßiges Essen und Alkoholgenuss.

Dogmatismus, eine extrem rationale Lebenseinstellung sowie das Unvermögen, die Bedürfnisse anderer Menschen zu erkennen, sind Eigenschaften, die *Direktoren* oftmals Probleme bereiten und zu einer Art sozialer Isolation führen: Sie werden auf der Arbeit geschätzt, haben aber dafür keine Freunde. Da sie diesen Zusammenhang nicht verstehen, beginnen sie, andere der Verschwörung oder böser Absichten zu verdächtigen. Die Quelle ihres Frusts sind auch Menschen, die nicht imstande sind (oder es nicht wollen), sich an ihre Ideen und Pläne anzupassen.

Persönliche Entwicklung

Die persönliche Entwicklung von *Direktoren* hängt davon ab, in welchem Grad sie ihr natürliches Potenzial nutzen und ob sie die Gefahren, die in Verbindung mit ihrem Typ stehen, zu bewältigen vermögen. Die folgenden praktischen Tipps stellen eine Art Dekalog des *Direktors* dar.

Sehen Sie ein, dass Sie auch irren können

Dinge können weitaus komplexer sein, als es Ihnen erscheint. Sie müssen nicht immer Recht haben. Beachten Sie dies, bevor Sie andere beschuldigen oder ihnen ihre Fehler vorhalten.

Kritisieren Sie weniger

Nicht jeder ist imstande, konstruktive Kritik aufzunehmen. Auf viele Personen wirkt offene Kritik destruktiv. Forschungen zufolge wirkt Lob für positive Verhaltensweisen, selbst wenn diese nur selten vorkommen, motivierender auf Menschen als die Kritik an negativem Verhalten.

Loben Sie mehr

Nutzen Sie jede Gelegenheit, um andere Menschen wertzuschätzen, ein gutes Wort für sie parat zu haben und sie für dies, was sie getan haben, zu loben. Schätzen Sie auf der Arbeit die Menschen nicht nur für ihre Leistung, sondern auch dafür, was für Menschen sie sind. Sie werden den Unterschied merken und werden überrascht sein!

Versuchen Sie nicht alles zu kontrollieren

Der Wille, über alles die Kontrolle zu übernehmen, bringt Ihnen nur Frust ein. Achten Sie auf die wichtigsten Angelegenheiten und überlassen Sie anderen alle Dinge, die weniger wichtig sind (oder lassen Sie den Dingen ihren freien Lauf).

Hören Sie auf andere

Zeigen Sie Interesse an anderen Menschen, auch wenn Sie nicht mit ihnen einverstanden oder überzeugt davon sind, dass sie nicht recht haben. Antworten Sie nicht, bevor Sie nicht zugehört haben. Die Fähigkeit, anderen zuzuhören, könnte Ihre Beziehungen zu anderen Menschen revolutionieren.

Beschuldigen Sie andere Menschen nicht für Ihre Probleme

An Problemen können nicht nur andere Menschen schuld sein, sondern auch Sie! Auch Ihnen passieren Fehler. Der Grund für ein Problem kann auch bei Ihnen liegen.

Behandeln Sie andere „menschlich"

Menschen wollen nicht als Werkzeug zur Realisierung von Zielen angesehen werden. Sie möchten, dass ihre Emotionen, Gefühle und Leidenschaften erkannt werden. Wenn Sie also mit Menschen umgehen, versuchen Sie sich in ihre Lage zu versetzen, um zu verstehen, was sie fühlen, welche Leidenschaft sie haben, was sie bekümmert oder gar verängstigt.

Beherrschen Sie Ihre Emotionen

Wenn Sie spüren, dass Sie gleich explodieren, versuchen Sie sich zu entspannen und einen Augenblick an etwas Anderes zu denken. Wutausbrüche helfen weder Ihnen noch den Menschen um Sie herum.

Seien Sie nachsichtiger

Zeigen Sie anderen Menschen mehr Geduld. Vergessen Sie nicht, dass nicht jedem Menschen die gleiche Aufgabe zugeteilt werden kann, da nicht alle gleiche Fähigkeiten in denselben Bereichen besitzen. Wenn andere Menschen mit einer Aufgabe nicht klarkommen, muss es nicht immer ein Anzeichen von bösem Willen oder Faulheit sein.

Lernen Sie, sich auszuruhen

Freizeit ist keine vergeudete Zeit. Sie sollten sich nicht schuldig fühlen, wenn Sie die Arbeit ruhen lassen und in Ihrer Freizeit sich angenehmen Dingen widmen. Dank der Freizeit kommen Sie wieder zu Kräften und arbeiten dann auch effizienter.

Bekannte Personen

Eine Liste bekannter Personen, die dem Profil des *Direktors* entsprechen:

- **Jack London**, eigtl. John Griffith Chaney (1879-1916) – US-amerikanischer Schriftsteller (u. a. *Martin Eden*), Naturalist und Romantiker;
- **Franklin Delano Roosevelt** (1882-1945) – 32. Präsident der Vereinigten Staaten;
- **Edward Teller** (1908-2003) – ungarisch-amerikanischer Physiker jüdischer Abstammung, Mitglied des Manhattan-Projekts – dem amerikanischen Atombombenprogramm;
- **Benny Goodman** (1909-1986) – US-amerikanischer Jazzmusiker, Klarinettist, der „König des Swing";
- **Richard M. Nixon** (1913-1994) – 37. Präsident der Vereinigten Staaten;
- **Margaret Thatcher** (1925-2013) – britische Politikerin, Premierministerin des Vereinigten Königreichs (1979-1990), die „Eiserne Lady";
- **Patrick Stewart** (geb. 1940) – britischer Theater- und Filmschauspieler (u. a. *Star Trek – Das nächste Jahrhundert*);

- **Harrison Ford** (geb. 1942) – US-amerikanischer Filmschauspieler (u. a. *Indiana Jones*);
- **Hillary Clinton** (geb. 1947) – US-amerikanische Politikerin, Ehefrau von Bill Clinton (42. Präsident der Vereinigten Staaten);
- **Al Gore** (geb. 1948) – 45. Vizepräsident der Vereinigten Staaten;
- **Bill Gates** (geb. 1955) – US-amerikanischer Unternehmer und Philanthrop, Mitbegründer des Unternehmens Microsoft, einer der reichsten Menschen der Welt;
- **Whoopi Goldberg** (geb. 1955) – US-amerikanische Filmschauspielerin (u. a. *Ghost – Nachricht von Sam*);
- **Steve Jobs** (1955-2011) – US-amerikanischer Unternehmer, Mitbegründer des Unternehmens Apple;
- **Quentin Tarantino**, (geb. 1963) – US-amerikanischer Regisseur (u.a. *Pulp Fiction*), Drehbuchautor und Filmproduzent.

Der Enthusiast (ENFP)

Profil

Lebensmotto: *Wir schaffen das!*

Energisch, enthusiastisch und optimistisch. Sie sind lebensfreudig und sind mit den Gedanken in der Zukunft. Dynamisch, scharfsinnig und kreativ. *Enthusiasten* mögen Menschen und schätzen ehrliche und authentische Beziehungen. Sie sind herzlich und emotional. *Enthusiasten* können aber schlecht mit Kritik umgehen. Sie verfügen über Empathie und erkennen die Bedürfnisse, Emotionen und Motive anderer Menschen. Sie inspirieren und stecken andere mit ihrem Enthusiasmus an.

Enthusiasten mögen es, im Zentrum der Aufmerksamkeit zu sein. Sie sind flexibel und vermögen es, zu improvisieren. Sie neigen zu idealistischen Ideen. *Enthusiasten* lassen sich einfach ablenken und haben Probleme damit, viele Angelegenheiten zu Ende zu bringen.

Natürliche Veranlagungen des *Enthusiasten*

- Die Quelle seiner Lebensenergie: seine äußere Welt.
- Informationsaufnahme: Intuition.
- Art und Weise wie Entscheidungen getroffen werden: Herz.
- Lebensstil: spontan.

Ähnliche Persönlichkeitstypen

- *Berater*
- *Idealist*
- *Mentor*

Statistische Angaben

- *Enthusiasten* stellen ca. 5-8 % der Gesellschaft dar.
- Unter *Enthusiasten* überwiegen Frauen (60 %).
- Das Land, welches dem Profil des *Enthusiasten* entspricht, ist Italien.[7]

Buchstaben-Code

Der universelle Code des *Enthusiasten* ist in den Jungschen Persönlichkeitstypologien ENFP.

Allgemeines Charakterbild

Enthusiasten lieben das Leben und vermögen es, jeden Augenblick zu genießen. Sie mögen es dort zu sein, wo etwas los ist. Von Natur aus sind *Enthusiasten* Optimisten – sie bli-

---

[7] Dies bedeutet nicht, dass alle Einwohner von Italien zu dieser Gruppe gehören, wenngleich die italienische Gesellschaft – als Ganzes – viele charakteristische Eigenschaften des *Enthusiasten* verkörpert.

cken hoffnungsvoll in die Zukunft und glauben an Menschen. *Enthusiasten* mögen Veränderungen und neue Erfahrungen. Sie möchten immerfort neue Ideen kennenlernen, neue Orte entdecken und neue Menschen treffen.

Sie versuchen, im Rampenlicht zu stehen und brauchen den Kontakt zu anderen Menschen. Zur Einsamkeit verurteilt und abgeschnitten von der Welt verfallen sie in Stagnation. *Enthusiasten* schätzen gute Beziehungen zu anderen Menschen und legen großen Wert auf die Sympathie ihres Umfelds. Sie versuchen jedoch diese nicht um jeden Preis zu gewinnen (bspw. indem sie entgegen ihrer Überzeugung handeln). *Enthusiasten* mögen es nicht, kontrolliert, geprüft, in Schubladen gesteckt und Druck ausgesetzt zu werden. Sie selbst schätzen ebenso die Freiheit und Unabhängigkeit anderer Menschen.

Wahrnehmung und Gedanken

Enthusiasten sind wissbegierig und suchen stets nach neuen Inspirationen. Für gewöhnlich interessieren sie sich für neue und inspirierende Ideen. Sie nehmen mit Einfachheit komplexe Konzepte und abstrakte Theorien auf. *Enthusiasten* gehen an Probleme und Phänomene auf kreative – oftmals innovative – Art und Weise heran. Sie erkennen Zusammenhänge zwischen einzelnen Fakten und Phänomenen, womit sie schneller als andere zu Lösungen gelangen. In den sie umgebenden Ereignissen und Gegebenheiten suchen sie manchmal nach versteckten Inhalten oder Hinweisen. Für gewöhnlich sind *Enthusiasten* originell, unkonventionell, ideenreich und zukunftsorientiert. Sie zeichnen sich durch unglaublichen Optimismus und Enthusiasmus aus (daher auch die Bezeichnung für diesen Persönlichkeitstyp).

Ihre Haltung inspiriert andere Menschen und verleiht diesen Glauben an den Erfolg. *Enthusiasten* selbst sind für gewöhnlich fest davon überzeugt, dass die Unterfangen, derer sie sich annehmen, mit Erfolg gekrönt sein werden. Dabei lassen sie sich nicht von Hindernissen und Widrigkeiten abschrecken. Wenn sie die potenziellen Möglichkeiten kennen, sind sie bereit, das Risiko in Kauf zu nehmen und unberührte Pfade zu beschreiten, nur um diese Möglichkeiten nutzen zu können (es fällt ihnen schwer mit dem Bewusstsein zu leben, dass Chancen nicht genutzt wurden).

Haltung gegenüber anderen Menschen

Enthusiasten vermögen es, auf das Verhalten anderer Menschen Einfluss zu nehmen oder gar sie zu manipulieren. Für gewöhnlich nutzen sie diese Fähigkeiten jedoch auf eine positive Art und Weise, bspw. indem sie andere Menschen dazu anregen, ihre Talente zu entdecken, sie zum Handeln motivieren oder ihr Selbstwertgefühl steigern.

Wenn sie ein Problem lösen, sind *Enthusiasten* imstande, zu seinem Kernpunkt zu gelangen und sich nicht von etwaigen Täuschungen irreführen zu lassen. *Enthusiasten* empfinden außergewöhnliche Empathie – Gefühle, Emotionen und sogar verstecke Motive anderer Menschen stellen für sie kein Geheimnis dar. Sie sind sogar imstande, Situationen, Empfindungen und Bedürfnisse anderer Menschen besser zu beschreiben als diese selbst. Es kommt vor, dass sie die Rolle von „Vertretern" anderer Menschen einnehmen. Viele Personen erachten ihre außergewöhnlichen interpersonellen Fähigkeiten (bspw. das Vermögen, fremde Geheimnisse zu erkennen) als etwas fast schon Magisches. Es gibt in ihnen aber nichts Übernatürliches – *Enthusiasten* haben einfach eine ausgeprägte Intuition und sind hervorragende Beobachter, die nicht nur auf Worte achten, aber auch auf nonverbale Signale.

Die Unterstützung anderer Menschen macht ihnen große Freude. Sie freuen sich wirklich, wenn sie sehen, dass andere – durch ihre Hilfe – anfangen, von ihren Fähigkeiten Gebrauch zu machen und an sich selbst glauben. Dahingegen sind *Enthusiasten* betrübt, wenn ihre Bemühungen fehlschlagen und Menschen nicht imstande sind (bzw. es nicht wollen), ihr eigenes Potenzial zu nutzen.

Enthusiasten denken oft an andere Menschen. Von Natur aus gesellig können sie keine Einzelgänger sein, da andere Menschen einen wichtigen Teil ihres Lebens darstellen. Für gewöhnlich vermögen sie es, die Emotionen anderer hervorragend abzulesen, sogar auf Entfernung! Wenn sie Briefe oder E-Mails von Bekannten lesen, versetzen sie sich in deren Lage und denken daran, was diese erleben und wie sie sich fühlen. Die Bedürfnisse anderer stehen bei *Enthusiasten* oftmals an erster Stelle.

In den Augen anderer Menschen

Ihre Herzlichkeit, Wärme und ehrliches Interesse wirkt auf Menschen wie ein Magnet. Einige reizt jedoch ihre Gesprächigkeit, ihr extremer Optimismus (oftmals als Naivität verstanden), ihre Unpünktlichkeit und Unzuverlässigkeit.

Enthusiasten passiert es tatsächlich, dass sie ihr Wort nicht halten können. Dies ist aber keineswegs ein bewusstes Handeln oder – wie einige denken – gewollte Verachtung anderer Menschen. *Enthusiasten* geben nämlich nie ein Versprechen mit der Absicht, es nicht zu halten. Sie lassen sich aber so sehr von neuen Herausforderungen begeistern, dass sie frühere Verpflichtungen vergessen und sich so komplett für die neue Aufgabe engagieren (bis zum Augenblick, dass neue Herausforderungen auftauchen). Diese Haltung bewirkt manchmal, dass sie als unzuverlässige, chaotische und unkonkrete Menschen angesehen werden.

Dahingegen stören sich *Enthusiasten* an unnatürlichem Verhalten. Es fällt ihnen nicht leicht die Gründe zu verstehen, die Menschen dazu verleiten, sich als jemand anderes auszugeben. Sie regen sich auch über Passivität, Skeptizismus und chronischen Pessimismus auf. *Enthusiasten* verstehen Menschen nicht, die sich ständig beklagen und allen neuen Ideen kritisch gegenüberstehen.

Entscheidungen

Enthusiasten lassen sich gerne beraten, bevor sie eine Entscheidung treffen. Sie hören auf Ratschläge anderer Menschen und wissen ihre Erfahrungen für sich zu nutzen. Für gewöhnlich zählen sie auf die Meinung von Experten und allgemein anerkannten Autoritäten. *Enthusiasten* richten sich nach ihrer (normalerweise bewährten) Intuition und verfügen über ein hervorragendes Gefühl für die jeweilige Situation. Sie denken stets darüber nach, wie ihre Entscheidung von ihrem Umfeld aufgenommen wird und welchen Einfluss sie auf andere Menschen ausübt. Deswegen sind sie nicht imstande, Entscheidungen ohne den „menschlichen Faktor" zu treffen und vertrauen Menschen nicht, die Entscheidungen nur auf Grundlage trockener Daten und Fakten treffen.

Organisation

Die Kraft, die *Enthusiasten* vorantreibt, ist ihr Enthusiasmus. Sie betrachten die Welt oftmals durch eine rosarote Brille und erkennen potenzielle Gefahren nicht, weswegen sie sich nicht selten für gefährliche Unterfangen engagieren und riskante Maßnahmen ergreifen. *Enthusiasten* sind überaus spontan und flexibel. In der Regel bringen sie nicht viel Zeit für Überlegungen und Vorbereitungen auf – wenn sie eine Idee haben, versuchen *Enthusiasten* sie sofort umzusetzen. Für gewöhnlich kommen sie besser mit vielen kleineren Projekten klar, als mit einer komplexen Aufgabe, die nach systematischer, mehrmonatiger Arbeit verlangt. Normalerweise mögen *Enthusiasten* auch keine Routine und Wiederholbarkeit (bspw. im Büro, Aufräumen, Einkäufe). Sie sehen solche Tätigkeiten als Eingrenzung, Last und Zeitverschwendung an (vor allem, da die Zeit für aufregendere und kreativere Aufgaben verwendet werden könnte).

Enthusiasten sind von Natur aus keine guten Organisatoren und Planer, da sie eher nach einem Impuls handeln. Sie haben auch oft Probleme mit der effizienten Nutzung ihrer

Zeit und der Verwaltung von Geld. Ihre finanzielle Situation kann deswegen oft instabil sein. Nicht selten passiert es auch, dass sie viel Geld für Luxusgüter ausgeben und später Geld leihen müssen, um grundlegende Einkäufe zu tätigen. Ihr Umgang mit Geld bewirkt ferner, dass *Enthusiasten* häufiger als andere Menschen zur Kreditkarte greifen.

Kommunikation

Enthusiasten sind gute Redner. Wenn sie sich unter Menschen befinden, ergreifen sie gerne das Wort. Öffentliche Auftritte stellen für sie in der Regel kein größeres Problem dar. *Enthusiasten* vermögen es, auf klare und verständliche Art und Weise schwierige Tatsachenbestände zu erklären und bedienen sich dabei interessanter Geschichten und Beispiele. Zudem besitzen sie Überredungsgabe und können somit andere Menschen von ihrer Meinung überzeugen.

Wenn *Enthusiasten* sich mit Freunden und Bekannten unterhalten, erzählen sie oft und gerne Witze und Anekdoten, die sie oftmals ausschmücken. Ihre Erzählungen sind voller Emotionen und Begeisterung, viele Zuhörer sind auf ihre Abenteuer und ihr abwechslungsreiches Leben neidisch. *Enthusiasten* sind sich oft nicht im Klaren, dass sie eine Diskussion komplett dominieren bzw. andere nicht zu Wort kommen lassen (auch wenn sie einen Monolog führen, denken sie manchmal, dass sie ein großartiges Gespräch geführt haben). Ein weiteres Problem ist, dass *Enthusiasten* gerne und viel reden – sie sind imstande, stundenlang zu reden und gar einen Wortfluss von sich zu lassen, was für manche Menschen schwer zu ertragen ist.

In Stresssituationen

Für *Enthusiasten* sind Konflikte sowie Gleichgültigkeit bzw. Kritik seitens anderer Menschen die häufigsten Gründe für Stress. Langfristige Spannungen bewirken manchmal, dass sie stur werden und andere böser Absichten verdächtigen. Zum Glück vermögen es *Enthusiasten* jedoch, hervorragend zu entspannen. Wenn sie im Modus „Freizeit und Spaß" sind, vergessen sie all ihre Probleme und Pflichten. In der Regel bevorzugen *Enthusiasten* es, aktiv ihre Freizeit zu verbringen. Darüber hinaus mögen sie auch Treffen mit Familie und Freunden, weswegen sie solche auch gerne organisieren. Ab und an versuchen *Enthusiasten* mithilfe von Genussmitteln oder starken, sinnlichen Eindrücken Stress abzubauen.

Sozialer Aspekt der Persönlichkeit

Enthusiasten knüpfen recht schnell neue Kontakte. Sie sind sehr offen und man kann sich ihnen leicht nähern. Bereits nach einer kurzen Bekanntschaft haben Menschen den Eindruck, dass sie sich seit langem kennen. In zwischenmenschlichen Beziehungen sind *Enthusiasten* sehr flexibel und versuchen, den Bedürfnissen anderer entgegenzukommen (wobei sie manchmal ihre eigenen vernachlässigen). All dies bewirkt, dass andere sich in ihrer Gesellschaft sehr wohl fühlen.

Enthusiasten selbst mögen es auch, unter Leuten zu sein. Ihnen ist Anerkennung, Akzeptanz sowie das Interesse vonseiten anderer sehr wichtig. Sie begegnen Bekanntschaften mit anderen Menschen mit Begeisterung, vermögen es, sie zu *unterhalten*, zu loben und sogar zu kokettieren. Dabei weisen sie sehr viel Gefühl und Empathie auf. *Enthusiasten* wissen, wie man sich in der jeweiligen Situation verhalten sollte und vermögen es, sich an die Gegebenheiten und den emotionalen Zustand anderer Menschen anzupassen.

Sie lernen gerne neue Leute kennen und möchten ehrliche und hervorragende Bindungen aufbauen. *Enthusiasten* haben die Tendenz dazu, Ideale zu suchen (bspw. ideale Freunde oder Kandidaten als Lebenspartner). Ferner sind ihnen gute Beziehungen zu anderen Menschen wichtig, weswegen sie alles Erdenkliche tun, um Konflikte zu vermeiden. In der Regel sind sie auch nicht imstande, andere bewusst zu verletzen. Vielmehr fällt es ihnen sogar schwer, andere Menschen für ihre Ansichten zu kritisieren oder sie auf ihr unangepasstes Verhalten aufmerksam zu machen (sie bevorzugen es, zu schweigen und unterdrücken so ihre negativen Emotionen).

Enthusiasten vertragen schlecht Gleichgültigkeit und Schweigsamkeit anderer Menschen. Sie verstehen solch ein Verhalten nicht und es fällt ihnen schwer, sich damit abzufinden. Für gewöhnlich gehen sie (fälschlicherweise) davon aus, dass keine Reaktion Feindseligkeit bedeutet.

Unter Freunden

Enthusiasten schätzen authentische und ehrliche Beziehungen unter Freunden. Die Bekanntschaft mit neuen Menschen, Gespräche mit Bekannten, gemeinsame Zeit mit Freunden – all dies ist die Essenz ihres Lebens. Wenn sie von anderen Menschen abgeschottet sind, ist ihr Leben trist und verliert an Geschmack.

Enthusiasten vermögen es, sehr schnell andere Menschen „zu lesen". Es kommt vor, dass sie bei einem Gespräch bereits nach einigen Minuten wissen, ob jemand „auf derselben Wellenlänge" ist und ob sie sich mit dieser Person verständigen werden. Beziehungen zu anderen Menschen haben bei *Enthusiasten* allerhöchsten Stellenwert. Für gewöhnlich haben sie viele Bekannte und sind die Seele der Gesellschaft. Andere Menschen mögen es, mit ihnen Zeit zu verbringen, da *Enthusiasten* vor positiver Energie strotzen und humorvoll sind. Darüber hinaus sind sie sehr herzlich und zeigen dies auch. *Enthusiasten* respektieren Individualismus und achten auf die Bedürfnisse anderer. Ihre Bekanntschaften sind sehr intensiv, halten aber oft nicht lange. Wenn sie einen neuen Menschen kennenlernen, wenden *Enthusiasten* für sie ihre komplette Beachtung und Energie auf, wobei sie dabei ihre alten Bekanntschaften aus den Augen verlieren können.

Von Natur aus sprechen *Enthusiasten* offen über ihre Gefühle und gehen nicht sparsam mit Lob um. Es fällt ihnen schwer, sich mit Menschen anzufreunden, die ihre Emotionen verbergen und ihre Gedanken nicht in Worte fassen. *Enthusiasten* empfinden solch ein Verhalten nämlich oft als Anzeichen für Widerwillen. Ein kühles, unfreundliches Umfeld, aus dem sie sich nicht zurückziehen können (bspw. auf der Arbeit) ruft bei *Enthusiasten* großes Unbehagen und Druck aus. Die beste Art und Weise, wie sie Stress abbauen können, ist die gemeinsame Zeit mit ihren Freunden und Familienangehörigen.

Enthusiasten sind fast immer inmitten anderer Menschen und haben viele Bekannte. Die meisten ihrer Beziehungen sind aber oberflächlich, denn sie lassen sich so einfach ablenken, dass sogar ihr engster Freundeskreis oftmals den Eindruck gewinnt, man könne *Enthusiasten* nicht voll und ganz für sich beanspruchen. *Enthusiasten* haben für gewöhnlich nur einige sehr nahestehende Freunde. Am häufigsten sind es *Berater*, *Idealisten*, *Moderatoren* oder andere *Enthusiasten*. Am seltensten hingegen *Inspektoren*, *Administratoren* und *Praktiker*.

In der Ehe

In der Ehe sind *Enthusiasten* sehr ergebene und fürsorgliche Partner. Sie bringen in die Beziehung viel Wärme, Enthusiasmus, Energie, Kreativität und Humor mit. Ihnen liegt viel an dem Glück und dem guten Befinden ihrer Partner, weswegen sie ihren Bedürfnissen entgegenkommen, ihnen viel Wärme zeigen und liebevolle Gesten und Worte parat haben.

Sie selbst brauchen auch Wärme, Nähe und Akzeptanz. *Enthusiasten* beobachten ununterbrochen den Status ihrer Beziehung und vermögen es, Probleme von vornherein zu spüren. Es ist einfach, sie zu verletzen, da sie alle bissigen Anmerkungen und negativen Kommentare oder gar Gleichgültigkeit seitens ihrer Liebsten sehr persönlich nehmen. *Enthusiasten* mögen es nicht, schwierige und unangenehme Angelegenheiten zu besprechen und versuchen um jeden Preis, Konflikten und Streitigkeiten aus dem Weg zu gehen.

Sie bevorzugen es zu leiden, statt ihren Partner mitzuteilen, dass etwas ihnen wehtut. Sie vermögen es oft auch nicht, sich aus schlechten und toxischen Beziehungen zurückzuziehen.

Wenn in ihrer Ehe Probleme auftauchen, sind *Enthusiasten* sehr berührt und fühlen sich dafür verantwortlich. Bei Trennungen wiederum werfen sie sich vor, dass sie nicht alles gemacht haben, was in ihrer Macht stand, um die Beziehung zu retten. In der Regel nehmen sie ihre Pflichten sehr ernst, wenngleich es vorkommt, dass es *Enthusiasten* sind, die Probleme in der Beziehung hervorrufen. Ihre Vorliebe für Veränderungen und Experimente, die Träume von einer perfekten Liebe sowie Abneigung gegen Routine können nämlich dazu führen, dass sie Erfahrungen auch außerhalb ihrer Beziehung suchen. Solch eine Gefahr besteht gerade dann, wenn ihre Partner ihre Leidenschaften, ihre Begeisterung sowie ihre Neugier nicht teilen. Das, was aber positiven Einfluss auf die Beständigkeit ihrer Beziehungen hat, ist ihre Fürsorge und tief verankerte Werte.

Natürliche Kandidaten als Lebenspartner sind für *Enthusiasten* Personen mit verwandten Persönlichkeitstypen: *Berater*, *Idealisten* oder *Mentoren*. In solchen Beziehungen ist es für sie einfacher, gegenseitiges Verständnis und harmonische Beziehungen aufzubauen. Die Erfahrung zeigt aber, dass Menschen imstande sind, Beziehungen auch mit Personen einzugehen, deren Typ offensichtlich völlig verschieden ist. Umso interessanter sind diese Beziehungen, da die Unterschiede zwischen den Partnern der Beziehung Dynamik verleihen und Einfluss auf die persönliche Entwicklung nehmen können. Viele Personen bevorzugen diese Perspektive, die sich für sie interessanter gestaltet als eine harmonische Beziehung, in der ständig Übereinstimmung und gegenseitiges Verständnis herrscht.

Als Eltern

Als Eltern nehmen *Enthusiasten* ihre Pflichten sehr ernst. Sie kümmern sich um die Entwicklung ihrer Kinder und übermitteln ihnen all jene Werte, an die sie selbst glauben. *Enthusiasten* umgeben ihren Nachwuchs mit viel Wärme, verleihen ihnen Selbstwertgefühl und sparen nicht mit Lob. Manchmal fühlen sich die Kinder (vor allem die älteren) gar verlegen von der Liebe und Fürsorge seitens ihrer Eltern (vor allem vor Gleichaltrigen). Sie schätzen jedoch die Tatsache, dass sie in schwierigen Lebenssituationen immer auf seelische und emotionale Unterstützung seitens ihrer Eltern zählen können.

Der angeborene Widerwille von *Enthusiasten* gegen sich wiederholende Routineaufgaben bewirkt, dass die Unterstützung ihrer Kinder bei alltäglichen Tätigkeiten (bspw. Hausaufgaben) für sie eine große Herausforderung darstellt. In den meisten Fällen führt ihre Sorge um das Wohl ihrer Kinder aber dazu, dass sie imstande sind, sich auch zu den weniger beliebten Aufgaben zu zwingen.

Enthusiasten sind für ihren Nachwuchs ausgezeichnete Spielpartner (für gewöhnlich haben sie selbst etwas von einem Kind in sich). Sie lieben Spiele, Abenteuer und jegliche Art von Experimenten. Die Zeit beim gemeinsamen Spielen ist also nicht nur für ihre Kinder eine spannende Attraktion, aber auch für *Enthusiasten* selbst. Ein Problem bei der Beziehung zu ihren Kindern ist dagegen ihre Inkonsequenz und Unbeständigkeit – das eine Mal sind sie sehr tolerant und nachsichtig, ein anderes Mal streng und ungeduldig. Diese Haltung wiederum bewirkt, dass ihre Kinder nicht imstande sind, die Beweggründe ihrer Eltern zu verstehen, weswegen sie das Gefühl von Stabilität und Sicherheit verlieren. *Enthusiasten* haben oftmals Probleme, ihre Kinder zu disziplinieren und von ihnen die Erfüllung ihrer Pflichten zu fordern. Dies trifft aber nicht auf Situationen zu, in denen das Verhalten ihrer Kinder die von den Eltern befolgten Werte antastet. In solchen Fällen zögern *Enthusiasten* nicht, zu reagieren, da sie davon überzeugt sind, dass es Grenzen gibt, die nicht überschritten werden dürfen.

Erwachsene Kinder von *Enthusiasten* erinnern sich gerne an ihre sorgenlose Kindheit und die warme und herzliche Atmosphäre zu Hause zurück. Sie schätzen ihre Eltern auch dafür, dass diese ihre Entscheidungen respektiert, sie unterstützt und sie Empathie gelehrt haben.

Arbeit und Karriere

Enthusiasten finden sich mit Erfolg in unterschiedlichen, oft weit voneinander entfernten Berufsbereichen wieder. Für gewöhnlich verfügen sie über eine sehr vielfältige Berufserfahrung, da viele von ihnen relativ oft die Arbeit und im Verlauf ihres Lebens sogar mehrmals die Branche wechseln. Sie interessieren sich am meisten für Aufgaben, die die Möglichkeit bieten, zu schaffen, zu experimentieren und Probleme zu lösen. Dahingegen können sie Bürokratie, Hierarchie, Routine und Wiederholbarkeit von Aufgaben sowie feste Prozeduren nicht leiden. Sie fühlen sich schlecht in distanzierten, hierarchischen und formalisierten Großunternehmen.

Aufgaben

Enthusiasten mögen Aufgaben, die es ihnen erlauben, ihre Überzeugung auszudrücken und ihre Werte zu realisieren. Sie fühlen sich wohl in gemeinnützigen Institutionen, deren Tätigkeit positive und handfeste Veränderungen im Leben der Gemeinschaft auf lokaler, nationaler oder internationaler Ebene mit sich bringt. *Enthusiasten* mögen es, im Bewusstsein zu leben, dass ihre Handlungen Einfluss auf das Leben anderer Menschen nehmen und ihnen bei der Lösung von Problemen helfen. Wenn sie an Aufgaben arbeiten, an die sie glauben, muss man sie nicht beaufsichtigen oder motivieren, denn sie bringen all ihre Energie auf für solche Unterfangen. Dahingegen fällt es schwer, sie für Aufgaben zu mobilisieren, die sie langweilen oder nicht mit ihrem Wertesystem vereinbar sind. Sie mögen ferner keine individuellen Aufgaben. Die schlimmste Kombination für *Enthusiasten* ist „statische" Einzelarbeit, die lange Konzentration auf eine individuelle Aufgabe verlangt. Dafür mögen sie aber Teamarbeit sowie Bewegung, Vielfalt und häufige Veränderungen.

Fähigkeiten und Herausforderungen

Enthusiasten bewähren sich bei Aufgaben, die nach interpersonellen Fähigkeiten, Einfallsreichtum, Flexibilität sowie Improvisationskunst verlangen. Sie mögen es dort zu sein, wo etwas passiert. Normalerweise stellen sie eine Stütze für andere Mitarbeiter dar. Sie kommen ihren Bedürfnissen gerne entgegen und vermögen es, Kompromisse zu schließen. In der Regel sind *Enthusiasten* einfallsreich und kreativ, wenngleich sie schnell in Langeweile verfallen. *Enthusiasten* fällt es schwer, eine bereits angefangene Aufgabe zu beenden, wenn am Horizont neue, aufregendere Projekte auftauchen. Sie haben oftmals Probleme mit der Verwaltung von Zeit, der Festlegung von Prioritäten, Konzentration und der Fokussierung ihrer Aufmerksamkeit auf eine Aufgabe. *Enthusiasten* lassen sich leicht ablenken – den Kampf um ihre Aufmerksamkeit gewinnen gewöhnlich die stärksten und frischesten Reize. Sie stören sich an Unifizierung und Bürokratie. Manchmal lehnen sich *Enthusiasten* offen gegen beschwerliche Prozeduren und für sie realitätsfremde Regeln auf. Ferner können sie Stagnation, Bewegungslosigkeit und Passivität nicht vertragen.

Wenn *Enthusiasten* im Team arbeiten, schätzen sie eine gesunde und freundschaftliche Atmosphäre. Sie verlieren den Boden unter den Füßen in Konfliktsituationen und beim Kampf um Einfluss oder eine Vormachtstellung. Sie verstehen Menschen nicht, die beim Kampf um eigene Interessen in der Lage sind, andere zu verletzen. *Enthusiasten* sind nicht imstande, die Motive solcher Verhaltensweisen zu verstehen – das ist nicht ihre Welt.

Vorgesetzte

Enthusiasten mögen Vorgesetzte, die flexibel und offen für innovative Lösungen sind. Ferner sollten Vorgesetzte laut *Enthusiasten* imstande sein, ihren Mitarbeitern die Richtung aufzuweisen, ihnen aber gleichzeitig auch Freiheiten bei der Realisierung ihrer Aufgaben gewähren und ihren individuellen Arbeitsstil respektieren. *Enthusiasten* sind Befürworter von demokratischen Regeln bei der Arbeitsorganisation. Sie schätzen Vorgesetzte, die die Meinung ihrer Mitarbeiter ernst nehmen und ihnen erlauben, für das Unternehmen wichtige Entscheidungen mitzutragen.

Enthusiasten verfügen zudem über natürliche Führungsqualitäten. Sie vermögen es, andere Menschen zu inspirieren, sie anzuführen und zum Handeln zu motivieren. Sie stecken andere Menschen mit ihrer Begeisterung und dem Glauben an den Erfolg gemeinsamer Unterfangen an. Ferner helfen sie anderen, Probleme aus einer breiteren Perspektive zu betrachten und zukünftige Möglichkeiten zu erkennen. Ihre Führungsqualitäten basieren auf der richtigen Erkennung von menschlichen Voraussetzungen sowie auf Vertrauen (*Enthusiasten* mögen keine strenge Kontrolle). Sie sind imstande, die jeweiligen Aufgaben an die entsprechenden Mitarbeiter zu verteilen, weswegen sie immer wissen, wer die Aufgabe am besten meistert.

Als Vorgesetzte verwalten sie ihr Unternehmen oder ihre Abteilung für gewöhnlich mit der Unterstützung anderer Menschen. Dabei versuchen sie unnötiger Bürokratie zu entgehen und ziehen einen natürlichen, informellen Stil vor. Oftmals lassen sich *Enthusiasten* von ihren Mitarbeitern bei den wichtigsten Entscheidungen beraten. Eines ihrer Probleme dabei ist, dass sie es nicht immer vermögen, ihre Mitarbeiter zu disziplinieren. Es passiert ihnen auch oft, dass sie es nicht schaffen, ihre Versprechen einzuhalten, was bei ihren Mitarbeitern zu Frust führt. *Enthusiasten* als Vorgesetzte sind am effektivsten, wenn sie einen Assistenten an ihrer Seite haben, der alle verwaltungstechnischen Aufgaben übernimmt, die Termine im Auge behält und bei der Einhaltung des Zeitplans hilft.

Berufe

Das Wissen über das eigene Persönlichkeitsprofil sowie die natürlichen Präferenzen stellen eine unschätzbare Hilfe bei der Wahl des optimalen Berufsweges dar. Die Erfahrung zeigt, dass *Enthusiasten* mit Erfolg in verschiedenen Bereichen arbeiten und aufgehen können. Doch dieser Persönlichkeitstyp prädisponiert sie auf natürliche Art und Weise zu folgenden Berufen:

- Berater,
- Diplomat,
- Experte für Öffentlichkeitsarbeit,
- Geistlicher,
- Handelsvertreter,
- Innenarchitekt,
- Journalist,
- Konsultant,
- Künstlerischer Leiter,
- Lehrer,
- Logopäde,
- Maler,
- Manager,
- Mitarbeiter in der Sozialhilfe,
- Musiker,
- Politiker,
- Psychiater,
- Psychologe,
- Redakteur,
- Reporter,

- Sanitäter,
- Schauspieler,
- Schriftsteller,
- Therapeut,
- Unternehmer,
- Veranstalter,
- Verkäufer,
- Vermittler,
- Versicherungsvertreter,
- Wissenschaftler.

Potenzielle starke und schwache Seiten

Ähnlich wie auch andere Persönlichkeitstypen haben *Enthusiasten* potenzielle starke und schwache Seiten. Dieses Potenzial kann auf verschiedenste Weise ausgeschöpft werden. Glück im Privatleben sowie Erfolg im Beruf hängen bei *Enthusiasten* davon ab, ob sie die Chancen, die mit ihrem Persönlichkeitstyp verknüpft sind, nutzen und ob sie den Gefahren auf ihrem Weg die Stirn bieten können. Im Folgenden eine ZUSAMMENFASSUNG dieser Chancen und Gefahren:

Potenzielle starke Seiten

Enthusiasten sind energisch und optimistisch. Sie haben eine positive Haltung gegenüber anderen Menschen und achten auf ihre Bedürfnisse. Sie strahlen Wärme und Herzlichkeit aus, danke der sie auf natürliche Art und Weise andere Menschen anziehen und bewirken, dass sie sich in ihrer Gesellschaft wohlfühlen. *Enthusiasten* sind imstande, menschliche Emotionen, Gefühle und Motive (auch die versteckten) zu deuten und schnell zu erkennen, mit wem sie es zu tun haben. Sie verfügen darüber hinaus über eine hervorragende Intuition. In zwischenmenschlichen Beziehungen erweisen sie sehr viel Taktgefühl und wissen, wie sie sich in der jeweiligen Situation verhalten und wie ein Kompromiss geschlossen werden sollte. *Enthusiasten* akzeptieren andere Menschen und respektieren ihren Individualismus sowie ihre Unabhängigkeit. Sie sind tolerant, flexibel und vertragen Veränderungen sehr gut.

Enthusiasten sind Improvisationskünstler und vermögen es, schnell auf neue Gegebenheiten zu reagieren. Sie sind vielseitig, scharfsinnig und kreativ. Ferner eignen sie sich schnell neue Konzepte und abstrakte Theorien an. *Enthusiasten* sind gute Redner, die in der Lage sind, eigene Gedanken auf verständliche Weise zum Ausdruck zu bringen und Überzeugungsgabe besitzen. Sie lassen sich nicht von Widrigkeiten und Hindernissen aufhalten, haben keine Angst vor Experimenten und lösen Probleme auf innovative Art und Weise. *Enthusiasten* denken global und vermögen es, Verbindungen zwischen einzelnen Phänomenen zu erkennen und Probleme aus einer breiteren Perspektive zu betrachten. Sie verfügen zudem über natürliche Führungsqualitäten, da sie mitunter Menschen motivieren, inspirieren und mit ihrem Optimismus, ihrem Enthusiasmus und ihrem Glauben an den Erfolg anstecken. *Enthusiasten* fördern das Beste aus jedem Menschen und helfen ihnen, ihr Potenzial zu entdecken. Ferner vermögen sie es, Hilfe von anderen anzunehmen und deren Ratschläge zu nutzen.

Potenzielle schwache Seiten

Enthusiasten haben oftmals Probleme, ihre Prioritäten zu bestimmen und sich auf die von ihnen realisierten Aufgaben zu konzentrieren. Für gewöhnlich beginnen sie ihre Arbeit mit voller Begeisterung, wenngleich sie sich danach recht einfach ablenken lassen und es ihnen schwerfällt, ihre Angelegenheiten zu Ende zu bringen. Es kommt vor, dass sie ihre Versprechen nicht einlösen und sich nicht an festgelegte Termine halten bzw. ihre Aufgaben nicht erfüllen. Ferner haben *Enthusiasten* Probleme, ihre Zeit zu verwalten und sie zu planen. Auch mit alltäglichen Situationen, wiederholbaren Tätigkeiten im Privatleben (bspw. Aufräumen, Einkaufen) und Routine auf der Arbeit (bspw. Vorbereitung von Berichten) haben sie Schwierigkeiten.

Enthusiasten vermögen es nicht, konstruktive Kritik zu schätzen und sie zu nutzen, da sie sie normalerweise als Angriff auf ihre Person bzw. Anfechtung ihrer Werte ansehen. Sie sind sehr von der Beurteilung anderer Menschen abhängig und verkraften alle tadelnden Bemerkungen und bissigen Kommentare schlecht. *Enthusiasten* versuchen um jeden Preis, Konflikten und unangenehmen Gesprächen aus dem Weg zu gehen – für gewöhnlich ziehen sie es vor, ein Problem zu verschweigen, statt ihm die Stirn zu bieten.

Enthusiasten haben wiederum auch Probleme, Kritik zu äußern und andere auf etwas aufmerksam zu machen. Sie ersticken ihre negativen Emotionen und ziehen es vor, sich auf die Bedürfnisse anderer zu konzentrieren, statt ihre eigenen in Augenschein zu nehmen. *Enthusiasten* neigen dazu, gutgläubig zu sein und werden dadurch manchmal von anderen Menschen ausgenutzt. Ihre Begeisterung sowie ihre Tendenz, die Welt durch eine rosarote Brille zu betrachten, führen ab und an dazu, dass sie sich realitätsfremd verhalten, Gefahren vernachlässigen und ein viel zu großes Risiko auf sich nehmen.

Persönliche Entwicklung

Die persönliche Entwicklung von *Enthusiasten* hängt davon ab, in welchem Grad sie ihr natürliches Potenzial nutzen und ob sie die Gefahren, die in Verbindung mit ihrem Typ stehen, zu bewältigen vermögen. Die folgenden praktischen Tipps stellen eine Art Dekalog des *Enthusiasten* dar.

Konzentrieren Sie sich

Bestimmen Sie Ihre Prioritäten und versuchen Sie, alles, was Sie anfangen, auch zu beenden. Konzentrieren Sie sich auf die wichtigsten Aufgaben und lassen Sie nicht zu, dass Sie von weniger wichtigen Angelegenheiten abgelenkt werden. Wenn Sie so handeln, vermeiden Sie Frust und können mehr erreichen.

Seien Sie praktischer

Sie haben eine angeborene Tendenz zu idealistischen Ideen, die fern ab der Realität sind. Denken Sie über ihre praktischen Aspekte nach – darüber, wie sie tatsächlich in dieser nicht perfekten Welt realisiert werden könnten.

Haben Sie keine Angst vor Kritik

Haben Sie keine Angst davor, ihre Kritik zu äußern und die Kritik von anderen anzunehmen. Kritik kann konstruktiv sein und muss nicht zwangsläufig einen Angriff auf andere Menschen sowie die Anfechtung ihrer Werte bedeuten.

Schieben Sie anderen nicht die Schuld für Ihre Probleme in die Schuhe

Sie haben den größten Einfluss auf Ihr Leben und Sie sind am kompetentesten, um Ihre Probleme zu lösen. Konzentrieren Sie sich nicht auf externe Widrigkeiten. Konzentrieren Sie sich viel mehr auf Ihre starken Seiten und nutzen Sie Ihr Potenzial.

Hören Sie auf, zu verbessern, und fangen Sie an, zu handeln

Statt sich Gedanken zu machen, wie etwas, was Sie planen, verbessert werden könnte, sollten Sie es einfach machen. Im anderen Fall werden Sie Ihr ganzes Leben mit der Verbesserung Ihrer Pläne verbringen. Machen Sie lieber etwas, was gut ist (nicht zwangsläufig perfekt), statt gar nichts zu machen.

Denken Sie an sich

Denken Sie über Ihre eigenen Bedürfnisse nach und finden Sie die Zeit, um über Ihr Leben zu reflektieren. Lassen Sie sich nicht ausnutzen und lernen Sie, „Nein" zu sagen. Wenn Sie effektiv anderen Menschen helfen wollen, müssen Sie auch für sich selber sorgen.

Haben Sie keine Angst vor Konflikten

Auch unter engsten Vertrauten kommt es manchmal zu Kontroversen. Konflikte bedeuten aber nicht zwangsläufig etwas Destruktives. Oftmals helfen sie dabei, Probleme zu erkennen und sie zu lösen! In Konfliktsituationen sollten Sie also nicht den Kopf in den Sand stecken, sondern offen Ihren Standpunkt vertreten sowie Ihre Gefühle bzgl. der jeweiligen Situation in Worte fassen.

Fragen Sie

Gehen Sie nicht davon aus, dass das Schweigen anderer Menschen Gleichgültigkeit oder Feindseligkeit bedeutet. Wenn Sie wirklich wissen möchten, was andere denken — fragen Sie einfach.

Haben Sie keine Angst vor Ideen und Meinungen, die sich von Ihren unterscheiden

Bevor Sie sie ablehnen, versuchen Sie solche Ideen und Meinungen erst zu verstehen und machen Sie sich zu ihnen Gedanken. Die Offenheit gegenüber anderen Meinungen muss nicht bedeuten, dass Sie Ihre eigenen Ansichten verwerfen.

Äußern Sie negative Emotionen

Unterdrücken Sie nicht Ihre Wut. Wenn Sie sich über eine Situation oder das Verhalten anderer Menschen ärgern, sagen Sie es ihnen einfach. Sie helfen ihnen dadurch zu verstehen, was Ihnen Leid zufügt und vermeiden so geistige Selbstzerstörung und unkontrollierte, heftige Reaktionen.

Bekannte Personen

Eine Liste bekannter Personen, die dem Profil des *Enthusiasten* entsprechen:

- **Joseph Haydn** (1731-1809) – österreichischer Komponist zur Zeit der Wiener Klassik, der erste der sog. drei Wiener Klassiker;

- **Mark Twain**, eigtl. Samuel Langhorne Clemens (1835-1910) – US-amerikanischer Schriftsteller schottischer Abstammung (u. a. *Der Prinz und der Bettelknabe*);

- **Edith Wharton** (1862-1937) – US-amerikanische Schriftstellerin (u. a. *Zeit der Unschuld*);

- **James Dobson** (geb. 1936) – US-amerikanischer christlicher Psychologe und Autor zahlreicher Veröffentlichungen (u. a. *Der kleine Eheratgeber*);

- **Cher**, eigtl. Cherilyn Sarkisian LaPiere (geb. 1946) – US-amerikanische Sängerin und Filmschauspielerin armenischer Abstammung;

- **Jonathan Pryce**, eigtl. Jonathan Price (geb. 1947) – walisischer Filmschauspieler (u. a. *Der Fluch der Karibik*);

- **James Woods** (geb. 1947) – US-amerikanischer Filmschauspieler (u. a. *Salvador*), Drehbuchautor und Regisseur;

- **Gregg Henry** (geb. 1952) – US-amerikanischer Theater- und Filmschauspieler (u. a. *Der Tod kommt zweimal*), Musiker, Sänger und Textautor;

- **Carrie Fisher** (1956-2016) – US-amerikanische Schauspielerin (u. a. *Star Wars*) und Schriftstellerin;

- **Damon Hill** (geb. 1960) – britischer Rennfahrer und Formel-1-Weltmeister;

- **Heather Locklear** (geb. 1961) – US-amerikanische Fernseh- und Filmschauspielerin (u. a. *Der Denver-Clan*);

- **Sandra Bullock** (geb. 1964) – US-amerikanische Filmschauspielerin (u. a. *Während Du schliefst*) und Produzentin;
- **Keanu Reeves** (geb. 1964) – kanadischer Filmschauspieler (u. a. *Matrix*);
- **Jason Statham** (geb. 1967) – britischer Filmschauspieler (u. a. *The Transporter*).

Der Idealist (INFP)

Profil

Lebensmotto: *Man kann anders leben.*

Sensibel, loyal und kreativ. Sie möchten im Einklang mit ihren Werten leben. *Idealisten* interessieren sich für die spirituelle Wirklichkeit und gehen den Geheimnissen des Lebens nach. Sie nehmen sich die Probleme der Welt zu Herzen und stehen Bedürfnissen anderer Menschen offen gegenüber. *Idealisten* schätzen Harmonie und Ausgeglichenheit.

Sie sind romantisch und dazu fähig, ihre Liebe zu anderen zu äußern, wobei sie selbst auch Wärme und Zärtlichkeit brauchen. Sie vermögen es, Motive und Gefühle anderer Menschen hervorragend zu erkennen. *Idealisten* bauen gesunde, tiefgründige und dauerhafte Beziehungen auf. In Konfliktsituationen verlieren sie den Boden unter den Füßen. Sie können Kritik und Stress nicht vertragen.

Natürliche Veranlagungen des *Idealisten*

- Die Quelle seiner Lebensenergie: seine innere Welt.
- Informationsaufnahme: Intuition.
- Art und Weise wie Entscheidungen getroffen werden: Herz.
- Lebensstil: spontan.

Ähnliche Persönlichkeitstypen

- *Mentor*
- *Enthusiast*
- *Berater*

Statistische Angaben

- *Idealisten* stellen ca. 1-4 % der Gesellschaft dar.
- Unter *Idealisten* überwiegen Frauen (60 %).
- Das Land, welches dem Profil des *Idealisten* entspricht, ist Thailand.[8]

Buchstaben-Code

Der universelle Code des *Idealisten* ist in den Jungschen Persönlichkeitstypologien INFP.

Allgemeines Charakterbild

Idealisten sind Menschen mit einem reichen Innenleben. Sie möchten sich selber und andere Menschen verstehen. Sie fragen sich, wieso Menschen sich so und nicht anders ver-

---

[8] Dies bedeutet nicht, dass alle Einwohner von Thailand zu dieser Gruppe gehören, wenngleich die thailändische Gesellschaft – als Ganzes – viele charakteristische Eigenschaften des *Idealisten* verkörpert.

halten. Ab und an erscheinen *Idealisten* distanziert, wenngleich sie tatsächlich sehr offen gegenüber anderen Menschen sind. Sie interessieren sich wirklich für ihre Probleme und vermögen es, mit ganzem Herzen sich für deren Lösung zu engagieren.

Idealisten möchten Harmonie und Frieden. Sie versuchen Konflikte zu mildern. In ihrem Leben richten sie sich nach ihren Idealen (daher auch die Bezeichnung für diesen Persönlichkeitstyp), die für sie eine übergeordnete Bedeutung haben. Die Lebensziele von *Idealisten* decken sich für gewöhnlich nicht mit denen der Mehrheit der Gesellschaft. Materielle Güter, Macht und Einfluss machen auf *Idealisten* keinen Eindruck.

Aufgrund ihres Wertesystems fühlen sich *Idealisten* gelegentlich vereinsamt oder gar entfremdet. Doch sie verzichten fast nie auf ihre eigenen Ideale, auch wenn sie dafür einen hohen Preis zahlen müssen. *Idealisten* haben einfach keine andere Wahl – sie müssen sie selbst sein. Ein Leben, das im Widerspruch zu ihren Werten steht, hat für sie keinen Sinn.

In den Augen anderer Menschen

Andere Menschen sehen in *Idealisten* bescheidene, nette und stets hilfsbereite Menschen. Sie können dahingegen aber auch schüchtern, distanziert und unentschlossen wirken. Oftmals werden sie auch als Menschen angesehen, die viele Dinge anfangen, aber nicht imstande sind, diese zu beenden. Im Allgemeinen werden sie für ihre natürliche Empathie für die Bedürfnisse und Gefühle anderer geschätzt.

Idealisten haben den Ruf ruhiger Menschen, wenngleich in ihrem Innern nie Ruhe einkehrt, da sie stets ergriffen von den Problemen der Welt sind und in Bezug auf Ungerechtigkeit empfindlich sind. *Idealisten* glauben, dass jeder Mensch das Recht hat, glücklich und er selbst zu sein. Sie wünschen sich Frieden, Einheit und eine bessere Welt. Ihre Treue gegenüber ihren Idealen ist für *Idealisten* alle Opfer wert. Ein Verhalten hingegen, welches jenen Idealen widerspricht, ruft bei ihnen tiefe Schuldgefühle hervor.

Weltanschauung und Prioritäten

Idealisten hören nie auf, begeistert von der Schönheit der Welt zu sein. Sie sind stets verwundert von der Realität, die sie umgibt. *Idealisten* vermögen es, Gutes und Schönes zu erkennen. Sie sind auf die Welt und die Menschen neugierig. *Idealisten* blicken in die Zukunft und verspüren das Bedürfnis, sich fortzubilden und zu entwickeln. Sie mögen es, Geheimnisse des Lebens zu lüften und dessen Sinn zu ergründen. *Idealisten* kümmern sich nicht sonderlich um materielle Belange. Ihr wichtigstes Bedürfnis ist die Suche nach dem Sinn des Lebens, weswegen sie sich auch für Spirituelles interessieren. Wenn sie nicht an etwas glauben, fühlen sie ein schmerzliches Gefühl der Leere – sie spüren, dass etwas fehlt.

Idealisten haben ein inneres Bedürfnis, die Realität zu verändern und anderen Menschen zu helfen. Ungeachtet ihres Berufs (auch wenn ihre Arbeit auf der Unterstützung anderer Menschen beruht) engagieren sie sich in ihrer Freizeit für soziale Aktivitäten (bspw. als Ehrenamtliche in Wohltätigkeitsorganisationen) oder helfen ganz einfach ihren Bekannten.

Idealisten streben unermüdlich die Realisierung ihrer Ziele an, mit denen sie sich identifizieren. Sie sind ausdauernde Entdecker der Wahrheit und jede Information, die sie erhalten, wird – noch bevor sie in ihre innere „Datenbank" gelangt – von ihnen nach den Kriterien ihrer Werte filtriert. Auf diese Art und Weise schätzen sie ein, ob sie bei der Suche nach dem Sinn des Lebens, bei der Veränderung der Welt oder der Unterstützung anderer Menschen hilfreich sein könnte. Neue Informationen knüpfen an alles an, was sie gelernt oder bislang erfahren haben. *Idealisten* vertrauen sehr auf ihre Intuition.

Entscheidungen

Idealisten treffen Entscheidungen eher mit dem Herzen als mit dem Verstand. Das Wichtigste für sie ist die Tatsache, wie die jeweilige Entscheidung Einfluss auf ihr eigenes Leben oder das Leben anderer Menschen ausübt. Sie sind nicht von Argumenten überzeugt, die auf reiner Logik basieren und glauben nicht an Entscheidungen, die auf Grundlage von harten Fakten rational und unpersönlich getroffen wurden. Bevor sie selbst eine Entscheidung treffen, überlegen sie sehr lange und bereiten sich vor.

Idealisten erkennen und schätzen den Individualismus eines jeden Menschen. Sie versuchen nie, anderen ihre Meinung aufzuerlegen und mögen es im Gegenzug selbst auch nicht, wenn andere Menschen sie dominieren oder Druck auf sie ausüben möchten.

Schaffen

Für gewöhnlich sind *Idealisten* sehr originelle und einfallsreiche Menschen. Sie haben viel Freude am Schaffen, wobei das Endresultat sowie die Wahrnehmung ihrer Werke durch andere Menschen für sie unbedeutend sind, da ihnen am meisten die Arbeit selbst am Herzen liegt. Sie werden meist von anderen als überdurchschnittliche, außergewöhnliche Menschen angesehen, obwohl sie nicht zwangsweise versuchen, originell zu sein (sie haben oftmals auch keine Ahnung, dass sie als solche Menschen gelten).

Wahrnehmung und Gedanken

Idealisten stehen neuen Ideen offen gegenüber und sind überaus flexibel. Wenn sie sich in einer Gruppe aufhalten, erlauben sie anderen, Entscheidungen zu treffen. Für einige erscheint dies, als ob *Idealisten* gleichgültig wären, wenngleich sie es – zur großen Überraschung der anderen – vermögen, laut zu protestieren und ihr Recht zu verteidigen, sobald eine Entscheidung getroffen wird, die im Widerspruch zu ihren Ansichten steht.

Manchmal fällt es ihnen schwer, sich an allgemein geltende Normen und Konventionen anzupassen. Ferner tendieren *Idealisten* dazu, sich auf Informationen zu konzentrieren, die im Einklang mit ihrer Weltanschauung stehen. Dabei nehmen sie all jene Informationen „nicht wahr", die nicht zu ihrer Meinung passen. Es kommt gelegentlich vor, dass dieser eigentümliche Verteidigungsmechanismus bewirkt, dass sie sich zurückziehen und die Fähigkeit, Probleme aus einer breiteren Perspektive zu betrachten, verlieren. Solch eine Situation kann sich unvorteilhaft auf die Beziehungen zu anderen Menschen auswirken und zur Selbstisolation führen.

Organisation

Idealisten wenden oftmals nicht viel Zeit für Äußerlichkeiten auf und interessieren sich nicht für neue Mode-Trends. Ferner vermögen sie auch den Anschein von chaotischen und unzuverlässigen Personen zu erwecken. Tatsache ist aber, dass sie ihr Leben sowie all ihre Pflichten sehr ernst nehmen. *Idealisten* verlangen viel von sich selber und möchten sich fortbilden, wenngleich sie so sehr von der Realisierung ihrer Visionen eingenommen sind, dass es vorkommt, dass sie alltägliche Tätigkeiten aus den Augen verlieren (sie können bspw. vergessen, dass der Schreibtisch aufgeräumt, der Müll weggebracht oder das Auto gewaschen werden sollte). *Idealisten* mögen auch keine administrativen Tätigkeiten und erledigen nur ungern Aufgaben, die nach reiner Logik und trockenen Fakten verlangen. Ferner haben sie Probleme mit der Verwaltung ihrer Zeit und Selbstorganisation.

Im Bewusstsein ihrer eigenen Schwächen versuchen *Idealisten* verschiedene Bereiche ihres Lebens zu ordnen. Für gewöhnlich versuchen sie es immer wieder erneut (mit unterschiedlichen Ergebnissen). Wenn *Idealisten* sich in einer schwierigen Situation oder in einem Konflikt wiederfinden, vermögen sie es nicht, rational zu handeln. Es kann vorkommen, dass sie in solchen Fällen nicht wissen, wie sie sich verhalten sollten und alles Erdenkliche machen, um aus dieser schwierigen Lage herauszukommen.

Kommunikation

Idealisten sprechen für gewöhnlich nicht viel. Sie sagen nur dann etwas, wenn sie etwas zu sagen haben. Sie ziehen es vor, nicht über sich selbst zu sprechen, können dafür aber auf einfache und verständliche Art und Weise schwierige Konzepte und komplexe Phänomene erklären. *Idealisten* benutzen gerne abwechslungsreiche Vergleiche und Metaphern. Sie sind sich dessen bewusst, welch große Macht Worte haben und welchen Einfluss sie auf andere Menschen ausüben können.

Idealisten mögen tiefgründige Gespräche in kleinen Gruppen. Sie interessieren sich nicht für Tratsch und Gespräche über das Wetter. Auch große Menschenmassen sowie öffentliche Auftritte gehören nicht zu ihren Vorlieben.

Idealisten können hervorragend schreiben und sind ausgezeichnete Zuhörer. Sie vermögen es, zwischen den Zeilen zu lesen und können viel über einen Menschen sagen, den sie erst einmal getroffen haben (dabei irren sie selten). Gespräche mit *Idealisten* helfen anderen Menschen oftmals, ihre eigenen Gefühle, Gedanken und Bedürfnisse in Worte zu fassen.

Idealisten, die es vermögen, ihre Gabe der Empathie gut zu nutzen, können als Vermittler eingesetzt werden. Wenn sie anderen helfen, versuchen sie nicht, Probleme auf eine logische und rationale Art und Weise zu lösen (bspw. mit der Analyse deren Herkunft oder der Suche nach Schuldigen). Sie schauen vielmehr durch das Prisma von Gefühlen und versuchen schlechte Emotionen auszulöschen, Streitigkeiten zu lindern oder zu einem Kompromiss zu führen.

In Stresssituationen

Das Streben nach Perfektion in Verbindung mit dem Unvermögen, einige Lebensbereiche zu ordnen (wie bspw. die

Zeitverwaltung) ist für *Idealisten* eine Quelle von ununterbrochenem Frust. In der Regel vertragen sie Stress schlecht. Er bewirkt, dass sie den Glauben an die eigenen Fähigkeiten verlieren und nicht imstande sind, eine Entscheidung zu treffen oder ganz im Gegenteil – sie beginnen impulsiv und unüberlegt zu handeln. Oftmals verbringen sie ihre Freizeit gerne aktiv.

Sozialer Aspekt der Persönlichkeit

Idealisten verstehen andere Menschen und erkennen ihre Gefühle und Motive. Sie sind loyale und treue Freunde, aber auch hervorragende Zuhörer. *Idealisten* mögen es, anderen zu helfen und messen ihren Bedürfnissen oft den höchsten Stellenwert bei. Sie selbst öffnen sich dahingegen nur ungern vor Menschen, sodass es sogar ihren Nächsten manchmal schwerfällt zu erraten, was in ihnen vorgeht.

Für *Idealisten* sind gesunde Beziehungen zu ihren Familienangehörigen und Freunden sehr wichtig. Ohne sie sind sie nicht glücklich und können ihr Leben nicht voll und ganz genießen. Sie gehen davon aus, dass ein Mensch sich dank anderer selbst besser kennenlernen kann. In zwischenmenschlichen Beziehungen messen sie Symbolen und Gesten große Bedeutung zu, oftmals auch vereinzelten Verhaltensweisen. Wenn jemand einmal gegen ihre Werte verstoßen hat, dann ist diese Person laut *Idealisten* dazu in der Lage, dies in Zukunft zu wiederholen.

Idealisten neigen auch dazu, gute Menschen zu idealisieren und böse Menschen zu dämonisieren, weswegen ihre Welt manchmal zweipolig ist.

Unter Freunden

Idealisten nehmen neue Bekanntschaften nur langsam auf, dafür sind ihre Beziehungen tiefgehend und beständig. Sie begegnen anderen mit viel Herzlichkeit und sind sehr empfänglich für ihre Emotionen und Bedürfnisse. Sie zeichnen sich durch eine akzeptierende Haltung aus. Es ist ihnen an ausgezeichneten Beziehungen gelegen und sie sind bereit, viel Energie in diese zu investieren. Unter allen Umständen versuchen sie Konflikte und unangenehme Gespräche zu vermeiden, die jemanden verletzen könnten. Ihre Loyalität und Bindung zu ihren Freunden (von denen sie für gewöhnlich nicht viele haben) schwächt nicht einmal bei langer Trennung ab. Sie sind stets bereit, sie zu unterstützen und ihnen beizustehen. *Idealisten* schätzen authentische und tiefe Bindungen, ihre Freundschaften halten oft ein Leben lang. Am häufigsten sind *Mentoren*, *Enthusiasten* und *Künstler* sowie andere *Idealisten* ihre Freunde. Am seltensten hingegen *Verwalter*, *Inspektoren* oder *Animateure*.

In der Ehe

Idealisten sind für die Ehe geschaffen, ihre Beziehungen wiederum sind überaus beständig. Sie sind seltener als andere Singles aus eigenem Antrieb. *Idealisten* sind sehr romantisch und überaus loyal.

Familie steht für sie ganz oben in ihrem Leben. Sie träumen von ausgezeichneten, harmonischen und romantischen Beziehungen (oftmals fällt es ihnen schwer, sich mit der Realität abzufinden). Sie hegen für ihre Partner unglaublichen Respekt, Anerkennung und Vertrauen. Ferner haben sie stets ein Kompliment parat und zeigen ihnen viel Wärme und Zuneigung. Sie selbst brauchen ebenfalls Nähe und Zärtlichkeit. Dabei sind sie aber nicht besitzergreifend und eifersüchtig. Sie versuchen nicht, sich aufzudrängen und ihre Ehepartner einzugrenzen bzw. von sich abhängig zu machen.

Idealisten versuchen um jeden Preis, Ehekonflikte zu lindern und unangenehmen bzw. heiklen Themen aus dem Weg zu gehen (sie bevorzugen es, Probleme zu überschweigen). Jegliche Kritik nehmen *Idealisten* sehr persönlich. Auch eine kleine Anmerkung oder ein Witz können ihnen großen Schmerz bereiten. Andere können solche Reaktionen als übertrieben oder unangebracht empfinden. *Idealisten* haben aber tatsächlich einen außergewöhnlich niedrigen Toleranzpegel für Kritik und sind leicht verletzbar. Dies kann vor allem zu Problemen in einer Beziehung mit *Strategen*, *Inspektoren*, *Direktoren* und *Verwaltern* führen, für die Kritik, Konflikte sowie eine offene Konfrontation einen Teil der zwischenmenschlichen Beziehungen ausmachen.

Natürliche Kandidaten als Lebenspartner sind für *Idealisten* Personen mit verwandten Persönlichkeitstypen: *Mentoren*, *Enthusiasten* oder *Berater*. In solchen Beziehungen ist es weitaus einfacher, gegenseitiges Verständnis und Harmonie aufzubauen. Die Erfahrung zeigt aber, dass Menschen imstande sind, Beziehungen auch mit Personen einzugehen, deren Typ offensichtlich völlig verschieden ist.

Als Eltern

Idealisten fühlen sich in der Rolle von Eltern hervorragend. Sie nehmen ihre Verantwortung sehr ernst und garantieren ihren Kindern ein freundliches und sicheres Umfeld sowie eine herzliche Atmosphäre. Sie zeigen ihren Kindern viel Wärme und sparen nicht an Lob. *Idealisten* sind überaus loyal, ergeben und liebevoll. Sie schützen und unterstützen ihre Kinder ungeachtet der Situation. In ihrer Erziehung bevorzugen sie eher positive Stärkung (Ermunterung, Belohnungen) als Kritik oder Disziplin. Radikalere Mittel wenden sie nur an, wenn das Verhalten ihrer Kinder sich gegen ihre Werte richtet. Am liebsten überlassen sie die Disziplin ihren Ehepartnern.

Idealisten schätzen den Individualismus ihrer Kinder und grenzen sie nicht ein. Sie erlauben ihnen, an familiären Entscheidungen teilzuhaben und achten auf ihre Meinung. Kinder, die hauptsächlich von *Idealisten* erzogen wurden (bspw. alleinerziehenden Eltern), können manchmal klare Regeln im Leben vermissen. Dahingegen fehlt es ihnen nie an Wärme, Unterstützung, Vertrauen und Raum zur Weiterentwicklung. Vor allem dafür schätzen sie nach vielen Jahren ihre Eltern.

Arbeit und Karriere

Idealisten können verschiedenen Aufgaben gerecht werden, wenngleich nicht alle sie zufrieden stellen. Am glücklichsten sind sie dann, wenn sie sich mit Angelegenheiten beschäftigen, die ihre eigenen Ansichten wiederspiegeln.

Erfolg

Arbeit ist für *Idealisten* mehr als nur Geld verdienen. Eine Beförderung oder gutes Gehalt erachten sie nicht als Synonyme für Erfolg. Ein richtiger Erfolg besteht für sie darin, das Leben zu verstehen, sowie die Möglichkeit, ihrer Bestimmung nachzugehen. Sie möchten etwas machen, was für sie eine tiefe Bedeutung innehat.

Im Team

Von Natur aus sind sie Individualisten und arbeiten am liebsten alleine. Wenn es aber notwendig ist, vermögen sie es, sich in einem Team wiederzufinden. *Idealisten* passen sich schnell an neue Situationen an, kommen gut mit Veränderungen klar und mögen neue Ideen. Sie brauchen aber eine gewisse Privatsphäre und mögen es nicht, wenn sie jemand unterbricht, sie stört oder ihre Privatsphäre verletzt.

Wenn sie in einem Team arbeiten, bringen sie eine freundliche Atmosphäre mit, unterstützen ihre Kollegen und helfen ihrem Team einen Konsens zu erzielen. In der Regel fördern *Idealisten* demokratische Regeln bei der Entscheidungsfindung. Sie glauben, dass mit Anreiz und Überzeugungskraft mehr erreicht werden kann, als mit offener Kritik oder Druck. Sie versuchen um jeden Preis Konflikten im Team aus dem Weg zu gehen und meiden Kritik an ihren Kollegen. Wenn *Idealisten* einmal kritisieren müssen, dann machen sie das oft auf derart sanfte, diplomatische Art und Weise, dass der eigentliche Sinn der Kritik kaum noch zu erkennen ist.

Unternehmen

Ein optimales Umfeld für *Idealisten* ist ein solches, in dem sie ihre Ziele verwirklichen und im Einklang mit ihren Werten arbeiten können. Sie finden sich gut in Unternehmen zurecht, die den Individualismus von Mitarbeitern schätzen. Dahingegen ersticken sie förmlich in einem bürokratisierten Umfeld, in dem die Arbeit der Mitarbeiter von zahlreichen festen Prozeduren eingeschränkt ist. In der Regel kommen *Idealisten auch* nicht mit Routine und sich wiederholenden Tätigkeiten klar.

Idealisten fühlen sich wohl, wenn sie in sozialen Einrichtungen oder in einem universitären Umfeld arbeiten können. Dafür sind sie für den uniformierten Dienst gar nicht geeignet.

Vorgesetzte

Idealisten schätzen Vorgesetzte, die über ein moralisches Rückgrat verfügen, kreativ an Aufgaben herangehen, ihre Mitarbeiter unterstützen und sich nicht krankhaft auf Prozeduren, Termine oder Formalitäten fixieren. Sie stören sich an übertriebener Kontrolle, Machtmissbrauch, unmenschlicher Bürokratie, der Behandlung von Menschen, als wären sie Rädchen im Getriebe sowie der Fixierung auf den Profit statt auf das Wohl der Mitarbeiter.

Präferenzen

Idealisten mögen keine Stereotype, Vereinfachungen in der Umschreibung der Realität oder jegliche Versuche der Unifizierung. Sie finden sich wiederum sehr gut in Situationen zurecht, bei denen sie komplexe und komplizierte Probleme lösen sollen, wenngleich sie Arbeit unter Zeitdruck nicht mögen. „Feste Termine", die eingehalten werden müssen, bewirken bei ihnen, dass sie sich eingeschränkt fühlen.

Berufe

Das Wissen über das eigene Persönlichkeitsprofil sowie die natürlichen Präferenzen stellen eine unschätzbare Hilfe bei der Wahl des optimalen Berufsweges dar. Die Erfahrung zeigt, dass *Idealisten* mit Erfolg in verschiedenen Bereichen arbeiten und aufgehen können. Doch dieser Persönlichkeitstyp prädisponiert sie auf natürliche Art und Weise zu folgenden Berufen:

- Berater,
- Blogger,
- Coach,
- Dekorateur,
- Dozent,
- Experte für Arbeitnehmerrechte,
- Experte für Multimedia,
- Geistlicher,
- Innenarchitekt,
- Journalist,
- Konsultant,
- Künstler,
- Künstlerischer Leiter,
- Lehrer,
- Mitarbeiter in der Sozialhilfe,
- Musiker,
- Physiotherapeut,
- Projektkoordinator,
- Psychiater,
- Psychologe,
- Redakteur,
- Schauspieler,
- Schriftsteller,
- Sozialer Aktivist,
- Therapeut,

- Trainer,
- Übersetzer,
- Wissenschaftler,
- Verleger,
- Vermittler.

Potenzielle starke und schwache Seiten

Ähnlich wie auch andere Persönlichkeitstypen haben *Idealisten* potenzielle starke und schwache Seiten. Dieses Potenzial kann auf verschiedenste Weise ausgeschöpft werden. Glück im Privatleben sowie Erfolg im Beruf hängen bei *Idealisten* davon ab, ob sie die Chancen, die mit ihrem Persönlichkeitstyp verknüpft sind, nutzen und ob sie den Gefahren auf ihrem Weg die Stirn bieten können. Im Folgenden eine ZUSAMMENFASSUNG dieser Chancen und Gefahren:

Potenzielle starke Seiten

Idealisten verfügen über außergewöhnlich viel Wärme und geben diese gerne an andere weiter. Von Natur aus sind sie sensibel und fürsorglich. Sie erkennen die Bedürfnisse anderer Menschen und sind sehr sensibilisiert für Anzeichen von Ungerechtigkeit. Sie möchten sich für all diejenigen einsetzen, die verletzt oder ausgenutzt wurden. Ihr stabiles Wertesystem, die außergewöhnliche Empathie und ehrliches Interesse für das Schicksal anderer Menschen prädisponieren sie für soziale Tätigkeiten. *Idealisten* sind überaus loyal und ergeben. Sie vermögen es, intensive, beständige und stabile Beziehungen aufzubauen. Dabei versuchen sie nicht, andere zu dominieren und sie einzuschränken, ganz im Gegenteil: *Idealisten* schenken anderen Menschen Vertrauen und geben ihnen Raum zur Weiterentwicklung. Für gewöhnlich sind sie sehr flexibel und können gut Veränderungen vertragen.

Idealisten zeichnen sich aus durch Offenheit gegenüber anderen Menschen, auch all jenen, die von der Mehrheit der

Gesellschaft zurückgewiesen werden. Sie sehen in jedem Menschen das Gute und sein positives Potenzial. Darüber hinaus verfügen *Idealisten* über sehr viel Empathie, dank der sie es vermögen, andere zu unterstützen, sie bei Laune zu halten und ihnen Selbstwertgefühl zu verleihen. Sie sind sehr gute Zuhörer und verstehen es, Gefühle und Motive anderer Menschen zu deuten. *Idealisten* sind imstande, einen Kompromiss oder eine Verständigung aufzubauen (sie sind fähig die Sache so zu wenden, dass jede Seite zufrieden ist und glaubt, einen Erfolg erzielt zu haben). *Idealisten* vermögen es, sich komplexe Theorien und Konzepte schnell anzueignen und zeitgleich kreativ und offen für künstlerische Erfahrungen zu sein (oftmals sind sie selber künstlerisch talentiert). Ferner sind sie imstande, gut ihre Gedanken zu äußern (vor allem schriftlich).

Potenzielle schwache Seiten

Idealisten haben einen sehr niedrigen Toleranzpegel für Kritik (vor allem seitens ihrer Familienangehörigen und Freunde). Sogar kleinere unfreundliche Anmerkungen oder bissige Witze können ihr Selbstwertgefühl untergraben und ihnen viel Leid zufügen. Manchmal sehen sie sogar dort kritische Anmerkungen, wo keine vorhanden sind. Ihre enorme Loyalität und Verbundenheit führt dazu, dass sie oftmals nicht imstande sind, schädliche oder toxische Beziehungen zu beenden. Es fällt *Idealisten* auch schwer, sich kritisch zu äußern, andere auf etwas hinzuweisen oder gar ihre Meinung offen auszusprechen. Wenn sie einmal jemanden kritisieren müssen, dann machen *Idealisten* es auf eine so sehr sanfte Art und Weise, dass es ihren Gesprächspartnern schwerfällt herauszufinden, was sie wirklich sagen wollen. *Idealisten* gehen schlecht mit Konflikten um – sie können sich in solchen Situationen irrational verhalten oder unerwartete und nicht durchdachte Entscheidungen treffen.

Ihre strenge Selbstbewertung sowie das starke Bedürfnis für Zustimmung und positive Stärkung seitens anderer

Menschen erschwert es ihnen, in einem neutralen oder kühlen Umfeld zu funktionieren (noch mehr in einem offensichtlich feindseligen Umfeld). In Stresssituationen sind *Idealisten* nicht fähig, einen kühlen Kopf zu bewahren. Sie neigen auch dazu, emotional instabil zu sein. Ihre Ideen sind trotz ihrer Kreativität manchmal unrealistisch – sie berücksichtigen oftmals bestehende Einschränkungen und Unvollkommenheiten nicht (bspw. den menschlichen Faktor). Meinungen, die wider ihren Ansichten sind, können *Idealisten* als Angriff auf ihre Person oder ihre Werte verstehen. Sie neigen dazu, nur die Informationen anzunehmen, die im Einklang mit ihrer Meinung stehen. Zugleich können sie all jene Informationen unterdrücken, die ihr Weltbild gefährden. Manchmal führt dies zu Isolation und dem Rückzug in die eigene Welt.

Persönliche Entwicklung

Die persönliche Entwicklung von *Idealisten* hängt davon ab, in welchem Grad sie ihr natürliches Potenzial nutzen und ob sie die Gefahren, die in Verbindung mit ihrem Typ stehen, zu bewältigen vermögen. Die folgenden praktischen Tipps stellen eine Art Dekalog des *Idealisten* dar.

Haben Sie keine Angst vor Konflikten

Wenn Sie sich in einem Konflikt befinden, stecken Sie nicht ihren Kopf in den Sand. Versuchen Sie dagegen, offen Ihren Standpunkt und Ihre Empfindungen zu äußern. Konflikte helfen oftmals, Probleme zu erkennen und zu lösen.

Betrachten Sie Probleme aus einer breiteren Perspektive

Versuchen Sie Probleme aus der Perspektive anderer Menschen zu betrachten. Ziehen Sie verschiedene Standpunkte in Betracht und erwägen Sie verschiedene Aspekte der jeweiligen Angelegenheit.

Lassen Sie andere nicht auf Vermutungen angewiesen sein

Sagen Sie Menschen, was Sie fühlen, was Sie durchleben und was Sie möchten. Zögern Sie nicht, Ihre Zweifel, Bedenken und Emotionen zu äußern. Sie werden damit sowohl Ihren Kollegen aber auch Verwandten und Freunden sehr helfen.

Seien Sie praktischer

Sie haben eine natürliche Tendenz zu idealistischen Ideen, die manchmal realitätsfremd sind. Denken Sie über ihre praktischen Aspekte nach – darüber, wie sie in dieser realen und unvollkommenen Welt realisiert werden können.

Hören Sie auf, zu verbessern, und fangen Sie an, zu handeln

Statt sich Gedanken zu machen, wie etwas, was Sie planen, verbessert werden könnte, sollten Sie es einfach machen. Im anderen Fall werden Sie Ihr ganzes Leben mit der Verbesserung Ihrer Pläne verbringen. Machen Sie lieber etwas, was gut ist (nicht zwangsläufig perfekt), statt gar nichts zu machen.

Haben Sie keine Angst vor Ideen und Meinungen, die im Widerspruch zu Ihren stehen

Bevor Sie sie ablehnen, denken Sie erst gut darüber nach und versuchen Sie, sie zu verstehen. Die Offenheit gegenüber Ansichten anderer Menschen muss nicht zwangsläufig bedeuten, dass man seine eigenen Meinungen verwirft.

Haben Sie keine Angst vor Kritik

Haben Sie keine Angst davor, kritisch zu sein und Kritik seitens anderer Menschen anzunehmen. Kritik kann konstruktiv sein und muss nicht unbedingt einen Angriff auf andere Menschen oder die Anzweiflung ihrer Werte bedeuten.

Schieben Sie anderen nicht die Schuld für Ihre Probleme in die Schuhe

Sie haben den größten Einfluss auf Ihr Leben und Sie sind am kompetentesten, um Ihre Probleme zu lösen. Konzentrieren Sie sich nicht auf externe Widrigkeiten. Konzentrieren Sie sich viel mehr auf Ihre starken Seiten und nutzen Sie Ihr Potenzial.

Finden Sie Zeit für angenehme Dinge

Versuchen Sie manchmal, sich von Ihren Pflichten zu lösen und angenehme oder entspannende Dinge zu machen. Sportliche Aktivitäten und Kontakt mit Kunst bewirken, dass Sie der Müdigkeit trotzen und effektiver sein werden.

Seien Sie besser zu sich selbst

Denken Sie darüber nach, ob Sie nicht zu viel von sich selber verlangen und ob Ihre Selbstbeurteilung nicht zu streng ist (wahrscheinlich ist sie es). Seien Sie sich gegenüber einsichtiger und versuchen Sie sich so zu helfen, wie Sie sich um das Glück und das Selbstbewusstsein anderer Menschen kümmern.

Bekannte Personen

Eine Liste bekannter Personen, die dem Profil des *Idealisten* entsprechen:

- **Laura Ingalls Wilder** (1867-1957) – US-amerikanische Schriftstellerin (Autorin der Serie *Unsere kleine Farm*);

- **Albert Schweitzer** (1875-1965) – deutscher evangelischer Theologe, Philosoph, Musikwissenschaftler und Arzt, Gründer eines Krankenhauses in Gabun, Friedensnobelpreisträger;

- **Alan Alexander Milne** (1882-1956) – britischer Schriftsteller und Autor von Kinderbüchern (u. a. *Pu der Bär*);

- **Carl Rogers** (1902-1987) – US-amerikanischer Psychologe und Psychotherapeut, einer der Hauptvertreter der Humanistischen Psychologie;

- **George Orwell** (1903-1950) – britischer Publizist und Schriftsteller (u. a. *Farm der Tiere*);

- **James Herriot**, eigtl. James Alfred Wight (1906-1995) – britischer Tierarzt und Schriftsteller (Autor der Serie *Der Doktor und das liebe Vieh*);

- **John F. Kennedy** (1917-1963) – 35. Präsident der Vereinigten Staaten;

- **Scott Bakula** (geb. 1954) – US-amerikanischer Fernsehschauspieler (u. a. *Murphy Brown*);

- **Lisa Kudrow** (geb. 1963) – US-amerikanische Schauspielerin (u. a. *Friends*);

- **Julia Roberts** (geb. 1967) – US-amerikanische Schauspielerin (u. a. *Pretty Woman*);

- **Gillian Anderson** (geb. 1968) – US-amerikanische Schauspielerin (u. a. *Akte X*);

- **Megan Follows** (geb. 1968) – kanadische Schauspielerin (u. a. *Anne auf Green Gables*);

- **Fred Savage** (geb. 1976) – US-amerikanischer Schauspieler (u. a. *Wunderbare Jahre*).

Der Inspektor (ISTJ)

PERSÖNLICHKEITSTYPOLOGIE ID16™©

Profil

Lebensmotto: *Die Pflicht geht vor.*

Menschen, auf die man sich immer verlassen kann. Wohlerzogen, pünktlich, zuverlässig, gewissenhaft, verantwortungsbewusst – die Zuverlässigkeit in Person. Analytisch, methodisch, systematisch und logisch. *Inspektoren* werden als beherrschte, kühle und ernsthafte Menschen angesehen. Sie schätzen Ruhe, Stabilität und Ordnung. *Inspektoren* mögen keine Veränderungen, dafür aber klare und konkrete Regeln.

Sie sind arbeitsam und ausdauernd, weswegen sie Angelegenheiten zu Ende bringen können. Es sind Perfektionisten, die über alles die Kontrolle haben möchten. Sie äußern sparsam Lob und sind nicht imstande, der Wichtigkeit der Gefühle und Emotionen anderer Menschen die gebürtige Beachtung zu schenken.

Natürliche Veranlagungen des *Inspektors*

- Die Quelle seiner Lebensenergie: seine innere Welt.
- Informationsaufnahme: Sinne.
- Art und Weise wie Entscheidungen getroffen werden: Verstand.
- Lebensstil: organisiert.

Ähnliche Persönlichkeitstypen

- *Praktiker*
- *Verwalter*
- *Animateur*

Statistische Angaben

- *Inspektoren* stellen ca. 6-10 % der Gesellschaft dar.
- Unter *Inspektoren* überwiegen Männer (60 %).
- Das Land, welches dem Profil des *Inspektors* entspricht, ist die Schweiz.[9]

Buchstaben-Code

Der universelle Code des *Inspektors* ist in den Jungschen Persönlichkeitstypologien ISTJ.

Allgemeines Charakterbild

Inspektoren sind geduldig, ausdauernd, gewissenhaft und fleißig. Von Natur aus lieben sie Ordnung und gute Organisation. Sie werden stets von ihrem Pflichtbewusstsein begleitet. *Inspektoren* mögen klar definierte Aufgaben und konkrete

---

[9] Dies bedeutet nicht, dass alle Einwohner der Schweiz zu dieser Gruppe gehören, wenngleich die schweizerische Gesellschaft – als Ganzes – viele charakteristische Eigenschaften der *Inspektoren* verkörpert.

Vorgaben. Sie betrachten die Welt und ihr Umfeld als eigentümliches System, dessen Stabilität und Funktionalität von der Einhaltung von Regeln und Befolgung geltender Vorschriften abhängt.

Organisation

Inspektoren mögen es, wenn alles so funktioniert, wie „es funktionieren sollte". Sie inspizieren ununterbrochen alle Abläufe, die sie umgeben (daher auch die Bezeichnung für diesen Persönlichkeitstyp). Sie vermögen es dabei schnell Mängel oder Fehler zu erkennen. *Inspektoren* sind imstande, Angelegenheiten zu Ende zu bringen. Vollendete Aufgaben erfüllen sie mit Befriedigung und erlauben ihnen, sich auf neue Pflichten zu konzentrieren. Sie mögen keine nicht erfüllten Verpflichtungen und Aufgaben sowie keine unbezahlten Rechnungen. All dies stört ihre innere Ruhe.

Inspektoren streben ein geordnetes und stabiles Leben an. Sie erfreuen sich kleiner und einfacher Dinge. Ferner vermögen sie es, gut ihre Zeit zu verwalten – *Inspektoren* halten sich sehr oft an einen konstanten und vorab definierten Tagesplan. Ihre Arbeitsweise ist oft geordnet und systematisch. Sie notieren sich Aufgaben, die ausgeführt werden sollen, und prüfen, ob sie nichts unbeachtet gelassen haben. *Inspektoren* sind selten unvorbereitet oder gar von etwas überrascht. Sie verfügen über einen Arbeitsplan und sind bereit, verschiedenen Pflichten und Herausforderungen die Stirn zu bieten. *Inspektoren* mögen keine Veränderungen, besonders solche, die großen Einfluss auf ihr Leben ausüben.

Sie bevorzugen einen einfachen und natürlichen Lebensstil und schätzen Stabilität und Sicherheit, weswegen sie riskante Unterfangen meiden. *Inspektoren* bevorzugen es, aktuelle Probleme zu lösen, statt sich mit der Vorhersehung potenzieller Probleme in der Zukunft zu beschäftigen. Sie mögen konkrete, greifbare und handfeste Dinge.

Kommunikation

Wenn *Inspektoren* mit anderen Menschen diskutieren, knüpfen sie an harte Fakten und Logik an, was in Verbindung mit ihrer selbstbewussten Haltung dazu führt, dass sie andere von ihrer Meinung zu überzeugen vermögen (sogar wenn sie Unrecht haben!). Sie gehen grundsätzlich davon aus, dass sie Recht haben und es fällt ihnen sehr schwer, den Gedanken an sich heranzulassen, dass sie (auch nur teilweise) irren könnten. *Inspektoren* bemühen sich dahingegen nicht, ihre Meinung um jeden Preis zu belegen. Wenn sie nämlich bemerken, dass dies zu einem Konflikt führen könnte, sind sie imstande, auf die Konfrontation zu verzichten.

In den Augen anderer Menschen

Von ihrer Umwelt werden *Inspektoren* als verantwortungsbewusste, vernünftige, höfliche und ehrliche Menschen angesehen, auf die man immer zählen kann. Ihre Redlichkeit, Zuverlässigkeit und Pünktlichkeit weckt allgemeinen Respekt hervor. *Inspektoren* gelten jedoch als Menschen, denen man sich nur schwer nähern kann. Sie sind eher schweigsam, weswegen es schwer ist, sie kennenzulernen und zu erraten, was sie denken und fühlen. Sie werden oft als zurückhaltend, kühl und ernst angesehen. Einige Menschen fühlen sich in ihrer Anwesenheit deswegen unwohl, vor allem da *Inspektoren* oft (unbewusst) bei anderen das Gefühl der Unterlegenheit, sogar Schuld hervorrufen und somit Abwehrmechanismen bei ihnen auslösen.

Ein anderes Problem kann ihre Skepsis und ihr Misstrauen gegenüber neuen Ideen sein. *Inspektoren* erwarten von anderen Beweise dafür, dass die vorgeschlagenen Veränderungen oder neuen Lösungen Sinn machen. Bei einem Gespräch mit *Inspektoren* fühlen sich manche Menschen wie bei einem Verhör. Andere wiederum stören sich an ihrem Perfektionismus, ihrer Pedanterie, ihrem Willen, über alles die

Kontrolle zu behalten, und ihrer Überzeugung, dass sie immer Recht haben.

Ästhetik

Inspektoren verspüren kein Verlangen, sich mit Luxusgütern zu umgeben und die neuesten Trends zu verfolgen. Sie konzentrieren sich eher auf die praktischen Vorzüge von Dingen, die für sie einfach, praktisch und sparsam bei der Nutzung sein sollten. Sie schätzen ihre Zuverlässigkeit und Beständigkeit. Dahingegen mögen *Inspektoren* keine ausgefallenen Dekorationen, Luxus und Bizzarheiten. Ihre Häuser, Wohnungen und Arbeitsplätze sind für gewöhnlich gepflegt, funktional und geschmackvoll eingerichtet. *Inspektoren* bevorzugen eher einen klassischen Kleidungsstil und meiden Experimente oder Extravaganz. Sie sind nicht imstande Menschen zu verstehen, die Kleidung oder andere Produkte nur deswegen kaufen, weil sie in Mode sind.

Wahrnehmung und Entscheidungen

Inspektoren richten sich nach ihren fünf Sinnen und nicht nach Emotionen, zeitweiligen Empfindungen oder Impulsen. Sie treffen Entscheidungen auf eine rationale und logische Art und Weise, wobei sie sich auf „harte Fakten" und Daten stützen. *Inspektoren* vermögen es, auf eine klare und verständliche Art und Weise ihre Meinung auszudrücken (sie machen dies gerne schriftlich). Ihre Innenwelt ist für sie wichtiger als ihre Außenwelt. Für gewöhnlich fühlen sie sich selbstgenügsam – *Inspektoren* gehen davon aus, dass andere Menschen ihnen nicht viel zu bieten haben. Es fällt ihnen auch schwer, die Ansichten und Verhaltensweisen anderer Menschen zu verstehen, sofern sie sich sehr von ihren eigenen unterscheiden.

Freizeit

Inspektoren sind ihrer Arbeit treu ergeben, finden aber auch Zeit zum Entspannen. Dabei hilft ihnen ihre gute Organisation. Ihre Freizeit wiederum gestalten sie ebenfalls auf die gleiche Art und Weise – gut organisiert. Ihren Urlaub planen *Inspektoren* auf eine bewusste und durchdachte Art und Weise, wobei sie recht wenig Platz für Überraschungen oder Improvisation lassen.

In Stresssituationen

Inspektoren versuchen von Natur aus sich vor Stress zu schützen. In Wahrheit sind sie darin besser, als mit Stress umzugehen. In Zeiten besonderer Anspannung stellen sie sich zahlreiche schwarze Szenarien vor: den Konkurs ihrer Firma, den Verlust ihrer Arbeit, eine Krankheit (von ihnen oder ihrer Familie). Sie beschuldigen sich dann, dass sie etwas nicht ordnungsgemäß ausgeführt haben, oder sie werden von dem Gefühl der eigenen Inkompetenz bzw. einer Lähmung bei der Entscheidungsfindung befallen. Unter dem Einfluss von langfristigem Stress können *Inspektoren* die für sie charakteristische Ruhe sowie die Fähigkeit der distanzierten und logischen Einschätzung von Situationen verlieren. Ferner neigen sie in solchen Situationen auch zu Nostalgie.

Sozialer Aspekt der Persönlichkeit

Wichtige Bindeglieder bei zwischenmenschlichen Beziehungen sind für *Inspektoren* Vertrauen und Loyalität. Ihre Hingabe und Liebe äußern sie selbst mithilfe von Taten. *Inspektoren* vermögen es von Natur aus nicht, die emotionalen Bedürfnisse anderer Menschen zu erkennen. Es fällt ihnen auch schwer, den eigenen Gefühlen Ausdruck zu verleihen. Oftmals retten sich *Inspektoren* durch ihr starkes Pflichtbewusstsein – sie führen sich die Bedürfnisse anderer vor Augen und behandeln die Befriedigung dieser Bedürfnisse als ihre Pflicht, womit sie anderen auch mit Interesse und Fürsorge begegnen.

Inspektoren mögen keine einfachen Treffen mit Freunden, wenngleich sie familiären Feiern wohlgesonnen sind. Die Pflege von familiären Traditionen stellt für sie einen großen Wert dar. Unter Verwandten oder Freunden vermögen sie es, andere Menschen zu unterhalten. *Inspektoren* sind sehr loyal, was sowohl ihren Arbeitsplatz als auch ihre Familie und ihre Freunde anbelangt. Oft engagieren sie sich für das Leben in ihrem Viertel oder ihrer Ortschaft. Ihre Arbeit, ihr Zuhause und ihre lokale Gemeinschaft sind für *Inspektoren* die wichtigsten Orte.

Unter Freunden

Inspektoren fühlen sich wohl inmitten anderer Menschen, wenngleich sie es nicht mögen, im Mittelpunkt zu stehen. Von Natur aus sind sie schweigsam. Intensive Gespräche ermüden sie. *Inspektoren* brauchen Augenblicke, an denen sie alleine sind und abschalten können, um auszuruhen und über aktuelle Angelegenheiten nachzudenken.

Inspektoren werden für gewöhnlich als sehr ernste Menschen angesehen, wohingegen ihre Freunde auch ihre andere Seite kennen – als Menschen, die es verstehen, sich in Anwesenheit ihrer Freunde und ihrer Familie zu amüsieren. Freundschaftliche Beziehungen sind für *Inspektoren* sehr wichtig, weswegen sie diese sorgfältig pflegen, viel Energie für sie aufbringen und bereit sind, sich für sie aufzuopfern (wenngleich die Familie stets Vorrang hat). Am häufigsten freunden sich *Inspektoren* mit *Praktikern*, *Verwaltern*, *Strategen* sowie anderen *Inspektoren* an. Dahingegen reizen sie sich an der sorglosen Herangehensweise von *Enthusiasten*, *Idealisten* und *Beratern*. Diese Abneigung wird aber auch erwidert – *Inspektoren* werden von jenen als zu distanziert, steif und konservativ angesehen.

In der Ehe

Die Sorge um ihre Familie, ihre Sicherheit und ihre materiellen Bedürfnisse sind für *Inspektoren* eine selbstverständliche Pflicht. Ihre Verpflichtungen, Versprechen und Gelübde erachten sie als Heiligtum. Dies betrifft auch das Ehegelübde – „bis dass der Tod uns scheidet". Für gewöhnlich halten die Ehen von *Inspektoren* nämlich ein Leben lang.

Inspektoren haben keine größeren emotionalen Bedürfnisse. Sie erwarten von ihren Ehepartnern keine herzlichen Worte, Komplimente oder zärtlichen Gesten, die sie selbst wiederum als Bedürfnis anderer nicht wahrnehmen. Sie haben Probleme damit, ihre Gefühle und Emotionen zu zeigen. Liebe und Hingabe offenbaren sie dahingegen durch konkrete, praktische Handlungen (*Inspektoren* gehören zu all jenen Menschen, die praktische Geschenke machen).

Natürliche Kandidaten als Lebenspartner sind für *Inspektoren* Personen mit verwandten Persönlichkeitstypen: *Praktiker*, *Verwalter* oder *Animateure*. In solchen Beziehungen ist es für sie einfacher gegenseitiges Verständnis und harmonische Beziehungen aufzubauen. Die Erfahrung zeigt aber, dass *Inspektoren* auch imstande sind, gelungene, glückliche Beziehungen mit Personen einzugehen, deren Typ offensichtlich völlig verschieden ist. Umso interessanter sind diese Beziehungen, da die Unterschiede zwischen den Partnern der Beziehung Dynamik verleihen und Einfluss auf die persönliche Entwicklung nehmen können (viele Personen bevorzugen diese Perspektive, die sich für sie interessanter gestaltet als eine harmonische Beziehung, in der ständig Einklang und gegenseitiges Verständnis herrscht).

Ihr Fleiß und ihre Zuverlässigkeit weckt bei anderen Menschen in ihrem Umfeld Respekt hervor. Ihre beruflichen Erfolge haben jedoch ihren Preis – *Inspektoren* behandeln Arbeit für gewöhnlich als eine der Prioritäten im Leben. Sie vermögen es auch nicht, ihre Arbeit komplett von ihrem Privatleben zu trennen. Ein weiteres potenzielles Problem in ihren Beziehungen ist auch ihre Direktheit. Es kommt vor, dass *Inspektoren* ihre Ehepartner mit kritischen

Anmerkungen verletzen, ohne sich dabei dessen bewusst zu sein. Für gewöhnlich vermögen es *Inspektoren* auch nicht, sich in eine andere Lage zu versetzen und vorauszusehen, welches Verhalten oder welches Wort anderen Menschen Leid zufügen könnte.

Inspektoren möchten für gewöhnlich so gut wie möglich jegliche soziale Rolle ausfüllen (Kinder, Ehepartner, Freunde, Eltern, Mitarbeiter). Ihr Verantwortungsbewusstsein motiviert sie stets zum Handeln, weswegen jeglicher Erfolg im Leben davon abhängt, ob sie die jeweilige Angelegenheit als ihre Pflicht ansehen. Wenn *Inspektoren* also die Befriedigung der emotionalen Bedürfnisse ihrer Partner als Pflicht ansehen, werden sie sich alle erdenkliche Mühe geben, um diese Aufgabe so gut wie möglich zu meistern.

Als Eltern

Inspektoren sind sehr gewissenhafte und hingebungsvolle Eltern. Sie sind bereit, sich aufzuopfern und geben sich alle Mühe, ihre Kinder in einer guten und gesunden Atmosphäre zu erziehen und dafür zu sorgen, dass ihrem Nachwuchs an nichts fehlt. *Inspektoren* versuchen ihnen dabei eine gesicherte und stabile Zukunft zu gewährleisten. Sie behandeln dies als ihre natürliche Pflicht und versuchen sie auch so gut es nur geht zu erfüllen. *Inspektoren* lehren ihre Kinder, welche Rollen es in der Gesellschaft gibt und an welche allgemein gültigen Normen und Traditionen man sich halten sollte. Sie erwarten von ihrem Nachwuchs Respekt und dulden keinen Ungehorsam sowie die Nichteinhaltung von festgelegten Regeln. In der Regel haben *Inspektoren* hohe Ansprüche und können auch streng sein. Disziplin ist für sie eine natürliche Pflicht, die ihnen bei der Erziehung ihrer Kinder zu ordentlichen und verantwortungsbewussten Menschen hilft.

Inspektoren sind ihren Kindern gegenüber großzügig mit Kritik, zeitgleich sind sie auch sparsam mit Lob. Für gewöhnlich verstehen sie es auch nicht, die emotionalen Bedürfnisse ihrer Kinder zu deuten und zeigen ihnen zu wenig

Fürsorge. Dies kann nicht nur zu Distanz zwischen ihnen und ihrem Nachwuchs führen, aber auch zu weitaus schlimmeren emotionalen Problemen bei ihrem Nachwuchs. Zum Glück beginnen *Inspektoren* – nachdem sie sich die Bedürfnisse ihrer Kinder vor Augen geführt haben – Ansporn und „positive Stärkung" als eine der wichtigsten, familiären Aufgaben anzusehen, was sie von Natur aus zum Handeln motiviert.

Die von *Inspektoren* aufgestellten Normen und Regeln in den eigenen vier Wänden sowie ihre Konsequenz bei deren Vollstreckung werden von ihren Kindern (vor allem in der Pubertät) oft als bedrängend empfunden, wenngleich sie ihnen auch ein Gefühl von Sicherheit verleihen und für ihre gesellschaftliche Entwicklung förderlich sind. Nach vielen Jahren schätzen die Kinder ihre *Inspektoren* dafür, dass sie ihnen ein sicheres Zuhause geboten, sie verantwortungsbewusstes Handeln gelehrt, sich um ihre Zukunft gesorgt haben und stets bereit waren, sich für ihren Nachwuchs aufzuopfern.

Arbeit und Karriere

Inspektoren vermögen es, Aufgaben zu erfüllen, die nach komplizierten Prozeduren, dem Ausfüllen von Formularen und der Arbeit mit einer großen Menge an Daten verlangen. Sie messen ihren Pflichten immer höchste Priorität bei. Dabei sind *Inspektoren* nicht imstande, sich auszuruhen oder sich ihrer Freizeit zu widmen, wenn sie noch eine wichtige Aufgabe zu erledigen haben.

Im Team

Inspektoren bevorzugen es, alleine zu arbeiten und nach ihren Errungenschaften bewertet zu werden. Wenn die Situation es verlangt, können sie aber auch in einem Team arbeiten (am liebsten mit Menschen, die – ähnlich wie sie – gut organisiert sind und ihre Pflichten bestmöglich erfüllen möchten).

Inspektoren schätzen Vorgesetzte, die ihre Mitarbeiter unterstützen und ihnen klar definierte Vorgaben bzgl. ihrer Aufgaben machen. Als Teammitglieder achten *Inspektoren* auf hohe Qualitätsstandards und auch auf Details, die von anderen Mitarbeitern nicht erkannt werden. *Inspektoren* verstehen Menschen nicht, die sich nicht für ihre Arbeit engagieren und mit den Zielen ihrer Firma nicht identifizieren. Sie fühlen sich schlecht inmitten von Menschen, die emotional oder überempfindlich sind und Zeit für unnötige Diskussionen verlieren. Ferner verstehen *Inspektoren* Menschen nicht, die bewusst Regeln brechen, ihr Wort nicht halten, geliehene Gegenstände nicht zurückgeben, ihre Pflichten nicht erfüllen oder über Sachen sprechen, von denen sie keine Ahnung haben.

Arbeitsstil

Inspektoren planen ihre Arbeit sehr genau und beenden konsequent all ihre Aufgaben. Sie streben ausdauernd ihre Ziele an und lassen sich von Widrigkeiten oder Schwierigkeiten nicht entmutigen, was bei vielen anderen schon längst geschehen wäre. Sie sind nicht imstande, bewusst ihre Arbeit unterhalb der eigenen Möglichkeiten auszuführen. Nachdem sie eine Aufgabe erledigt haben, bedauern sie oft, dass sie diese nicht noch besser bewerkstelligt haben.

Inspektoren bevorzugen es, laut einer Anleitung zu handeln, die ihnen schrittweise vorgibt, was zu tun ist. Sie schätzen geprüfte Prozeduren und erprobte Handlungsstrategien. Wenn sie andere Menschen von einer Lösung überzeugen möchten, knüpfen sie oftmals an Traditionen und Erfahrungen aus der Vergangenheit an ("wir haben es schon immer so gemacht").

Dahingegen mögen *Inspektoren* keine abstrakten Theorien und keine allgemeinen Konzepte, aus denen keine praktischen Schlüsse gezogen werden können. Sie mögen auch keine Aufgaben, die komplett von ihren bisherigen Aufgaben abweichen und die nicht auf Grundlage ihrer bisherigen Erfahrung gelöst werden können. *Inspektoren* vertragen keine radikalen Veränderungen. Sie bevorzugen viel mehr sukzessive Veränderungen, die sich nach und nach entwickeln. Von Natur aus stehen *Inspektoren* Neuheiten und Experimenten skeptisch gegenüber. Sie lassen sich aber von neuen Methoden und Lösungen überzeugen, sofern es handfeste Beweise gibt, dass sie von Vorteil sind und woanders bereits erfolgreich angewandt wurden.

Aufgaben

Wenn *Inspektoren* eine Aufgabe anvertraut wird, kann man sicher sein, dass sie sie gemäß Anordnung und pünktlich erfüllen (für gewöhnlich sogar vor der Zeit). Verpflichtungen, Versprechen und Termine sind für sie nämlich heilig. Wenn sie an einer Aufgabe arbeiten, opfern sie für gewöhnlich sehr viel Zeit, Energie und sogar Gesundheit. Ihre Vorgesetzten, Kollegen und Kontrahenten wissen, dass man sich auf sie verlassen kann. *Inspektoren* selbst hingegen lehnen weitere Aufgaben selten ab, auch wenn sie bereits überbelastet sind.

Ihr Engagement behandeln *Inspektoren* als etwas völlig Natürliches. Sie bemühen sich nicht um Preise oder Lob und stellen ihre Errungenschaften nicht zur Schau. Oftmals sind sie sich auch gar nicht dessen bewusst, dass sie Großes vollbracht haben.

Als Vorgesetzte

Ihr Engagement, ihr Fleiß und ihre Zuverlässigkeit eröffnen ihnen oftmals den Weg zur Beförderung. Es passiert nicht selten, dass sie Führungspositionen bekleiden. Als Vorgesetzte stellen *Inspektoren* klare Regeln auf und zeigen ihren Mitarbeitern präzise definierte Aufgaben auf. Sie dulden keinerlei Anzeichen von Vergeudung oder Ineffizienz. Auch mangelnde Sorgfalt, Unzuverlässigkeit und die Missachtung von Pflichten ist ihnen ein Dorn im Auge. Gegenüber wenig effizienten, schwach arbeitenden Angestellten sind sie in der Lage radikale Schritte einzuleiten.

Unternehmen

Inspektoren finden sich für gewöhnlich gut in Institutionen mit langjähriger Tradition wieder, die eine gefestigte Position auf dem Markt haben und über festgelegte Regeln verfügen. Sie schätzen Firmen, die ihren Mitarbeitern Sicherheit und finanzielle Stabilität bieten und ihre Hingabe, ihr Engagement und ihre Erfahrung schätzen. *Inspektoren* arbeiten oft in staatlichen Institutionen, Großunternehmen und im uniformierten Dienst.

Berufe

Das Wissen über das eigene Persönlichkeitsprofil sowie die natürlichen Präferenzen stellen eine unschätzbare Hilfe bei der Wahl des optimalen Berufsweges dar. Die Erfahrung zeigt, dass *Inspektoren* mit Erfolg in verschiedenen Bereichen arbeiten und aufgehen können. Doch dieser Persönlichkeitstyp prädisponiert sie auf natürliche Art und Weise zu folgenden Berufen:

- Administrator,
- Archivar,
- Arzt,
- Auditor,
- Ausführender Direktor,
- Beamter,
- Bibliothekar,
- Buchhalter,
- Buchprüfer,
- Detektiv,
- Finanzdirektor,
- Flieger,
- Informatiker,
- Ingenieur,
- Inspektor,
- IT-Analytiker,

- Jurist,
- Kontrolleur,
- Landwirt,
- Lehrer der Naturwissenschaften,
- Logistiker,
- Manager,
- Mechaniker,
- Pharmazeut,
- Polizeibeamter,
- Programmierer,
- Richter,
- Soldat,
- Techniker,
- Unternehmer,
- Verwalter.

Potenzielle starke und schwache Seiten

Ähnlich wie auch andere Persönlichkeitstypen haben *Inspektoren* potenzielle starke und schwache Seiten. Dieses Potenzial kann auf verschiedenste Weise ausgeschöpft werden. Glück im Privatleben sowie Erfolg im Beruf hängen bei *Inspektoren* davon ab, ob sie die Chancen, die mit ihrem Persönlichkeitstyp verknüpft sind, nutzen und ob sie den Gefahren auf ihrem Weg die Stirn bieten können. Im Folgenden eine ZUSAMMENFASSUNG dieser Chancen und Gefahren:

Potenzielle starke Seiten

Inspektoren haben eine Vorliebe für Ordnung und schätzen Tradition und Regeln. Sie halten für gewöhnlich ihr Wort, sind loyal und zuverlässig. Jegliche Verpflichtungen behandeln *Inspektoren* überaus ernst. Sie kümmern sich um ihre Familie und sind dazu fähig, sich für sie aufzuopfern. Andere respektieren sie aufgrund ihrer Zuverlässigkeit und Pünktlichkeit. *Inspektoren* erkennen sehr schnell jegliche Fehler oder Mängel. Sie sind sehr arbeitsam und lassen sich bei ihren Aufgaben nicht von Widrigkeiten aufhalten, weswegen sie ihre Arbeit auch zu Ende führen. Dank dieser Haltung sind sie für gewöhnlich in der Lage, ihre Ziele zu erreichen. Ferner vermögen sie es, bei ihrer Arbeit zahlreiche Prozeduren einzuhalten, eine Menge an Daten zu verarbeiten und mit Routine-Aufgaben umzugehen.

Inspektoren teilen ihr Wissen und ihre Erfahrungen gerne anderen Menschen mit und helfen ihnen dabei, konkrete Probleme zu lösen. Sie sind in der Lage, auf verständliche und sachliche Art und Weise ihre Gedanken in Worte zu fassen und andere von ihrer Meinung zu überzeugen. Auch in Konfliktsituationen kommen sie gut zurecht – *Inspektoren* sind offen für konstruktive Kritik, die sie nicht als schmerzhaft oder gar eine Attacke gegen ihre Person empfinden. Andererseits lassen sie sich aber auch nicht einfach von ihrer Meinung und ihren Ansichten abbringen. Wenn es nötig ist, vermögen sie es, andere Menschen zu disziplinieren und sie direkt auf ihr Verhalten anzusprechen. Auch das Verwalten von Geld stellt für *Inspektoren* kein Problem dar.

Potenzielle schwache Seiten

Inspektoren haben Probleme damit, die Gefühle anderer Menschen zu deuten und ihre emotionalen Bedürfnisse zu erkennen. Sie sind von Natur aus sparsam mit Lob und es fällt ihnen schwer, Liebe oder ihre Gefühle zu artikulieren. Ihr Wille, alles zu ordnen und zu inspizieren, kann für ihre Kollegen und ihre Familie mühsam sein.

Inspektoren gehen davon aus, dass sie immer Recht haben, weswegen sie oftmals alternative Lösungen oder eine andere Sichtweise ablehnen. Es fällt ihnen schwer, Probleme aus einer breiteren Perspektive zu betrachten und Ansichten, die sich von ihren unterscheiden, zu verstehen. Oftmals lehnen *Inspektoren* die Meinung anderer ab, ohne sie überhaupt gehört zu haben. Im Angesicht von Problemen tendieren sie dazu, anderen die Schuld zuzuschieben.

Inspektoren vertragen Veränderungen und neue Situationen eher schlecht. Ihre natürliche Vorliebe für eine starre Befolgung von Vorgaben, Instruktionen und Prozeduren kann für sie in vielerlei Situationen eine Einschränkung darstellen. Die Tendenz, sich auf bisherige Erfahrungen und erprobte Lösungen zu stützen, kann für sie ein Hindernis darstellen, wenn sie sich mit neuen Aufgaben konfrontiert sehen, die nach unkonventionellen Methoden verlangen.

Persönliche Entwicklung

Die persönliche Entwicklung von *Inspektoren* hängt davon ab, in welchem Grad sie ihr natürliches Potenzial nutzen und ob sie die Gefahren, die in Verbindung mit ihrem Typ stehen, zu bewältigen vermögen. Die folgenden praktischen Tipps stellen eine Art Dekalog des *Inspektors* dar.

Lassen Sie andere nicht auf Mutmaßungen angewiesen sein

Sagen Sie anderen Menschen, wie Sie sich fühlen und was Sie erleben. Äußern Sie Ihre Emotionen. Sie werden so Ihren Kollegen und Ihrer Familie helfen. Egal was Sie sagen sollten, es wird weitaus besser als Schweigen sein.

Betrachten Sie Probleme aus einer breiteren Perspektive

Versuchen Sie einen breiteren Kontext zu erkennen und Probleme unter verschiedenen Gesichtspunkten zu analysieren, auch aus der Perspektive anderer Menschen. Lassen Sie sich beraten, erwägen Sie andere Meinungen und verschiedene Aspekte eines Problems.

Lernen Sie kreative Ideen zu schätzen

Einzig und allein Daten und „harte Fakten" als Grundlage zu wählen, bringt eine Reihe an Begrenzungen mit sich. Viele Probleme können nur mithilfe von kreativen Problemen, innovativen Methoden oder gar Intuition gelöst werden.

Lassen Sie einigen Sachen ihren natürlichen Lauf

Sie werden es nicht schaffen, alles zu kontrollieren und über allem Herr zu werden. Lassen Sie weniger wichtige Angelegenheiten ihren natürlichen Lauf nehmen. Verschieben Sie weniger dringende Entscheidungen und hören Sie auf, Menschen zu reformieren. Dank dessen werden Sie viel Energie sparen und Frust vermeiden.

Kritisieren Sie weniger und loben Sie mehr

Gehen Sie sparsamer mit Kritik um und loben Sie andere Menschen dafür häufiger. Seien Sie anderen gegenüber herzlich und nutzen Sie jede Möglichkeit, um ihnen etwas Nettes zu sagen. Sie werden den Unterschied merken und werden überrascht sein!

Öffnen Sie sich für andere Menschen

Wenn Sie sich für andere Menschen öffnen, bedeutet das nicht, dass Sie Ihre eigenen Ansichten und Ihre Meinung aufgeben. Gehen Sie nicht davon aus, dass andere Menschen nichts Interessantes zu bieten haben. Bevor Sie die Meinung anderer Menschen ablehnen, sollten Sie ihnen erst zuhören und versuchen, sie zu verstehen.

Behandeln Sie andere Menschen „menschlich"

Menschen möchten nicht einzig als Teile des Systems oder Rädchen im Getriebe angesehen werden. Sie möchten, dass ihre Emotionen, Gefühle und Leidenschaften erkannt werden. Versuchen Sie, sich in ihre Lage zu versetzen und zu verstehen, was sie durchleben, was ihre Leidenschaft ist, was sie beunruhigt, wovor sie Angst haben…

Sehen Sie ein, dass die Welt nicht schwarz-weiß ist

Dinge können weitaus komplexer sein, als es Ihnen vorkommt. Probleme können zwar von anderen hervorgerufen worden sein, aber genauso gut von Ihnen (wenn auch teilweise). Sie müssen nicht immer Recht haben. Denken Sie daran, bevor Sie anfangen, andere Menschen zu beschuldigen oder ihnen Fehler vorzuhalten.

Wehren Sie sich nicht gegen Veränderungen

Lehnen Sie nicht von Anfang an Ideen ab, die zu Veränderungen führen oder die bestehende Ordnung anzweifeln könnten. Wenn Sie so handeln, verlieren Sie Ihre Chance, sich weiterzuentwickeln und somit auch, wertvolle Erfahrungen zu sammeln. Veränderungen bringen immer ein gewisses Risiko mit sich, aber es ist für gewöhnlich kleiner als Sie denken.

„Verhören" Sie keine anderen Menschen

Wenn Sie mit anderen Menschen sprechen, überhäufen Sie sie nicht mit Fragen. Einige könnten denken, dass Sie sie „verhören".

Bekannte Personen

Eine Liste bekannter Personen, die dem Profil des *Inspektors* entsprechen:

- **George Washington** (1732-1799) – 1. Präsident der Vereinigten Staaten, gilt als Vater der amerikanischen Nation;

- **John D. Rockefeller** (1839-1937) – US-amerikanischer Unternehmer und Philanthrop, gilt als reichster Mensch in der Geschichte;
- **George H. W. Bush** (1924-2018) – 41. Präsident der Vereinigten Staaten, Vater des 43. Präsidenten – George W. Bush;
- **Elisabeth II.**, eigtl. Elizabeth Alexandra Mary (1926-2022) – Königin des Vereinigten Königreichs aus der Windsor-Dynastie;
- **Warren Edward Buffett** (geb. 1930) – US-amerikanischer Börseninvestor, einer der reichsten Menschen der Welt;
- **Malcolm McDowell** (geb. 1943) – britischer Film- und Fernsehschauspieler (u. a. *Clockwork Orange*);
- **Sting**, eigtl. Gordon Matthew Thomas Sumner (geb. 1951) – britischer Musiker, Komponist und Sänger, Bassist der Gruppe The Police;
- **Condoleezza Rice** (geb. 1954) – US-amerikanische Politikerin, Doktor der Politikwissenschaften, Staatssekretärin in der Regierung George W. Bush;
- **Gary Alan Sinise** (geb. 1955) – US-amerikanischer Schauspieler, Regisseur und Filmproduzent (u. a. *CSI:NY* – Schauspieler und Produzent);
- **Jackie Joyner-Kersee** (geb. 1962) – US-amerikanische Leichtathletin, dreifache Olympiasiegerin und vierfache Weltmeisterin, eine der besten Sportlerinnen in der Geschichte der Frauen-Leichtathletik;
- **Evander Holyfield** (geb. 1962) – US-amerikanischer Boxer, gilt als einer der besten Boxer im Schwergewicht;
- **Rania Al-Abdullah** (geb. 1970) – Ehefrau des Königs von Jordanien Abdullah II., soziale Aktivistin und eine der 100 einflussreichsten Frauen der Welt („Forbes").

Der Künstler (ISFP)

PERSÖNLICHKEITSTYPOLOGIE ID16™©

Profil

Lebensmotto: *Lasst uns etwas erschaffen!*

Sensibel, kreativ und originell. Sie haben ein Gefühl für Ästhetik und angeborene künstlerische Fähigkeiten. Unabhängig – *Künstler* agieren nach ihrem eigenen Wertesystem und ordnen sich keinerlei Druck von außen unter. Sie sind optimistisch und verfügen über eine positive Lebenseinstellung, weswegen sie jeden Augenblick genießen können.

Sie sind glücklich, wenn sie anderen helfen können. Abstrakte Theorien langweilen sie, denn *Künstler* ziehen es vor, die Realität zu erschaffen und nicht über sie zu sprechen. Es fällt ihnen jedoch weitaus leichter, neue Pläne zu realisieren, als bereits begonnene abzuschließen. Sie haben Schwierigkeiten, ihre eigenen Bedürfnisse und Wünsche zu äußern.

Natürliche Veranlagungen des *Künstlers*

- Die Quelle seiner Lebensenergie: seine innere Welt.
- Informationsaufnahme: Sinne.
- Art und Weise wie Entscheidungen getroffen werden: Herz.
- Lebensstil: spontan.

Ähnliche Persönlichkeitstypen

- *Betreuer*
- *Moderator*
- *Anwalt*

Statistische Angaben

- *Künstler* stellen ca. 6-9 % der Gesellschaft dar.
- Unter *Künstlern* überwiegen Frauen (60 %).
- Das Land, welches dem Profil des *Künstlers* entspricht, ist China.[10]

Buchstaben-Code

Der universelle Code des *Künstlers* ist in den Jungschen Persönlichkeitstypologien ISFP.

Allgemeines Charakterbild

Künstler kennzeichnet eine gelassene Haltung sowie ein feines Gefühl für Humor. Sie richten sich nach ihrem eigenen Wertesystem und sind unempfänglich für Druck von außen. Der Meinung anderer Menschen messen *Künstler* jedoch

---

[10] Dies bedeutet nicht, dass alle Einwohner von China zu dieser Gruppe gehören, wenngleich die chinesische Gesellschaft – als Ganzes – viele charakteristische Eigenschaften des *Künstlers* verkörpert.

eine sehr große Bedeutung zu, denn sie beurteilen sich selbst auf ihrer Grundlage. Dabei sind *Künstler* sehr sensibel, weswegen es einfach ist, sie zu verletzen.

Innerer Kompass

Künstler leben von einem Tag auf den anderen und für den Augenblick. Sie machen sich nur selten Sorgen über die Vergangenheit oder die Zukunft. Sie lieben das Gefühl von Freiheit. Die Welt ist für sie ein Ort der unbegrenzten Möglichkeiten, sie selbst hingegen fasziniert vor allem deren Schönheit. *Künstlern* missfallen abstrakte Theorien und Konzepte, die nur schwer in der Praxis umsetzbar sind. Sie bevorzugen es, ihr Leben zu leben, anstatt es nur zu beschreiben und darüber zu spekulieren. Sie versuchen im Einklang mit ihren Werten zu leben. Wenn sie einmal nicht gemäß ihrer Anschauung handeln müssen, verspüren sie Unbehagen. *Künstler* sind an der spirituellen Welt interessiert. Wenn sie nicht gläubig sind, dann verspüren sie innere Leere und dass ihnen irgendetwas im Leben fehlt.

Sehr wichtig sind für *Künstler* auch die Beziehungen zu Verwandten und Freunden. Ohne sie können sie nicht glücklich sein und voll ihr Leben genießen. *Künstler* mögen es, ihr Leben nach ihrem Rhythmus zu leben. Sie vertragen nur schlecht Uniformität und Zeitdruck. Ferner ergeben sie sich keinem Druck, der sich gegen ihr Wertesystem richtet. Ab und an haben *Künstler* Probleme damit, sich an die geltenden Normen anzupassen. Sie mögen es auch nicht, sich an Voraussetzungen anzupassen, die sie nicht verstehen. Oftmals haben sie auch Angst, in Schubladen gesteckt oder eingeschränkt zu werden. Aus diesem Grunde haben *Künstler* manchmal auch Angst vor Verpflichtungen – sie sorgen sich darum, dass sie die Möglichkeit verlieren, sie selbst zu sein und eigenständige Entscheidungen zu treffen.

Haltung gegenüber anderen Menschen

Künstler glauben daran, dass jeder Mensch das Recht hat, er selbst zu sein und auch so akzeptiert werden sollte. Sie sind darüber hinaus der Meinung, dass jeder Mensch positives Potenzial in sich birgt. Sie vermögen es, Gutes in Menschen zu entdecken, die von der Mehrheit der Gesellschaft verstoßen oder aufgegeben wurden. *Künstler* verfügen über außergewöhnliche Empathie, dank der sie andere Menschen unterstützen, sie bei Laune halten und ihnen Selbstwertgefühl vermitteln. Die Bedürfnisse anderer Menschen stehen für *Künstler* oftmals an erster Stelle. Die Akzeptanz gegenüber anderen äußern sie fast vorbehaltlos (die Ausnahme sind Haltungen, die sich gegen ihr Wertesystem richten). *Künstler* sind der Meinung, dass die Welt weitaus besser wäre, wenn alle Menschen sich gegenseitig mehr Liebe zeigen würden.

Künstler verstehen Menschen nicht, die eine Vorliebe für persönliche Angriffe und Kritik an anderen Menschen haben. Sie verstehen auch jene nicht, die sich vor anderen aufspielen und versuchen, jemand anderes zu sein. Die Motive solcher Verhaltensweisen sind für *Künstler* ein absolutes Rätsel. Sie selbst nämlich schätzen Authentizität, bemühen sich um ein gutes Wohlbefinden anderer und versuchen nicht, Eindruck auf andere zu machen. *Künstler* interessieren sich auch nicht für Macht und Einflüsse. Sie drängen sich nicht auf, üben keinen Druck auf andere Menschen aus und versuchen sie nicht von ihrer Meinung zu überzeugen. Über ihre eigenen Überlegungen tauschen sie sich am liebsten mit ihrer Familie und ihren engsten Freunden aus.

In den Augen anderer Menschen

Andere betrachten *Künstler* als höfliche, sympathische, ruhige und bescheidene Personen, denen man sich aber nur schwer nähern kann. Sie können aber auch auf andere exzentrisch und geheimnisvoll wirken (*Künstler* selbst wissen nicht, dass sie so wahrgenommen werden). Sie machen ihr Umfeld neugierig, denn man kann sie nur schwer eindeutig beschreiben oder gar in eine Schublade stecken. Für gewöhnlich sind *Künstler* beherrscht und zurückhaltend. Jedoch passiert es ab und an, dass sie aufleben, sich gerne mit Menschen unterhalten und sie mit Komplimenten überhäufen. Manchmal erachten andere Menschen sie wiederum als leichtsinnige, passive und unentschlossene Personen, die Pflichten aus dem Weg gehen.

Tatsächlich haben *Künstler* eine ernsthafte Herangehensweise an ihr Leben. Entgegen einiger Meinungen sind sie nicht asozial. Sie mögen es einfach, Dinge „auf ihre Art" zu erledigen (zu ihrer Zeit und mit ihrem Tempo). Ferner bevorzugen sie es, individuell zu handeln, statt an verschiedenen Aktionen und Unterfangen in Gruppen teilzunehmen. Andere Menschen tun sich gelegentlich schwer, das Bedürfnis von *Künstlern* anderen zu helfen zu verstehen. Sie glauben nicht an ihre Selbstlosigkeit und suchen in den Handlungen von *Künstlern* nach versteckten Motiven.

Ästhetik

Künstler sind für gewöhnlich Naturfreunde. Sie mögen es, ihre Zeit in der Natur zu verbringen und lieben unberührte Landschaften fern ab von der Zivilisation. Sie verfügen über ein ästhetisches Gespür, Verständnis von wahrer Schönheit sowie eine künstlerische Seele. *Künstler* lieben Harmonie und natürliche Schlichtheit. Sie haben einen hervorragenden Sinn für Räume, Farben, Schattierungen und Geräusche. Menschen mit diesem Persönlichkeitstyp sind nicht nur Kenner von Schönheit, aber auch deren Erzeuger. Sie spielen mit Materie und erschaffen aus ihr schöne Kompositionen, Gemälde und Gegenstände. Kunst ist ihre Leidenschaft, weswegen sie auch oftmals Künstler sind (daher auch die Bezeichnung für diesen Persönlichkeitstyp). Für gewöhnlich erkennen sie schnell neue Trends in der Modewelt, im Design, der Kunst. Oftmals sind es gerade sie, die diese Trends initiieren.

Arbeitsstil

Künstler handeln auf Grundlage von schöpferischen Impulsen. Sie verschwenden nicht allzu viel Zeit für Vorbereitung oder Überlegungen. Wenn Sie eine Idee haben, realisieren sie diese sofort. Sie interessieren sich für viele Sachen und mögen es, eigenständig Neues auszuprobieren. Wenn sie sich mit etwas befassen, sind sie so sehr mit ihrer Arbeit beschäftigt, dass sie die ganze Welt um sich herum vergessen und das Gefühl für die Zeit verlieren. Wenn sie aber währenddessen etwas Neues entdecken, sind sie imstande, ihre aktuelle Aufgabe liegen zu lassen und sich vollends mit der neuen zu beschäftigen.

Künstler sind sehr flexibel und vermögen es, sich an wandelnde Gegebenheiten anzupassen. Ihr Arbeitsstil stellt für ihre Umwelt oftmals ein Rätsel dar, da er den Anschein erweckt, *Künstler* würden die Zeit für ihre Verpflichtungen nicht sinnvoll genug nutzen (sie lassen sich schnell ablenken und beschäftigen sich mit anderweitigen Dingen). Trotz alledem gelingt es ihnen immer wieder, ihre Aufgaben fristgerecht zu beenden.

Lernen

Von Natur aus sind *Künstler* praktisch veranlagt. Theorien oder Ideen, die von ihnen nicht im realen Leben angewandt werden können, haben für sie keinerlei Wert. Statt über die Realität zu theoretisieren, bevorzugen sie, die Realität zu schaffen. Oft erinnern sie sich nicht gerne an ihre Schulzeit zurück. Sie mögen es zwar, neue Sachen zu lernen, sind aber von trockenen, theoretischen und monotonen Vorlesungen gelangweilt. Am liebsten und besten lernen sie durch Erfahrung. Alleine der Prozess der Erschaffung bereitet ihnen große Freude. Oftmals ist er sogar wichtiger als das Endresultat.

Entscheidungen

Wenn sie ein Problem lösen, dann sind *Künstler* imstande, schnell die Situation einzuschätzen, alle zur Verfügung stehenden Mittel zu berücksichtigen und blitzschnell eine angemessene Entscheidung zu treffen. Wenn sie vor einer Wahl stehen, lassen sie sich von ihrem Wertesystem sowie ihrer Vernunft leiten. Für gewöhnlich sind *Künstler* jedoch nicht imstande, Entscheidungen auf eine analytische oder rationale Art und Weise zu treffen. In der Regel betrachten sie Ereignisse im Kontext konkreter betroffener Personen sowie derer Erlebnisse und Gefühle. *Künstler* überlegen auch, wie sie selbst sich fühlen werden, wenn sie die jeweilige Entscheidung treffen.

Kommunikation

Künstler sind in der Regel nicht gesprächig, vor allem inmitten mehrerer Menschen. Es kommt vor, dass sie Angst haben, ihre Gedanken zu äußern (aus Angst vor Unverständnis oder Kritik). Im Endeffekt kennt ihr Umfeld oftmals ihre Ansichten, Meinungen und Vorlieben nicht. Für gewöhnlich gehen *Künstler* davon aus, dass Taten wichtiger sind als Worte, weswegen sie ihre Gefühle und Emotionen gerne durch konkrete Taten ausdrücken.

Künstler sind auch kaum kritikfähig. Manchmal sehen sie sie dort, wo es keine gibt. Es kommt auch vor, dass sie Meinungen, die nicht im Einklang mit ihren Ansichten sind, als Angriff auf ihr Wertesystem ansehen. Diese Haltung bewirkt manchmal, dass sie sich für Informationen verschließen, die im Widerspruch zu ihrer Meinung stehen, was wiederum zur Einengung ihrer Perspektive führt.

In Stresssituationen

Das Wohlbefinden von *Künstlern* hängt in großem Maße von ihrem Umfeld ab. Sie fühlen sich glücklich, wenn sie von Schönheit und Harmonie sowie Liebe, Akzeptanz und menschlicher Herzlichkeit umgeben sind. Kritik, Unstimmigkeiten und Konflikte hingegen rufen bei ihnen das Gefühl der Bedrohung aus. Bei langfristigem Stress ziehen sie sich zurück, geben alles auf oder fliehen einfach. Beruhigend auf sie wirken hingegen Natur und Tiere sowie Kunst. Für gewöhnlich mögen *Künstler* an der frischen Luft zu entspannen und freuen sich auch über kleine Sachen.

Sozialer Aspekt der Persönlichkeit

Künstler brauchen Raum und Privatsphäre, weswegen sie ab und an von anderen als zurückgezogene und geheimnisvolle Menschen aufgefasst werden. Die Beziehungen zu anderen sind für sie jedoch von fundamentaler Bedeutung. Es fällt ihnen schwer, das Leben zu genießen, wenn sie nicht auf die Unterstützung und Akzeptanz ihres nächsten Umfelds zählen können. Sie selbst sind überaus loyal und gehen mit ihren Pflichten sehr ernsthaft um. Ihre Freundschaften und Beziehungen sind sehr stabil und stetig.

Für gewöhnlich bemühen sie sich um das Wohlbefinden anderer Menschen und versuchen um jeden Preis Konflikten aus dem Weg zu gehen. *Künstler* achten darauf, niemandem wehzutun, niemanden zu betrüben oder zu entmutigen. Sie helfen gerne anderen bei ihren Problemen, vertrauen gleichzeitig aber keinen Menschen, die versuchen, sie zu dominieren oder auszunutzen.

In der Regel sind sie sehr zurückhaltend gegenüber Menschen, die sie nicht kennen. Neue Bekanntschaften schließen *Künstler* langsam. Sie sprechen relativ selten offen über ihre Bedürfnisse und teilen auch ungern anderen ihre Probleme mit. Diese Haltung wird von ihrem Umfeld als Anzeichen von Distanz und Zurückhaltung verstanden. Es kommt vor, dass *Künstler* in einer größeren Gruppe von anderen dominiert, marginalisiert oder gar ignoriert werden. Solch eine Situation führt zu Verbitterung und immer größerer Isolation.

Unter Freunden

Künstler gehören für gewöhnlich nicht zu den Menschen, die viel und gerne sprechen. Wenn sie aber mit jemandem eine Unterhaltung führen, dann schenken sie dieser ihre volle Beachtung. Sie hören genau zu und stellen Fragen. *Künstler* lesen auch nonverbale Signale und interessieren sich ehrlich für das Leben, die Erlebnisse und persönlichen Geschichten ihrer Freunde. Vielmehr erinnern sie sich sogar an sie! Sie wissen, wer sich für was interessiert, was er mag, welche Hobbys er hat und welche Sorgen. Von Natur aus sind *Künstler* Altruisten – sie helfen gerne selbstlos. Dabei machen sie dies häufiger durch konkrete Handlungen statt durch Worte.

Künstler mögen es, Zeit mit Menschen zu verbringen, mit denen sie ähnliche Interessen teilen, die sie so akzeptieren, wie sie sind und nicht versuchen, sie zu verändern oder Druck auf sie auszuüben. Sie selbst sind überaus tolerant und feinfühlig in Bezug auf die Bedürfnisse und Gefühle anderer Menschen. *Künstler* sind treue und ergebene Freunde – sie engagieren sich für ihre Beziehungen mit dem ganzen Herzen und scheuen keine Zeit und keine Mühe für ihre Freunde. Sie helfen ihnen gerne, indem sie ihnen Verständnis sowie praktische Unterstützung entgegenbringen.

Normalerweise sind *Künstler* ihr ganzes Leben lang von derselben Gruppe guter Freunde umgeben. Unter ihnen befinden sich am häufigsten *Betreuer*, *Moderatoren*, *Idealisten* sowie andere *Künstler*. Am seltensten hingegen sind es *Direktoren*, *Strategen* und *Reformer*.

In der Ehe

Von ihren Ehepartnern verlangen *Künstler* Vertrauen und Verständnis. Sie selbst versuchen ebenfalls ihre Bedürfnisse zu erfüllen und sie zu verstehen. *Künstler* wünschen sich tiefgründige Beziehungen und Treue, zeitgleich aber auch Toleranz und Freiheit. Die Grundlage ihrer Beziehungen ist die Beachtung der Freiheit beider Partner.

In den Worten und Gesten ihrer Partner suchen *Künstler* eine Bestätigung ihres eigenen Wertes. Sie sprechen recht selten über ihre Emotionen und Gefühle (ihre Familienangehörigen haben nicht selten keine Ahnung, wie emotional und gefühlvoll ihre *Künstler* sind). *Künstler* streben stets Harmonie in der Beziehung an und offenbaren dies ihren Partnern in Form von Liebe und Zuneigung. Sie selbst brauchen auch Herzlichkeit, Gesten der Hingabe und Nähe. Wenn ihre Partner diese Bedürfnisse nicht erkennen, fühlen sich *Künstler* oft ausgenutzt, unbrauchbar und unattraktiv. Sie verkraften schlecht Gleichgültigkeit, offene Kritik hingegen ist für sie noch schlimmer. Sie bewirkt, dass *Künstler* sich zurückziehen, verbittert sind und ihr Selbstwertgefühl verlieren.

Natürliche Kandidaten als Lebenspartner sind für *Künstler* Personen mit verwandten Persönlichkeitstypen: *Betreuer*, *Moderatoren* oder *Anwälte*. In solchen Beziehungen ist es für sie einfacher, gegenseitiges Verständnis und harmonische Beziehungen aufzubauen. Die Erfahrung zeigt aber, dass *Künstler* imstande sind, gelungene und glückliche Beziehungen auch mit Personen einzugehen, deren Typ offensichtlich völlig verschieden ist. Umso interessanter sind diese Beziehungen, da die Unterschiede zwischen den Partnern der Beziehung Dynamik verleihen und Einfluss auf die persönliche Entwicklung nehmen können.

Als Eltern

Künstler lieben Kinder, weswegen ihnen die Rolle als Eltern sehr viel Freude bereitet. Sie finden immer Zeit für ihre Kinder und vermögen es, den Augenblick, jedes gemeinsame Spiel oder jeden Familienausflug zu genießen. Sie verspüren eine besondere Bindung zu ihren Kindern, welche sie seit den jüngsten Jahren aufbauen und über das ganze Leben hinweg pflegen. *Künstler* schätzen die Individualität ihrer Kinder und versuchen nicht, sie an ihre Vorstellungen anzupassen. Sie zeigen ihnen den Weg zwar auf, drängen ihnen aber keine fixen Rahmen auf. Vielmehr versuchen *Künstler* ihre Kinder dazu zu animieren, sie selbst zu sein, ihre Leidenschaften zu leben und ihre starken Seiten auszunutzen. Für gewöhnlich sind sie nicht sehr anspruchsvoll, weswegen es auch schwer für sie ist, Disziplin in ihre Erziehung einzubringen.

Ihre Flexibilität, Offenheit und Toleranz können unerwünschte Nebeneffekte verursachen – ihre Kinder können mit der Zeit Probleme haben, gute Verhaltensweisen von schlechten, erwünschte von tadelnswerten zu unterscheiden. Als Eltern sind *Künstler* bereit, alles zu opfern. Es kommt vor, dass sie ihre Kinder verwöhnen, indem sie all ihre Wünsche erfüllen und sie mit Geschenken überhäufen. Nach vielen Jahren schätzen Kinder ihre *Künstler*-Elternteile vor allem für deren Akzeptanz, Herzlichkeit und Respekt gegenüber den von ihnen getroffenen Entscheidungen.

Arbeit und Karriere

Künstler sind imstande, erfolgreich verschiedene Aufgaben zu übernehmen. Die größte Freude hingegen bereitet ihnen eine Anstellung, bei der sie auf praktische Art und Weise ihre eigenen Werte realisieren können. Leidenschaft ist für sie der Schlüssel zum Erfolg. Sie können viel erreichen, indem sie all das machen, was in ihnen Enthusiasmus hervorruft. Schlechter ergeht es ihnen bei Aufgaben, die ihnen langweilig und wertlos erscheinen. Das kann auch das beste Motivationsprogramm bei *Künstlern* nicht ändern.

Umfeld

Für gewöhnlich kommen *Künstler* nicht gut mit Posten klar, die nach Routine und Wiederholbarkeit der Aufgaben verlangen. Sie quälen sich in einem bürokratisierten, formalisierten Umfeld, in dem es gilt, zahlreiche starre Prozeduren einzuhalten, gemäß eines Plans zu handeln, sich an Termine zu halten und bis aufs kleinste Detail die Anforderungen zu erfüllen. All dies ist nicht ihre Welt.

Sie versuchen oftmals ihre Karriere dermaßen zu gestalten, dass sie sich im Leben mit Angelegenheiten beschäftigen, die sie mögen und die für sie wichtig sind. Arbeit dient für sie nämlich nicht nur als Mittel zum Lebensunterhalt und Erfolg drückt sich nicht nur in einer hohen Position und der Bewunderung durch andere aus. *Künstler* finden sich gut in Institutionen zurecht, deren Ziel es ist, Menschen zu helfen und deren Probleme zu lösen. Sie mögen auch Aufgaben, bei denen sie Kontakt mit der Natur oder mit Tieren haben.

Arbeitsstil

Künstler mögen es nicht, andere anzuführen, denn sie haben Schwierigkeiten damit, sie zu disziplinieren, sie zu belehren, Aufträge zu erteilen oder Verpflichtungen einzufordern. Sie bevorzugen es, im Hintergrund zu agieren, wenngleich dies manchmal nicht möglich ist (bspw. als Künstler, die immer im Zentrum stehen). Wenn sie mal die Hauptrolle spielen müssen, dann versuchen sie, so kurz wie möglich im Rampenlicht zu stehen.

Nachdem sie ihre Aufgaben erledigt haben, ziehen sie sich gerne in den Schatten zurück. Ruhe, Stille und Einsamkeit erlauben es ihnen, wieder Energie zu sammeln. *Künstler* brauchen auch eine Bestätigung, dass sie ihre Arbeit gut gemacht haben. Sie messen der Meinung anderer Menschen große Bedeutung zu. Für gewöhnlich sind sie sehr selbstkritisch, auch in Bezug auf ihre Errungenschaften. Oftmals – trotz positiver Stimmen aus dem Umfeld – sind sie mit den Ergebnissen ihrer Arbeit unzufrieden.

Andere schätzen sie für ihre Ideen bzgl. praktischer Problemlösungen sowie für ihre Flexibilität und ihre Fähigkeit, bei plötzlichen Ereignissen und in unerwarteten Situationen zu improvisieren. In solchen Fällen reagieren *Künstler* auch blitzschnell, weswegen sie sich hervorragend für den Rettungsdienst oder Krisenzentren eignen.

Vorgesetzte

Künstler schätzen Vorgesetzte, die Mitarbeitern ihre Freiheit lassen, ihnen erlauben, sie selbst zu sein und so, wie sie es möchten, ihre Aufgaben zu erfüllen. Ihrer Meinung nach sollte ein Chef seine Mitarbeiter unterstützen, vor allem in schwierigen und kritischen Lebenssituationen. *Künstler* mögen es, wenn berufliche Kontakte auf Vertrauen basieren. Sie schätzen sehr eine freundschaftliche, gesunde Atmosphäre am Arbeitsplatz und glauben, dass man mit Lob, Anregung und einem guten Wort mehr erreichen kann, als mit Kritik, Disziplin und strikter Kontrolle. *Künstlern* gefällt es auch, wenn ihre Vorgesetzten ihnen das Gefühl geben, dass sie zufrieden mit ihrer Arbeit sind.

Dahingegen mögen *Künstler* keine Unifizierung und Schubladendenken. Sie fühlen sich auch schlecht, wenn jemand ihnen sagt, was sie machen und „wie sie vorgehen" sollten. Sie selbst üben keinen Druck auf andere Menschen aus und belehren sie nicht, denn *Künstler* vertreten den Standpunkt, dass jeder die Möglichkeit haben sollte, Lebensentscheidungen selbst zu treffen. Diese Haltung bewirkt, dass sie unfähig sind eine Arbeit aufzunehmen, die nach Überredungskunst oder Aufbau von Druck gegenüber anderen Menschen verlangt (bspw. Kundengewinnung).

Berufe

Das Wissen über das eigene Persönlichkeitsprofil sowie die natürlichen Präferenzen stellen eine unschätzbare Hilfe bei der Wahl des optimalen Berufsweges dar. Die Erfahrung zeigt, dass *Künstler* mit Erfolg in verschiedenen Bereichen arbeiten und aufgehen können. Doch dieser Persönlichkeitstyp prädisponiert sie auf natürliche Art und Weise zu folgenden Berufen:

- Arzt,
- Botaniker,
- Florist,
- Fotograf,

- Förster,
- Friseur,
- Gärtner,
- Grafiker,
- Handwerker,
- Heimtierpfleger,
- Innendekorateur,
- Kellner,
- Kindergartenbetreuer,
- Koch,
- Künstler,
- Maler,
- Mechaniker,
- Mitarbeiter im Krisenzentrum,
- Mitarbeiter im Reisebüro,
- Mitarbeiter im Rettungsdienst,
- Mitarbeiter im Sozialdienst,
- Modedesigner,
- Musiker,
- Naturforscher,
- Pädagoge für Früherziehung,
- Psychologe,
- Stylist,
- Therapeut,
- Tierarzt,
- Trainer.

Potenzielle starke und schwache Seiten

Ähnlich wie auch andere Persönlichkeitstypen haben *Künstler* potenzielle starke und schwache Seiten. Dieses Potenzial kann auf verschiedenste Weise ausgeschöpft werden. Glück im Privatleben sowie Erfolg im Beruf hängen bei *Künstlern* davon ab, ob sie die Chancen, die mit ihrem Persönlichkeitstyp verknüpft sind, nutzen und ob sie den Gefahren auf ihrem Weg die Stirn bieten können. Im Folgenden eine ZUSAMMENFASSUNG dieser Chancen und Gefahren:

Potenzielle starke Seiten

Künstler sind von Natur aus optimistisch, mit positiver Lebenseinstellung und überaus herzlich. Sie zeichnet Offenheit und Toleranz aus. Sie verfügen über ein ästhetisches Gespür, Verständnis von wahrer Schönheit sowie eine künstlerische Seele. Darüber hinaus haben sie einen hervorragenden Sinn für Räume, Farben, Schattierungen und Klänge. *Künstler* vermögen es, alle verfügbaren Mittel und Werkzeuge zu nutzen, um schöne Kompositionen, Gemälde sowie Gegenstände zu erschaffen. Sie erkennen schneller als andere neue Trends in der Mode, im Design sowie in der Kunst. Wenn sie an Aufgaben arbeiten, an die sie glauben, scheuen *Künstler* keine Energie und Mühe. Sie lernen schnell durch Erfahrung. Es sind echte Altruisten — sie interessieren sich ehrlich für die Erlebnisse und Probleme anderer Menschen und möchten ihnen helfen. *Künstler* vermögen es, anderen Herzlichkeit und Fürsorge zu zeigen. Sie respektieren den Individualismus anderer und sind hervorragende Zuhörer. In jedem Menschen sehen *Künstler* positives Potenzial und Gutes.

Künstler verspüren enorm viel Empathie, dank der sie Menschen unterstützen, sie bei guter Laune halten und ihnen Selbstwertgefühl vermitteln. Sie sind unabhängig und richten sich nach ihrem Wertesystem. Ferner sind *Künstler* widerstandsfähig gegen Druck von außen. Sowohl Spekulationen über die Zukunft als auch Sorgen über Fehler aus der Vergangenheit beschäftigen sie nicht. Sie konzentrieren sich lieber auf aktuelle Probleme. Es sind sehr flexible Menschen, die sehr gut auf Veränderungen reagieren und sich blitzschnell an neue Bedingungen anpassen. *Künstler* reagieren schnell auf neue Umstände und wissen, wie sie das Potenzial der jeweiligen Situation ausnutzen können. Im Fall der Fälle sind *Künstler* echte Improvisationstalente.

Potenzielle schwache Seiten

Künstler haben in der Regel Schwierigkeiten mit Aufgaben, die sich über einen langen Zeitraum ausdehnen sowie Planung, Vorbereitung und bestimmte Maßnahmen für die Zukunft erfordern. Es fällt schwer sie für Aufgaben zu motivieren, die zeitlich versetzt sind. *Künstler* tendieren zu impulsiven Entscheidungen und Handlungen, weswegen sie auch besser beim Beginnen von neuen Aufgaben als beim Abschluss dieser sind. Es fällt ihnen schwer, analytische und rationale Entscheidungen zu treffen, die keine konkreten Menschen oder Situationen betreffen. Für gewöhnlich bewerten sie sich selber durch das Prisma der Meinungen anderer Menschen. Dabei sind sie sehr sensibel und verletzlich, was zu großen Problemen im Leben eines *Künstlers*, der in einem unfreundlichen Umfeld lebt, führen kann (bspw. unter Menschen, die Lob meiden oder grenzwertig kritisch sind). *Künstler* haben darüber hinaus die Tendenz, sich selbst sehr kritisch zu sehen, weswegen es überaus einfach ist, ihr Selbstwertgefühl zu untergraben. Oftmals haben sie Angst, ihre Gedanken und Bedürfnisse offen zu äußern.

Ihre Toleranzschwelle für Kritik ist sehr niedrig. *Künstler* sehen sie sogar dort, wo sie nicht vorhanden ist. Meinungen hingegen, die zu ihren Ansichten im Widerspruch stehen, verstehen sie als Angriff auf ihr Wertesystem. Dies kann dazu führen, dass *Künstler* sich für Informationen, die nicht zu ihrer Weltanschauung passen, verschließen und damit ihre Perspektive einengen. *Künstler* haben ferner oftmals Schwierigkeiten, sich Theorien anzueignen sowie Konzepte zu verstehen, die nicht in der Praxis anwendbar sind. Ihr Individualismus und die Vorliebe, Dinge „auf die eigene Art und Weise" zu erledigen, erschweren es ihnen, im Team zu arbeiten. Wenn sie eine Führungsposition innehaben, fällt es ihnen schwer, Menschen zu disziplinieren, sie auf schwache Ergebnisse aufmerksam zu machen, Anordnungen zu erteilen und Verpflichtungen einzufordern.

Persönliche Entwicklung

Die persönliche Entwicklung von *Künstlern* hängt davon ab, in welchem Grad sie ihr natürliches Potenzial nutzen und ob sie die Gefahren, die in Verbindung mit ihrem Typ stehen, zu bewältigen vermögen. Die folgenden praktischen Tipps stellen eine Art Dekalog des *Künstlers* dar.

Beenden Sie alles, was Sie angefangen haben

Sie beginnen neue Aufgaben mit Enthusiasmus, es fällt Ihnen aber schwer, all jenes zu beenden, was Sie bereits angefangen haben. Solch ein Verhalten bringt für gewöhnlich schlechte Resultate. Versuchen Sie festzustellen, was für Sie am Wichtigsten ist und wie Sie es erreichen wollen. Machen Sie sich dann an die Arbeit und lassen Sie sich nicht ablenken!

Haben Sie keine Angst vor Konflikten

Wenn Sie in eine Konfliktsituation geraten, stecken Sie Ihren Kopf nicht in den Sand! Äußern Sie offen Ihren Standpunkt und Ihr Empfinden. Konflikte helfen oft dabei, Probleme zu erkennen und sie zu lösen.

Lassen Sie andere nicht auf Vermutungen angewiesen sein

Sagen Sie Menschen, wie Sie sich fühlen, was Sie erleben und was Sie sich wünschen. Zögern Sie nicht, Ihre Zweifel, Emotionen und Gefühle zu äußern. Wenn Sie so handeln, helfen Sie ungemein Ihren Mitarbeitern und Verwandten.

Haben Sie keine Angst vor Ideen und Meinungen, die im Widerspruch zu Ihren stehen

Bevor Sie sie ablehnen, denken Sie erst gut darüber nach und versuchen Sie, sie zu verstehen. Die Offenheit gegenüber Ansichten anderer Menschen muss nicht zwangsläufig bedeuten, dass man seine eigenen Meinungen verwirft.

Haben Sie keine Angst vor Kritik

Haben Sie keine Angst vor kritischen Anmerkungen seitens anderer Menschen. Kritik kann konstruktiv sein und muss nicht unbedingt einen Angriff oder die Anzweiflung Ihrer Werte bedeuten.

Lassen Sie sich helfen

Sie gehen davon aus, dass Sie es sind, der anderen helfen sollte. Für gewöhnlich suchen auch andere Menschen bei Ihnen Hilfe. Wenn Sie aber selbst ein Problem haben, zögern Sie nicht, andere um Hilfe zu bitten und sie auch anzunehmen!

Seien Sie unabhängig von der Bewertung anderer Menschen

Akzeptieren Sie sich genauso, wie Sie andere Menschen akzeptieren. Bewerten Sie sich nicht durch das Prisma der Bewertungen anderer Menschen, denn sie können irren und sich nicht wahrheitsgetreu äußern. Sie haben die größten Kompetenzen, um über Ihr Leben zu entscheiden.

Agieren Sie weniger impulsiv

Bevor Sie eine Entscheidung treffen oder sich für etwas engagieren, opfern Sie ein wenig Zeit, um Informationen zu sammeln, sie zu analysieren und die Situation objektiv zu bewerten. Wahrscheinlich werden Sie dadurch den Umfang

Ihrer Tätigkeiten verringern, diese gewinnen dafür aber an Effizienz.

Seien Sie positiv

Gehen Sie nicht davon aus, dass Sie auf jeden Fall falsch verstanden werden, dass Sie scheitern oder sich lächerlich machen. Solch eine Herangehensweise kann Sie lähmen. Sie werden es zu mehr bringen, wenn Sie davon ausgehen, dass alles gut geht und Sie positiv denken.

Lernen Sie, „Nein" zu sagen

Wenn Sie mit etwas nicht einverstanden sind, haben Sie keine Angst, dies zu äußern. Lernen Sie, „Nein" zu sagen. Vor allem dann, wenn Sie spüren, dass jemand Ihre Hilfe ausnutzt oder versucht, Sie bei etwas einzuspannen.

Bekannte Personen

Eine Liste bekannter Personen, die dem Profil des *Künstlers* entsprechen:

- **Wolfgang Amadeus Mozart** (1756-1791) – österreichischer Komponist und Musiker, einer der größten Vertreter der Wiener Klassik;
- **Fjodor Dostojewski** (1821-1881) – russischer Schriftsteller (u. a. *Schuld und Sühne*), herausragender Vertreter psychologischer Prosa;
- **August François-René Rodin** (1840-1917) – französischer Bildhauer – Symbolist und Impressionist, Vorreiter der modernen Bildhauerei;
- **Vincent van Gogh** (1853-1890) – niederländischer Maler, Vertreter des Postimpressionismus;
- **Marilyn Monroe**, eigtl. Norma Jeane Mortensen/Baker (1926-1962) – US-amerikanische Filmschauspielerin (u. a. *Manche mögen's heiß*), Legende der Kinematografie;

- **Elizabeth Taylor** (1932-2011) – britisch-amerikanische Filmschauspielerin (u. a. *Cleopatra*), Trägerin vieler prestigeträchtiger Auszeichnungen (darunter zwei Oscars);
- **Bob Dylan**, eigtl. Robert Allen Zimmerman (geb. 1941) – US-amerikanischer Musiker, Sänger, Komponist und Schriftsteller, eine der wichtigsten Ikonen der Pop-Musik der zweiten Hälfte des 20. Jahrhunderts, mehrfach ausgezeichnet (Grammy, Oscar, Pulitzer und Nobelpreis für Literatur);
- **Paul McCartney** (geb. 1942) – britischer Komponist, Multiinstrumentalist und Sänger, Mitbegründer der legendären Gruppe The Beatles, Träger zahlreicher prestigeträchtiger Auszeichnungen;
- **Steven Spielberg** (geb. 1946) – US-amerikanischer Regisseur (u. a. *Schindlers Liste*), Drehbuchautor und Filmproduzent, Träger zahlreicher prestigeträchtiger Auszeichnungen;
- **Jean Reno**, eigtl. Juan Moreno y Herrera-Jiménez (geb. 1948) – französischer Filmschauspieler (u. a. *Léon – der Profi*);
- **Christopher Reeve** (1951-2004) – US-amerikanischer Schauspieler (u. a. *Superman*), Regisseur und Schriftsteller;
- **John Travolta** (geb. 1954) – US-amerikanischer Schauspieler (u. a. *Saturday Night Fever*), Sänger und Bühnenkünstler;
- **Kevin Costner** (geb. 1955) – US-amerikanischer Schauspieler und Regisseur (u. a. *Der mit dem Wolf tanzt*) sowie Filmproduzent;
- **Earvin „Magic" Johnson** (geb. 1959) – US-amerikanischer Basketballspieler und olympischer Medaillenträger;
- **Lionel Messi**, eigtl. Lionel Andrés Messi Cuccittini (geb. 1987) – argentinischer Fußballspieler,

Karriere bei FC Barcelona, später Paris Saint-Germain, mehrfacher Ballon d'Or Gewinner.

219

Der Logiker (INTP)

PERSÖNLICHKEITSTYPOLOGIE ID16™©

Profil

Lebensmotto: *Man muss vor allem die Wahrheit über die Welt kennenlernen.*

Originell, einfallsreich und kreativ. *Logiker* mögen es, theoretische Probleme zu lösen. Sie sind analytisch, scharfsinnig und begegnen neuen Ideen mit Begeisterung. *Logiker* vermögen es, einzelne Phänomene zu verbinden und mithilfe von ihnen allgemeine Regeln und Theorien aufzustellen. Sie agieren logisch, präzise und tiefgründig. Unklare Zusammenhänge und Inkonsequenzen werden von ihnen schnell erkannt.

Sie sind unabhängig und skeptisch gegenüber bereits vorliegenden Lösungen sowie Autoritäten. Zugleich sind sie tolerant und offen für neue Herausforderungen. Versunken in Gedanken verlieren sie ab und an den Kontakt zur Außenwelt.

Natürliche Veranlagungen des *Logikers*

- Die Quelle seiner Lebensenergie: seine innere Welt.
- Informationsaufnahme: Intuition.
- Art und Weise wie Entscheidungen getroffen werden: Verstand.
- Lebensstil: spontan.

Ähnliche Persönlichkeitstypen

- *Stratege*
- *Reformer*
- *Direktor*

Statistische Angaben

- *Logiker* stellen ca. 2-3 % der Gesellschaft dar.
- Unter *Logikern* überwiegen Männer (80 %).
- Das Land, welches dem Profil des *Logikers* entspricht, ist Indien.[11]

Buchstaben-Code

Der universelle Code des *Logikers* ist in den Jungschen Persönlichkeitstypologien INTP.

Allgemeines Charakterbild

Logiker sind überaus kreative, unkonventionelle und originelle Menschen. Sie vermögen es, einzelne Fakten und Erfahrungen zu verbinden und aus ihnen komplexe und kohärente Systeme zu erschaffen. Sie suchen ausdauernd nach

---

[11] Dies bedeutet nicht, dass alle Einwohner Indiens zu dieser Gruppe gehören, wenngleich die indische Gesellschaft – als Ganzes – viele charakteristische Eigenschaften der *Logiker* verkörpert.

Wahrheit und erforschen die Regeln, die die Weltordnung bestimmen.

Das Leben von *Logikern* spielt sich vor allem in ihrer vielfältigen inneren Welt ab. Nach außen wirken *Logiker* oft minimalistisch und versuchen, ihr Leben zu vereinfachen. Sie mögen es nicht, zu viele Sachen und Verpflichtungen zu haben. Dafür haben sie auch keine größeren Bedürfnisse. *Logiker* mögen keine Extravaganz und ihr Lebensstil ist eher schlicht. Dank einer solchen Haltung vermögen sie es, sich auf aktuelle Probleme zu konzentrieren.

Gedanken

Logiker zeichnen sich durch eine hohe intellektuelle Unabhängigkeit aus. Sie stellen oftmals gängige Meinungen infrage, zweifeln bereits existierende Lösungen an und erkennen Inkonsequenzen und Mängel in allgemein geltenden Theorien. *Logiker* sind misstrauisch gegenüber Autoritäten und hängen sehr an ihrer eigenen Meinung. Im Lichte neuer Fakten vermögen sie es jedoch, ihre bisherigen Ideen und Ansichten zu revidieren. Ihr Verstand arbeitet ununterbrochen auf Hochtouren.

Lehre

Logiker mögen es, logische Probleme zu lösen und anderen dabei zu helfen, die Regeln der Weltordnung und des menschlichen Verhaltens zu verstehen. Sie sind imstande, Wissen in ein logisches Ganzes zu systematisieren und ihm eine kohärente Struktur zu verleihen. *Logiker* sind stets an neuem Wissen interessiert und mögen Experimente. Von Natur aus sind sie Logiker (daher auch die Bezeichnung für diesen Persönlichkeitstyp) und Theoretiker, weswegen sie sich eher für theoretische Konzepte als für deren Anwendung in der Praxis interessieren.

Logiker vertragen gut jegliche Veränderungen und sind für gewöhnlich tolerant und flexibel. Eine Ausnahme hierbei ist, wenn jemand versucht, ihre Ansichten anzuzweifeln oder entgegen ihrem Wertesystem handelt. In solchen Situationen sind *Logiker* nicht nur imstande, sich zu widersetzen, aber sogar für ihre Meinung zu kämpfen. Ferner sind sie distanziert gegenüber Unterfangen, die nicht rational begründet sind.

Hindernisse

Für gewöhnlich wirken Routine und alltägliche Angelegenheiten auf *Logiker* ermüdend. Sie mögen es nicht, Kleidung oder Kosmetika einzukaufen, Rechnungen zu begleichen, das Haus einzurichten oder aufzuräumen. Sie sehen in diesen Tätigkeiten nämlich „Diebe wertvoller Zeit", weswegen sie sie – mehr oder minder bewusst – vernachlässigen. Auch logische Widersprüche, nachlässige und unpräzise Aussagen oder weitschweifige Reden ohne viel Inhalt können *Logiker* reizbar machen.

Es fällt ihnen schwer, Menschen zu verstehen, die ihre Begeisterung bei der Suche nach der Wahrheit nicht teilen können. Ferner stört sie intellektuelle Faulheit und Inkompetenz. *Logiker* staunen über Menschen, die kein Bedürfnis haben, sich zu entwickeln (bspw. Dilettanten, die es trotz langjähriger Erfahrung auf einem Gebiet auch bleiben). *Logiker* sind nicht von wissenschaftlichen Titeln, Positionen oder der Beliebtheit bei anderen Menschen beeindruckt. Dahingegen schätzen sie Kompetenzen, Wissen, Erfahrung und Intelligenz. Sie mögen die Gesellschaft ehrlicher, offener und authentischer Menschen, die – ungeachtet des Gebiets – Ahnung von dem haben, womit sie sich beschäftigen.

In den Augen anderer Menschen

Andere Menschen sehen in *Logikern* geradlinige und ehrliche Menschen, wobei es aber schwer ist, sich ihnen anzunähern. Beim ersten Kontakt können *Logiker* schüchtern und entfremdet wirken, wenngleich sie unter Freunden sich sicher fühlen, vor allem dann, wenn sie ihre Ansichten oder Theorien darlegen. Es kommt vor, dass sie den Ruf von unzuverlässigen, vergesslichen und nicht gerade gut organisierten Menschen haben. Dies ist vor allem dadurch bedingt, dass sie sich für neue Ideen schnell begeistern und dabei frühere Abmachungen und Versprechen vergessen. Allgemein fällt es Menschen schwer, die Gedankengänge von *Logikern* zu verstehen. Einige denken, sie seien neunmalklug und übertrieben kritisch. Andere wiederum stören sich daran, dass *Logiker* Haarspalterei betreiben und andere ständig verbessern müssen.

Wahrnehmung und Problemlösung

Logiker sind Menschen mit einem scharfsinnigen Verstand, die es hervorragend verstehen, sich in der Welt abstrakter Theorien zurechtzufinden. Sie mögen neue Herausforderungen und lernen gerne neue Dinge. Sie sind überaus schlagfertig und haben ab und zu Geistesblitze. Sie begeistern sich für neue Ideen, Die Möglichkeit zu experimentieren ist für sie wichtiger als Stabilität und Sicherheit. *Logiker* mögen Innovationen und eine unkonventionelle Herangehensweise an Probleme. Ferner verfügen *Logiker* über die außergewöhnliche Gabe, hypothetische Möglichkeiten zu erkennen und neue Theorien aufzustellen (sowie alte zu widerlegen). Sie denken auf eine untypische, unkonventionelle Art und Weise, weswegen sie oftmals zu Lösungen kommen, die für andere unerreichbar sind. *Logiker* charakterisieren sich darüber hinaus durch globales Denken und ein Interesse an komplexen, weit reichenden Lösungsansätzen. Vereinzelte Phänomene sehen sie als Teil eines Ganzen an und erkennen die Verbindungen zwischen ihnen.

Logiker fühlen sich vor allem von logischen Argumenten und Entscheidungen angesprochen, die auf objektiven und rationalen Grundlagen basieren. Dahingegen sind sie nicht von Handlungen überzeugt, die auf subjektiven Empfindungen oder Emotionen fußen. Sie vermögen es, Probleme präzise zu definieren und sich auf die wichtigsten Aspekte zu konzentrieren. Ferner sind *Logiker* imstande, Ungenauigkeiten und Inkohärenzen zu erkennen. Logisches Verhalten und das Streben nach der objektiven Wahrheit sind für sie wichtiger als das Wohlbefinden anderer Menschen, weswegen sie der Meinung sind, dass man sich nicht auf Emotionen, Gefühle oder Sympathien stützen sollte. Sie sind äußerst ausdauernd in ihren suchenden Bestrebungen sowie ungewöhnlich objektiv. *Logiker* suchen nach der Lösung eines Problems und zwar ungeachtet dessen, ob es für sie vorteilhaft oder nicht ist. Sie hören auch dann nicht auf mit der Suche, wenn sie sehen, dass die potenzielle Entdeckung sie sehr viel kosten könnte (bspw. eine komplette Veränderung ihres Weltbilds).

Kommunikation

Logiker äußern sich sehr korrekt, schlüssig und präzise (in der Präzision ihrer Beschreibung der Realität und der Definition von Problemen sind sie allen anderen Persönlichkeitstypen überlegen). Sie sind aber von Natur aus eher schweigsam und sprechen vor allem dann, wenn sie etwas mitteilen möchten.

In anderen Situationen kommunizieren sie eher selten. *Logiker* können sogar über längere Zeit überhaupt nichts sagen und gehören nicht zu all jenen Menschen, die sich gerne unterhalten, um die Zeit totzuschlagen oder die nette Atmosphäre aufrechtzuerhalten.

Logiker legen keinen größeren Wert auf Umgangsformen, Höflichkeit oder Anstandsgesten. Sie quälen sich bei Empfängen zu besonderen Anlässen oder privaten Treffen. Es kommt vor, dass sie sich Schnitzer leisten oder sich taktlos verhalten (was von anderen manchmal fälschlicherweise als Widerwille gegen Menschen verstanden wird). Es fällt *Logikern* schwer, Äußerungen zuzuhören, die ihres Erachtens nach sinnlos sind oder falsche Informationen beinhalten. In solchen Fällen neigen sie dazu, andere Menschen zu verbessern, was manchmal zu Spannungen führt und bewirkt, dass sie als „Besserwisser" angesehen werden.

In Diskussionen sind *Logiker* unschlagbar, da es schwer ist, ihrer logischen und kohärenten Argumentation gerecht zu werden. Am liebsten sprechen *Logiker* über sie beschäftigende theoretische Probleme, wenngleich sie nicht immer Gesprächspartner finden, die diese Leidenschaft teilen.

Manchmal schotten sich *Logiker* ab und meiden den Kontakt zu anderen Menschen. Dies ist aber keineswegs eine Art, Distanz und Überlegenheit gegenüber anderen zu demonstrieren, wie manche Menschen denken, sondern viel mehr ihr natürliches Bedürfnis. Nur in der Stille und Einsamkeit vermögen es *Logiker* nämlich, ihre Gedanken zu sammeln und sich zu regenerieren.

In Stresssituationen

Logiker werden oft zu echten Experten in den Bereichen, mit denen sie sich befassen. Sie sind in der Regel sehr selbstbewusst und wissen um ihre Kompetenzen, wobei sie sich auch ihre Beschränkungen, Unvollkommenheiten und Mängel vor Augen führen. Manchmal fühlen sie sich sogar erdrückt von der Übermenge ihres eigenen Unwissens. Ein anderes Mal haben sie Angst zu versagen oder einen Fehler zu begehen.

In Stresssituationen verlieren *Logiker* ihr Selbstwertgefühl, beginnen nicht adäquat zu den Umständen zu reagieren oder werden außergewöhnlich misstrauisch und argwöhnisch. Ihre Freizeit verbringen sie gerne zu Hause. Sie lesen viel, mögen aber auch Logikspiele. Ihr Verstand arbeitet ununterbrochen sehr intensiv, weswegen *Logiker* auch in ihrer Freizeit über sie interessierende Probleme nachdenken und ihre Suche fortsetzen.

Sozialer Aspekt der Persönlichkeit

Logiker verfügen über ein sehr reiches Inneres, wobei sie aber zeitgleich den Anschein erwecken, abwesend zu sein. Die Vergrößerung ihres Bekanntenkreises und die Entwicklung von Beziehungen zu anderen Menschen gehören nicht zu ihren Prioritäten. Anderen Menschen fällt es auch schwer, sich ihnen zu nähern und ihre Welt zu betreten.

Logiker mögen es nicht, auf sich aufmerksam zu machen. Wenn sie sich im Zentrum der Aufmerksamkeit befinden, fühlen sich *Logiker* unwohl. Neue Bekanntschaften knüpfen sie langsam und vorsichtig. Sie vertrauen anderen nur ungern ein Geheimnis an und bitten auch selten um Hilfe, da sie Angst haben, abhängig zu werden und ihre Autonomie zu verlieren. Dahingegen vertragen *Logiker* sehr gut Kritik und vermögen es selbst, sich kritisch gegenüber anderen Menschen zu äußern. Wenn sie können, versuchen sie jedoch Konflikte zu vermeiden (aber nicht um jeden Preis).

Für gewöhnlich haben *Logiker* Schwierigkeiten mit der Deutung von Emotionen und Gefühlen anderer Menschen, aber auch mit der Äußerung ihrer eigenen Empfindungen. Es fällt ihnen weitaus einfacher, ihre Hingabe und Fürsorge auf Papier statt im direkten Gespräch zu äußern. All dies, in Verbindung mit ihrer angeborenen Skepsis, ihrem Kritizismus, ihrem Misstrauen und ihrer Angewohnheit, andere zu verbessern, erschwert ihnen den Aufbau von Beziehungen zu anderen Menschen. *Logiker* verlieren sich in Situationen, in denen von ihnen die Äußerung von Gefühlen oder öffentliche Liebesbeweise verlangt werden. Sie verlieren auch bei Spannungen und Konflikten den Boden unter den Füßen, da sie die Wichtigkeit menschlicher Emotionen und verletzter Gefühle nicht zu verstehen vermögen. Sie versuchen dann an Logik anzuknüpfen, die Situation zu analysieren und rationale Gründe ausfindig zu machen.

Unter Freunden

Logiker fühlen sich gut unter Menschen, mit denen sie ihre Interessen teilen können oder die Experten auf einem bestimmten Gebiet sind. Sie mögen es auch die Zeit mit Menschen zu verbringen, für die sie eine Autorität darstellen und mit denen sie ihre Gedanken austauschen können. *Logiker* gehen davon aus, dass Beziehungen zu anderen Menschen zu etwas dienen sollten, bspw. der Erlangung von Wissen oder der Suche nach der Wahrheit über die Welt. Dagegen fühlen sie sich in der Welt der Emotionen und Gefühle unwohl, weswegen sie auch versuchen, in zwischenmenschlichen Beziehungen sich nach der Logik zu orientieren. Solch eine Haltung bewirkt eine Einschränkung ihres Horizontes und die Tatsache, dass sie unwissentlich mit ihrem Verhalten andere Menschen verletzen können (bspw. wenn sie nicht merken, dass jemandem Dank gebührt oder seine Bemühungen anerkannt werden sollten bzw. sie es nicht verstehen, dass jemand enttäuscht oder abgeneigt ist).

Für gewöhnlich haben *Logiker* nur wenige Freunde und engere Bekannte. Die Beziehungen zu ihnen sind aber sehr beständig und tiefsinnig. Am häufigsten freunden sie sich mit *Strategen, Reformern, Praktikern* und anderen *Logikern* an, die ihre Leidenschaften teilen. Am seltensten hingegen mit *Anwälten, Betreuern* und *Moderatoren*.

In der Ehe

Obwohl *Logiker* sich nicht auf neue Bekanntschaften fokussieren und ihnen weder Beliebtheit noch Sympathie seitens anderer Menschen wichtig ist, ist ein einsames Leben für sie dennoch kein Ideal. Als Lebenspartner sind sie überaus loyal, ergeben und stetig in ihren Gefühlen. Ihre Verpflichtungen nehmen sie sehr ernst, selber dagegen sind *Logiker* eher Minimalisten, die in der Regel wenige Bedürfnisse haben. Sie haben Probleme mit alltäglichen häuslichen Verpflichtungen und tendieren dazu, abgesprochene Treffen, Termine und Jahrestage zu vergessen.

Von Natur aus sind *Logiker* sehr tolerant und gewährleisten ihren Partnern viele Freiheiten. Sie selbst erwarten das gleiche. Durch ihren Einfallsreichtum, ihre Phantasie und ihr reiches Innenleben bringen sie viel Leidenschaft und Begeisterung mit in die Beziehung ein. Manchmal fällt es ihnen aber schwer, ihre Ideen mit der Realität in Einklang zu bringen. Das größte Problem für *Logiker* in einer Beziehung ist ihr Unvermögen, die Gefühle und Bedürfnisse ihrer Lebenspartner zu erkennen (oftmals wird dies fälschlicherweise als fehlendes Interesse gedeutet). *Logiker* vermögen es, authentisch zu lieben und zeitgleich sich nicht bewusst zu sein, was ihre Partner empfinden oder durchleben. In schwierigen oder kritischen Situationen suchen sie rationale Gründe von Problemen oder versuchen sie auf eine logische Art und Weise zu lösen, wobei sie nicht merken, dass ihre Partner einfach nur Fürsorge, Wärme und Liebe brauchen. Sie selbst haben solche Bedürfnisse nicht und sind erstaunt, wenn jemand dies von ihnen verlangt. Diese Haltung kann zu Problemen in der Beziehung führen.

Logiker werfen ab und an ihren Partnern vor, dass sie übertreiben oder überhöhte Anforderungen haben. Wenn sie unter Druck stehen, können sie sich aus der Beziehung zurückziehen und feststellen, dass sie der Lage nicht Herr werden können, dass ihr Lebenspartner zu hohe Ansprüche hat oder sie nicht akzeptiert. Solche Erfahrungen bewirken manchmal, dass sie die Einsamkeit vorziehen.

Natürliche Kandidaten als Lebenspartner sind für *Logiker* Personen mit verwandten Persönlichkeitstypen: *Strategen*, *Reformer* oder *Direktoren*. In solchen Beziehungen ist es für sie einfacher, gegenseitiges Verständnis und harmonische Beziehungen aufzubauen. Die Erfahrung zeigt aber, dass *Logiker* auch imstande sind, gelungene, glückliche Beziehungen mit Personen einzugehen, deren Typ offensichtlich völlig verschieden ist. Umso interessanter sind diese Beziehungen, da die Unterschiede zwischen den Partnern der Beziehung Dynamik verleihen und Einfluss auf die persönliche Entwicklung nehmen können (viele Personen bevorzugen diese Perspektive, die sich für sie interessanter gestaltet als eine harmonische Beziehung, in der ständig Einklang und gegenseitiges Verständnis herrscht).

Als Eltern

Logiker sind als Eltern sehr loyal gegenüber ihren Kindern. Sie möchten ihren Nachwuchs zu unabhängigen Menschen erziehen, die sich nach logischen Grundsätzen richten und rationale, autonome Urteile fällen. Sie schätzen ihren Individualismus, hören auf ihre Meinung und erlauben ihnen, bei der Entscheidungsfindung im Familienleben teilzuhaben. Für gewöhnlich schränken sie ihre Kinder nicht ein und gewährleisten ihnen viele Freiheiten und Raum zur Entwicklung.

Ihre Flexibilität, Offenheit und Toleranz kann aber auch zu Nebenwirkungen führen – ihre Kinder können manchmal ein Problem damit haben, gute Verhaltensmuster von den schlechten zu unterscheiden. *Logiker* haben auch oftmals Probleme damit, die emotionalen Bedürfnisse ihrer Kinder zu stillen. Es kommt vor, dass ihr Nachwuchs zu radikalen und unerwünschten Mitteln greift, um auf sich aufmerksam zu machen. Nach Jahren schätzen Kinder ihre *Logiker* dafür, dass sie Freiheiten genossen haben, unabhängig waren und ihren Entscheidungen Respekt gezollt wurde.

Arbeit und Karriere

Eine Leidenschaft von *Logikern* sind innovative Pionierprojekte. Sie mögen es, Bereiche zu entdecken, die bislang unentdeckt blieben. Auch die Loyalität gegenüber ihrer Firma, in der sie arbeiten, sowie hohe Arbeitsqualität sind ihre Kennzeichen. Sie vermögen es blitzschnell die Kompetenzen anderer zu beurteilen und sind sowohl gegenüber sich selbst als auch anderen Menschen sehr anspruchsvoll. *Logiker* können Vergeudung, Nachlässigkeit und Faulheit nicht leiden.

Vorgesetzte

An ihren Vorgesetzten schätzen *Logiker* Wissen, Intelligenz sowie einen offenen Verstand. Sie erwarten von ihnen einzig und allein, dass sie ihren Mitarbeitern freien Handlungsspielraum gewährleisten und sie dabei nicht stören.

Sie selbst mögen es nicht, andere Menschen zu leiten, sie zu kontrollieren, zu disziplinieren oder ihnen Aufträge zu erteilen. Trotzdem üben *Logiker* auf andere enormen Einfluss aus und sind für sie eine Art Inspiration, da sie eine unerschöpfliche Quelle neuer Ideen sind und keine Angst haben, ein Risiko aufzunehmen.

Leidenschaften und Herausforderungen

Logiker mögen keine Routine und vermögen es nicht, einen Posten zu bekleiden, bei dem ständige Bereitschaft sowie die Einhaltung steifer Regeln und bürokratischer Prozeduren verlangt wird. Sie behandeln ihre Pflichten zwar sehr ernst, wenngleich es aber ab und an passiert, dass sie formelle oder bürokratische Angelegenheiten vernachlässigen (bspw. Berichterstattungen). *Logiker* bevorzugen es, komplexe Probleme theoretischer Natur zu lösen, die nach logischen Überlegungen verlangen.

Die Vorbereitung von Projekten erfüllt sie weitaus mehr mit Leidenschaft als deren Umsetzung. Organisatorische oder praktische Aspekte überlassen sie viel lieber anderen Menschen.

Im Team

Logiker arbeiten am liebsten selbstständig. Sie mögen es nicht, kontrolliert oder beaufsichtigt zu werden. Sie brauchen Autonomie und Eigenständigkeit. Manchmal sind sie geradezu besessen von ihrer Privatsphäre. Sie schätzen Stille und Ruhe, weswegen sie am glücklichsten sind, wenn sie zu Hause arbeiten können. Sie verstehen es aber auch, die Arbeit einer Gruppe von Menschen zu organisieren, sofern dies bei der Lösung eines wichtigen Problems vonnöten ist.

Logiker finden sich relativ gut in Teams zurecht, die keine formelle oder hierarchische Struktur haben und eine lockere Verbindung von Experten und Enthusiasten darstellen, die sich einer Sache hingeben. *Logiker* mögen ein tolerantes Umfeld, welches viel Handlungsfreiheit und Raum für die Realisierung von konstruktiven, innovativen Konzepten bietet.

Berufe

Das Wissen über das eigene Persönlichkeitsprofil sowie die natürlichen Präferenzen stellen eine unschätzbare Hilfe bei der Wahl des optimalen Berufsweges dar. Die Erfahrung zeigt, dass *Logiker* mit Erfolg in verschiedenen Bereichen arbeiten und aufgehen können. Doch dieser Persönlichkeitstyp prädisponiert sie auf natürliche Art und Weise zu folgenden Berufen:

- Analytiker,
- Archäologe,
- Architekt,
- Chemiker,
- Detektiv,
- Dozent,
- Experte für Forschung und Entwicklung,
- Experte für IT-Systeme,
- Experte für Risikobewertung,
- Experte für Strategie,
- Filmproduzent,
- Finanzberater,
- Fotograf,
- Gutachter,
- Historiker,
- Informatiker,
- Ingenieur,
- Investor,
- Jurist,
- Künstlerischer Leiter,
- Mathematiker,
- Musiker,
- Ökonom,
- Philosoph,
- Planer,

- Programmierer,
- Schriftsteller,
- Sprachwissenschaftler,
- Übersetzer,
- Wissenschaftler.

Potenzielle starke und schwache Seiten

Ähnlich wie auch andere Persönlichkeitstypen haben *Logiker* potenzielle starke und schwache Seiten. Dieses Potenzial kann auf verschiedenste Weise ausgeschöpft werden. Glück im Privatleben sowie Erfolg im Beruf hängen bei *Logikern* davon ab, ob sie die Chancen, die mit ihrem Persönlichkeitstyp verknüpft sind, nutzen und ob sie den Gefahren auf ihrem Weg die Stirn bieten können. Im Folgenden eine ZUSAMMENFASSUNG dieser Chancen und Gefahren:

Potenzielle starke Seiten

Logiker sind überaus intelligent, kreativ und ideenreich. Sie vermögen es einzelne Fakten und Erfahrungen zu verbinden und aus ihnen komplexe und kohärente Systeme zu erschaffen. Sie sind unkonventionell, originell und begegnen neuen Ideen mit Begeisterung. *Logiker* verfügen über die Fähigkeit, sich zu konzentrieren und nicht ablenken zu lassen – es ist nicht einfach, sie von einer wichtigen Aufgabe wegzubekommen. Sie vermögen es, ihre ganze Energie auf die Lösung eines Problems zu fokussieren. *Logiker* kennzeichnet eine sehr große intellektuelle Unabhängigkeit. Die Meinung anderer Menschen bedeutet ihnen recht wenig. Wenn *Logiker* eine Ansicht als inkohärent, unlogisch und irrational ansehen, dann verwerfen sie sie ungeachtet dessen, ob Autoritäten dahinter stehen oder sie von der Mehrheit der Menschen anerkannt wird.

Logiker verstehen es, aus ihren Erfahrungen hervorragenden Nutzen zu ziehen – nicht nur aus Erfolgen, aber auch aus Niederlagen. Sie sind ausdauernd und setzen die

Messlatte für sich gewöhnlich sehr hoch an, weswegen sie zu echten Experten auf ihrem Gebiet werden. Sie verstehen es mit Leichtigkeit, sich in der Welt abstrakter und komplexer Konzepte zu bewegen und haben die Fähigkeit, sich komplexe Theorien anzueignen, sowie die Gabe, logisch und rational zu denken. *Logiker* erkennen sehr schnell jegliche unklaren Zusammenhänge, Inkonsequenzen und logischen Widersprüche. Sie sind überaus präzise und logisch, dabei aber auch tolerant, flexibel und offen. *Logiker* gewährleisten anderen Menschen Freiheiten und Unabhängigkeit. Sie haben ein natürliches Talent für Mathematik und vermögen es, sich präzise und schlüssig auszudrücken. Darüber hinaus sind sie imstande, schnelle Entscheidungen zu treffen und Kritik von anderen Menschen aufzunehmen.

Potenzielle schwache Seiten

Logiker handeln überaus logisch, wenngleich ihre Logik subjektiv und selektiv sein kann. Sie tendieren nämlich dazu, sich auf Informationen zu konzentrieren, die in Verbindung mit dem Gegenstand stehen, für den sie sich interessieren, oder die eine Bestätigung ihrer Meinung und ihrer Erfahrungen darstellen. Zugleich können sie Behauptungen und Argumente ablehnen, die nicht mit ihrer eigenen Erfahrung einhergehen oder nicht auf Logik basieren. *Logiker* sind sogar imstande, Menschen zu ignorieren, die anders leben und eine andere Weltanschauung haben. Oftmals beschäftigen sich *Logiker* nur mit den Angelegenheiten, mit denen sie sich wohlfühlen und die sie interessieren, was zu einer Einschränkung ihrer Erfahrungen und Kontakte mit Menschen, sogar zu Selbstisolation führen kann. *Logiker* haben Probleme damit, ihre Gefühle zu äußern und vermögen es nicht, die emotionalen Bedürfnisse anderer Menschen zu erkennen. Sie können andere verletzen, ohne sich dessen überhaupt bewusst zu sein.

Ab und zu halten *Logiker* ihr Wort nicht, sind unpünktlich, vergesslich oder zerstreut. Sie haben auch Probleme mit Routine und alltäglichen Pflichten sowie der Realisierung von theoretischen Ideen. In Stresssituationen können sie unverhältnismäßig zu den Umständen reagieren und verlieren ihr Selbstwertgefühl. Wenn sie keine Möglichkeit haben, ihre Leidenschaften zu entwickeln, können *Logiker* eine negative, kritische Haltung gegenüber ihrem Umfeld entwickeln, was sich in der Infragestellung ehrlicher Intentionen anderer Menschen, dem krankhaften Verbessern von anderen sowie der Kritik an allem, was nicht zu ihrem Standpunkt passt, äußert.

Persönliche Entwicklung

Die persönliche Entwicklung von *Logikern* hängt davon ab, in welchem Grad sie ihr natürliches Potenzial nutzen und ob sie die Gefahren, die in Verbindung mit ihrem Typ stehen, zu bewältigen vermögen. Die folgenden praktischen Tipps stellen eine Art Dekalog des *Logikers* dar.

Interessieren Sie sich für andere Menschen

Versuchen Sie sich in ihre Lage zu versetzen. Denken Sie darüber nach, was sie erleben, was ihre Leidenschaft ist, was sie beunruhigt, was ihnen Angst macht. Fragen Sie nach ihrem Wohlbefinden, ihren Bedürfnissen, ihrer Meinung. Zeigen Sie anderen Menschen Herzlichkeit und gehen Sie mit Lob großzügiger um. Sie werden den Unterschied merken und werden überrascht sein!

Lernen Sie, die Zeit zu planen und Prioritäten zu setzen

Begeisterung ist Ihr Hauptantrieb, aber zeitliche Rahmen, ein Arbeitsplan sowie eine Liste von Prioritäten müssen nicht zwangsweise Ihre Kreativität einschränken, Ihre Handlungen lähmen oder Sie bei der Realisierung Ihrer Aufgaben stören. Ganz im Gegenteil! Entsprechend angewandt helfen diese Maßnahmen Ihnen, Ihre Ziele zu erreichen.

Erlauben Sie anderen Menschen zu irren

Gehen Sie sparsamer mit Kritik um und versuchen Sie nicht die ganze Zeit, andere zu verbessern. Das ständige Vervollständigen und Verbessern der Aussagen anderer macht einen fatalen Eindruck. Wenn eine Angelegenheit belanglos ist, lassen Sie Menschen Fehler begehen und die Fakten verdrehen. Niemand wird darunter leiden und sie sparen sehr viel an Energie.

Sprechen Sie mehr

Teilen Sie anderen Menschen mit, worüber Sie nachdenken und welche Ideen Sie haben. Bringen Sie Ihre Emotionen zum Ausdruck und sagen Sie, wie Sie sich fühlen und was Sie erleben. Sie werden so Ihren Kollegen und Ihrer Familie helfen. Egal was Sie sagen sollten, es wird weitaus besser als Schweigen sein.

Erweitern Sie Ihren Horizont

Versuchen Sie Dinge, die über Ihre aktuellen Interessen hinausreichen. Besuchen Sie Orte, an denen Sie noch nie waren, sprechen Sie mit Menschen, die Sie vorher nicht kannten, wagen Sie sich an Aufgaben aus Bereichen, mit denen Sie sich bislang noch nicht beschäftigt haben. Dies wird Ihnen viele wertvolle Ideen einbringen und bewirken, dass Sie die Welt aus einer breiteren Perspektive betrachten werden.

Lehnen Sie die Ideen und Meinungen anderer Menschen nicht ab

Wenn Meinungen im Widerspruch zu Ihren Ansichten stehen, gehen Sie nicht automatisch davon aus, dass sie falsch sind. Bevor Sie sie als wertlos einstufen, denken Sie gründlich über sie nach und versuchen Sie, sie zu verstehen. Die Fähigkeit zuzuhören kann Ihre Beziehungen zu anderen Menschen revolutionieren.

Denken Sie an Termine und Jahrestage

Eine Verabredung, ein Geburtstag eines Freundes oder ein familiärer Jahrestag können für Sie etwas Unbedeutendes sein, vor allem angesichts der Angelegenheiten, mit denen Sie sich befassen. Für andere haben diese Tage aber oft einen enormen Wert. Wenn Sie es nicht schaffen, sich solche Tage einzuprägen, schreiben Sie sie auf!

Isolieren Sie sich nicht

Sie werden wahrscheinlich nie Tratsch, Small-Talk oder belanglose Gespräche mögen. Sie sollten aber Ihre Kontakte zu Freunden pflegen und sich mit Menschen treffen, die über Themen, die Sie auch interessieren, sprechen möchten. Sie können auch Kontakte im Internet knüpfen (z.B. in Diskussionsgruppen, sozialen Netzwerken oder Foren).

Seien Sie praktischer

Denken Sie über die praktischen Aspekte Ihrer Theorien und Ideen nach. Um ihr Potenzial voll auszuschöpfen, versuchen Sie andere Menschen von ihnen zu überzeugen und denken Sie über Wege nach, sie in die Tat umzusetzen. Lassen Sie nicht zu, dass die Früchte Ihrer Arbeit nur auf dem Papier sichtbar sind.

Konzentrieren Sie sich auf positive Dinge

Konzentrieren Sie sich nicht auf Mängel, Fehler oder logische Widersprüche. Hinterfragen Sie nicht die guten Intentionen anderer Menschen. Lernen Sie, positive Dinge zu sehen und konzentrieren Sie sich auf die hellen Seiten des Lebens.

Bekannte Personen

Eine Liste bekannter Personen, die dem Profil des *Logikers* entsprechen:

- **Blaise Pascal** (1623-1662) – französischer Mathematiker, Physiker, Philosoph und Apologet;
- **Adam Smith** (1723-1790) – schottischer Denker und Ökonom (u. a. *Der Wohlstand der Nationen*);
- **James Madison** (1751-1836) – 4. Präsident der Vereinigten Staaten, Unterzeichner der Verfassung der Vereinigten Staaten;
- **Charles Darwin** (1809-1882) – britischer Biologe, Erschaffer der Evolutionstheorie;
- **William James** (1842-1910) – US-amerikanischer Philosoph, Psychologe, Vorreiter der Humanistischen Psychologie und Phänomenologie;
- **Carl Gustav Jung** (1875-1961) – Schweizer Psychiater und Psychologe, Erschaffer der analytischen Psychologie;
- **Albert Einstein** (1879-1955) – deutscher Naturwissenschaftler jüdischer Abstammung, einer der größten Physiker und Logiker aller Zeiten, Erschaffer der Relativitätstheorie, Miterschaffer des Welle-Teilchen-Dualismus (Nobelpreis für die Beschreibung des photoelektrischen Effekts);
- **Dwight David Eisenhower** (1890-1969) – US-amerikanischer General und 34. Präsident der Vereinigten Staaten;
- **Gregory Peck** (1916-2003) – US-amerikanischer Filmschauspieler (u. a. *Die Kanonen von Navarone*);
- **George Soros** (geb. 1930) – US-amerikanischer Investor ungarisch-jüdischer Herkunft, Börsenspekulant und Philanthrop;
- **Bob Geldof**, eigtl. Robert Frederick Zenon Geldof (geb. 1951) – irischer Sänger, Textautor und sozialer Aktivist;
- **J. K. Rowling**, eigtl. Joanne Rowling (geb. 1965) – britische Schriftstellerin, Autorin der Serie *Harry Potter*;

- **Eldrick „Tiger" Woods** (geb. 1975) – US-amerikanischer Golfspieler, gilt als einer der herausragendsten Vertreter seiner Sportart in der Geschichte.

239

- **Eldrick „Tiger" Woods** (geb. 1975) – US-amerikanischer Golfspieler, gilt als einer der herausragendsten Vertreter seiner Sportart in der Geschichte.

Der Mentor (INFJ)

PERSÖNLICHKEITSTYPOLOGIE ID16™©

Profil

Lebensmotto: *Die Welt könnte besser sein!*

Kreativ, sensibel, auf die Zukunft fixiert. *Mentoren* sehen Möglichkeiten, die andere Menschen nicht erkennen. Es sind Idealisten und Visionäre, die sich darauf konzentrieren, Menschen zu helfen. Pflichtbewusst und verantwortungsbewusst, zugleich auch höflich, fürsorglich und freundschaftlich. Sie versuchen, die Mechanismen der Weltordnung zu verstehen und betrachten Probleme aus einer breiten Perspektive.

Hervorragende Zuhörer und Beobachter. Sie zeichnen sich aus durch Empathie, Intuition und Vertrauen in Menschen. *Mentoren* sind imstande, Gefühle und Emotionen zu lesen, können wiederum aber nur schlecht Kritik annehmen und sich in Konfliktsituationen zurechtfinden. Andere können sie gelegentlich als enigmatisch empfinden.

Natürliche Veranlagungen des *Mentors*

- Die Quelle seiner Lebensenergie: seine innere Welt.
- Informationsaufnahme: Intuition.
- Art und Weise wie Entscheidungen getroffen werden: Herz.
- Lebensstil: organisiert.

Ähnliche Persönlichkeitstypen

- *Idealist*
- *Berater*
- *Enthusiast*

Statistische Angaben

- *Mentoren* stellen ca. 1 % der Gesellschaft dar und sind damit der seltenste Persönlichkeitstyp.
- Unter *Mentoren* überwiegen Frauen (80 %).
- Das Land, welches dem Profil des *Mentors* entspricht, ist Norwegen.[12]

Buchstaben-Code

Der universelle Code des *Mentors* ist in den Jungschen Persönlichkeitstypologien INFJ.

Allgemeines Charakterbild

Mentoren haben einen enormen Einfluss auf andere Menschen und sogar die Welt, obwohl sie der am seltensten auftretende Persönlichkeitstyp sind. Sie erkennen Dinge, die

---

[12] Dies bedeutet nicht, dass alle Einwohner von Norwegen zu dieser Gruppe gehören, wenngleich die norwegische Gesellschaft – als Ganzes – viele charakteristische Eigenschaften der *Mentoren* verkörpert.

für andere nicht selbstverständlich sind, wie bspw. Verbindungen zwischen einzelnen Ereignissen oder ständig wiederkehrende Verhaltensmuster. Wenn sie an der Lösung eines Problems arbeiten, analysieren sie es unter verschiedenen Gesichtspunkten und aus unterschiedlichen Perspektiven. Für gewöhnlich sind sie imstande, den möglichen Verlauf von Ereignissen vorherzusehen und potenzielle Chancen und Gefahren einer Situation zu erkennen.

Ferner sind sich Mentoren dessen bewusst, dass es eine andere Welt gibt, die nur mithilfe von Intuition oder Glauben wahrgenommen werden kann. Die geistige Dimension ihres Lebens ist für sie häufig wichtiger als die materielle, die mit den Sinnen wahrgenommen wird.

Innerer Kompass

Von Natur aus sind *Mentoren* Idealisten. Für gewöhnlich sind sehr hohe moralische Standards und ethische Vorgehensweisen für sie typisch. Sie überlegen oft, wie sie ihr Potenzial im Leben ausnutzen sollten. Ferner möchten *Mentoren* sich fortbilden und anderen Menschen helfen, ihren Platz in der Welt zu finden. Sie glauben, dass es die natürliche Pflicht eines jeden Menschen ist, anderen zu helfen und all jene zu verteidigen, die schwächer sind oder selbst nicht in der Lage sind, ihre eigenen Interessen zu vertreten. *Mentoren* möchten die Welt verbessern, deren Probleme lösen und anderen Menschen bei ihrer Entwicklung helfen. Sie glauben daran, dass das Leben einfacher und die Welt besser wäre, wenn alle versuchen würden, einander zu verstehen. *Mentoren* engagieren sich für Aufgaben aufgrund der Tatsache, dass es Probleme gibt, die es zu lösen gilt, und nicht zwecks Karriere oder für Ehrungen. Sie sind Visionäre und zeitgleich Aktivisten, die es nicht bei bloßen Ideen belassen, sondern versuchen, sie in die Tat umzusetzen.

Mentoren haben stets das Gefühl, sie seien im Dienst – sie sind ununterbrochen bereit, zu handeln und all jene zu verteidigen, die sich in Not befinden. In ihrem Leben richten sie sich für gewöhnlich nach einem klaren Ziel – sie haben eine sehr starke Überzeugung davon, was wichtig und was zu tun ist. Es gibt nicht viele Dinge, die sie von der Realisierung ihrer Visionen aufhalten könnten.

Mentoren knüpfen oftmals an verschiedene Theorien oder Ideen an. Sie fühlen sich von der spirituellen Welt angezogen und mögen die Sprache von Symbolen und Metaphern. Viele allgemein gültige Verhaltensweisen und Sitten erachten sie als sinnlos und wundern sich, dass andere Menschen dies nicht genauso sehen.

Wahrnehmung

Mentoren möchten die Welt besser verstehen und denken über den Sinn des Lebens nach. Ihre Aufmerksamkeit wird von Phänomenen philosophischer oder/und theologischer Natur gefesselt. Sie sind aufmerksame Beobachter, die versuchen, alle neuen Informationen und Daten an das von ihnen verinnerlichte Weltbild anzupassen. Wenn eine einzelne Information nicht passt, gehen sie davon aus, dass ihr ganzes Weltbild einer Umstrukturierung bedürfen könnte.

Dieser innere, für andere unsichtbare Prozess findet bei *Mentoren* ihr ganzes Leben lang statt. Ihr Verstand läuft immer auf Hochtouren und analysiert penibel neue Daten. In der heutigen Welt, in der Menschen mit einer immer größeren Masse an Informationen bombardiert werden, neigen *Mentoren* dazu, sich überladen zu fühlen. Sie versuchen oftmals, dem Übermaß an Informationen Herr zu werden, indem sie einige Vereinfachungen vornehmen – sie ignorieren bspw. all jene Daten, die denen, die sie zuvor aufgenommen haben, ähnlich sind.

In den Augen anderer Menschen

Andere Menschen sehen in *Mentoren* freundliche, warme und sympathische Menschen. Ihre Weisheit sowie aktive Herangehensweise an Probleme ruft allgemeinen Respekt hervor. Es fällt jedoch schwer, sie kennenzulernen und zu durchschauen. *Mentoren* sind nämlich Menschen, die über eine komplexe Persönlichkeit und starke Intuition verfügen. Sie können den Anschein von geheimnisvollen und rätselhaften Personen erwecken, da sie ihre eigene Welt haben, die sie vor anderen schützen. Nur ihre Nächsten haben Zugang zu dieser Welt. Dahingegen vermögen es *Mentoren* sogar ihre besten Freunde und ihre Familie zu überraschen! Erstaunlicherweise stellen auch für *Mentoren* selbst viele Aspekte ihrer eigenen Persönlichkeit ein Rätsel dar.

Mentoren ziehen sich oftmals zurück, da sie Einsamkeit und Ruhe brauchen, um ihre Kräfte zu sammeln. Sie halten Menschen aber keineswegs auf Distanz, ganz im Gegenteil – *Mentoren* verhalten sich gegenüber anderen herzlich und zeigen ehrliches Interesse, was vor allem ihre Nächsten betrifft. *Mentoren* versuchen um jeden Preis, Menschen nicht zu verletzen und ihnen kein Leid zuzufügen.

Kommunikation

Für gewöhnlich verstehen *Mentoren* es, sowohl mit gesprochenen als auch geschriebenen Worten umzugehen. Sie artikulieren ihre Gedanken auf eine verständliche Art und Weise und vermögen es hervorragend mit anderen Menschen zu kommunizieren. Andererseits haben sie häufig eine Abneigung gegen öffentliche Auftritte. Wenn sie aber auftreten müssen, meistern sie auch dies wunderbar. Ferner sind *Mentoren* hervorragende Zuhörer und Beobachter. Sie deuten nicht nur Worte, aber auch Gesten und Gefühle anderer Menschen. Für gewöhnlich sind sie imstande, ihre Aussagen zu kontrollieren, denn sie sind sich bewusst, welch große Kraft Worte innehaben. Sie schweigen, wenn sie davon ausgehen, dass es so besser wäre.

Mentoren sind großzügig bei Lob und mögen selbst Komplimente seitens anderer Menschen. Dahingegen vertragen sie schlecht Kritik und empfinden sie als persönlichen Angriff. Auch übermäßige Bürokratie und Formalismus stören sie, wobei sie gleichzeitig übermäßiger Vertraulichkeit auch abgeneigt sind (z.B. wenn sie im Gespräch angefasst werden oder man ihnen dabei auf den Rücken klopft).

Gedanken

Mentoren denken oft über das Ziel ihres Lebens nach und darüber, was sie gerne erreichen würden. Es kommt vor, dass sie frühere Prioritäten revidieren und sie neu formulieren. Sie verspüren oftmals eine innere Unruhe. *Mentoren* haben viele Ideen, von denen sie nie alle realisieren können. Nicht selten beschuldigen sie sich selber, dass sie ihre Möglichkeiten nicht in vollem Maße ausgeschöpft haben oder nicht genug für andere Menschen getan haben.

Mentoren vermögen es, zukünftige Chancen und Gefahren zu erkennen. Die Gegenwart ist für sie nicht das Ziel, sondern der Ausgangspunkt. Für gewöhnlich blicken sie in die Zukunft, ohne dabei ihre früheren Erfolge zu erkennen. Oftmals sind sie sich auch nicht dessen bewusst, was sie bereits alles erreicht haben. *Mentoren* erkennen immer wieder neue Bedürfnisse und Aufgaben am Horizont.

Entscheidungen

Wenn *Mentoren* eine Entscheidung treffen müssen, dann brauchen sie Zeit, um in Ruhe (am besten alleine) alle möglichen Lösungen zu erwägen. Ihre Ideen sind gelegentlich unkonventionell. Sie mögen keine Konflikte, wenngleich sie Konfrontationen nicht scheuen, sofern sie einschätzen, dass sie positive Folgen haben könnten.

Mentoren schätzen Ordnung. Es fällt ihnen schwer in einem Umfeld zu leben, in dem Chaos herrscht. Bevor sie sich an die Arbeit machen, investieren sie viel Zeit und Energie, um alle nötigen Informationen zu sammeln und die beste Taktik zu wählen. Für gewöhnlich richten sich *Mentoren* nach ihrer Intuition und glauben an ihre Vorahnung. Manchmal führt dies zu Missachtung der Meinung anderer Menschen oder dazu, dass sie stur auf ihrer Meinung beharren.

In Stresssituationen

Mentoren sind anfällig für Stress. Sie verspüren öfter inneren Druck und vermögen es nicht, zu entspannen. Dies kann zu somatischen Leiden führen (bspw. Bluthochdruck). Wenn sie es schaffen, ihre Pflichten ruhen zu lassen, bevorzugen *Mentoren* es, ihre Freizeit gemächlich zu verbringen, fernab des Lärms, im vertrauten Kreis.

Sozialer Aspekt der Persönlichkeit

Mentoren sind Menschen mit einer tiefgründigen, komplexen Persönlichkeit. Zugleich sind sie auch sehr freundschaftlich und herzlich. Sie sind aber kein Freund von Konventionen und Anstandsgesten. *Mentoren* mögen auch keine oberflächlichen Beziehungen und vermögen es nicht, sich mit Menschen anzufreunden, die sich entgegen ihrer eigenen Überzeugungen verhalten oder sich als jemand ausgeben, der sie nicht sind.

Mentoren verfügen oft über Anführerqualitäten, wenngleich sie nicht dem Typ des Anführers oder Showman entsprechen. Sie heben sich selbst nicht hervor und streben nicht nach Anerkennung. Dafür sind sie aber imstande, enormen Einfluss auf andere Menschen auszuüben. Sie sind hervorragende Mentoren (daher auch die Bezeichnung für diesen Persönlichkeitstyp). Für andere stellen Begegnungen und Gespräche mit *Mentoren* eine Inspiration und Motivation zum Handeln dar. *Mentoren* bewirken, dass Menschen ihre eigene Situation und die Welt aus einer völlig neuen Perspektive betrachten.

Mentoren interessieren sich wirklich für die Probleme anderer Menschen und vermögen es, ihnen zuzuhören. Sie verfügen auch über eine unglaubliche Intuition. Aufgrund dieser Charakterzüge sind sie hervorragende Berater und Therapeuten. Ihre Beziehungen zu anderen Menschen sind sehr direkt und persönlich. *Mentoren* lassen sich nicht vom Schein täuschen – sie verstehen es, die echten Gefühle und

Emotionen anderer Menschen zu erkennen (sogar unbewusst).

Unter Freunden

Mentoren möchten tiefgründige und natürliche Freundschaften schließen. Ihre Hingabe ist grenzenlos und manchmal sogar unkritisch. Sie schätzen Ehrlichkeit und Authentizität sehr. Ihre Fähigkeit, über ihre Emotionen zu walten, sowie ihr Wunsch nach Einsamkeit bewirken, dass sie auf Fremde ab und zu distanziert wirken (was vollkommen falsch ist). Tatsächlich mögen *Mentoren* Menschen sehr und es liegt ihnen viel an guten Beziehungen zu ihnen. Sie sind treue Freunde, die glauben, dass echte Freundschaften das Leben besser machen. Für die Pflege und Verbesserung von zwischenmenschlichen Beziehungen sind sie imstande, viel Energie und Mühe aufzuwenden.

Und obwohl sie nicht nach Beliebtheit streben, werden sie allgemein gemocht. Menschen schätzen die freundliche Haltung von *Mentoren* sowie ihre Ehrlichkeit und ihre aktive Herangehensweise an Aufgaben. Ein weiterer positiver Punkt, den Menschen an *Mentoren* beobachten, ist die Tatsache, dass diese ihnen helfen, ihr eigenes Potenzial zu entdecken und zu nutzen. *Mentoren* selbst fühlen sich wohl inmitten von Menschen, die sie verstehen, akzeptieren und als diejenigen Menschen, die sie wirklich sind, respektieren.

Unter Freunden von *Mentoren* finden sich praktisch Vertreter aller Persönlichkeitstypen. Am häufigsten sind es aber *Idealisten, Berater, Betreuer* und andere *Mentoren*. Am seltensten hingegen *Animateure, Praktiker* und *Verwalter*. Für gewöhnlich haben Mentoren zwar nicht viele Freunde, dafür sind ihre wenigen Freundschaften aber tiefgründig und sehr beständig.

In der Ehe

Als Lebenspartner sind *Mentoren* sehr fürsorglich. Ihre Liebe ist tiefgründig, wobei sie ihre Beziehung oftmals als etwas

Mystisches und Spirituelles betrachten. Sie wünschen sich eine Einheit der Gedanken und der Herzen, die es erlaubt, am tiefsten verborgene Gefühle, Erlebnisse, Träume und Visionen zu teilen.

Sie äußern ihre Liebe und mögen auch selbst fürsorgliche Gesten und Symbole der Verbundenheit. *Mentoren* wünschen sich, dass ihre Beziehungen perfekt sind, was dazu führt, dass sie ergebene Lebenspartner sind, die bereit sind, an ihrer Beziehung zu arbeiten. Diese Haltung kann aber im Extremfall auch dazu führen, dass ihre Partner erschöpft und frustriert sind, da sie sich davor fürchten, den Anforderungen ihrer *Mentoren* nicht gerecht zu werden. Es kommt auch vor, dass *Mentoren* Perfektion außerhalb der Beziehung suchen.

Natürliche Kandidaten als Lebenspartner sind für *Mentoren* Personen mit verwandten Persönlichkeitstypen: *Idealisten*, *Berater* oder *Enthusiasten*. In solchen Beziehungen ist es für sie einfacher, gegenseitiges Verständnis und harmonische Beziehungen aufzubauen. Die Erfahrung zeigt aber, dass *Mentoren* auch imstande sind, gelungene, glückliche Beziehungen mit Personen einzugehen, deren Typ offensichtlich völlig verschieden ist. Umso interessanter sind diese Beziehungen, da die Unterschiede zwischen den Partnern der Beziehung Dynamik verleihen und Einfluss auf die persönliche Entwicklung nehmen können.

Als Eltern

Für *Mentoren* ist die Rolle als Eltern etwas völlig Natürliches. Sie gehen diese Verpflichtung sehr ernst an. *Mentoren* sind ihren Kindern ergeben und bereit, jegliche Opfer für sie zu bringen. Sie begegnen ihren Kindern mit viel Wärme und Zuneigung und sind liebevolle Eltern, die für gewöhnlich eine enge und tiefgründige Bindung zu ihren Kindern haben. *Mentoren* erklären ihren Kindern die Welt und ordnen sie für sie. Sie möchten ihren Nachwuchs zu reifen, unabhängigen Menschen erziehen, die fähig sind, selbstständig zu denken, eigene Urteile zu fällen, das Gute vom Bösen zu unterscheiden und richtige Entscheidungen zu treffen. Um dies zu bewerkstelligen, lassen sie ihre Kinder an Entscheidungen teilhaben, motivieren sie zum Lernen und regen zur Ausschöpfung ihrer Talente und natürlichen Gaben an. Andererseits stellen *Mentoren* auch sehr hohe Anforderungen an ihren Nachwuchs, weswegen sie auch streng sein können.

Kinder schenken *Mentoren* sehr viel Vertrauen, weswegen sie im Fall von Problemen auch gerne bei ihnen Hilfe suchen. Manchmal nehmen sie ihren Eltern aber übel, dass sie mehr leisten müssen als ihre Altersgenossen, wobei sie gerade dafür später im Leben dankbar sind. Sie schätzen auch, dass sie von ihren Eltern gelernt haben, wie man gut leben sollte und dass ihre *Mentoren* sie gelehrt haben, ihre Talente zu nutzen und ihre Leidenschaften auszuleben.

Arbeit und Karriere

Wenn *Mentoren* einen Sinn in ihrer Tätigkeit erkennen, sind sie imstande, hart zu arbeiten und sich aufzuopfern. Jegliche Aufgaben versuchen sie auf dem bestmöglichen Niveau zu lösen. *Mentoren* arbeiten gerne eigenständig oder in kleineren Gruppen. Dahingegen mögen sie keine Menschenmassen und oberflächlichen Beziehungen zwischen Menschen.

Im Team

Mentoren mögen keine Konflikte, Konfrontationen oder Antagonismen. Sie gehen davon aus, dass eine harmonische und freundliche Zusammenarbeit der beste Garant für den Erfolg ist. Sie mögen Vorgesetzte, die gemäß ihrer Ideale handeln und starke Anführer sind, zugleich aber auch ihre Mitarbeiter unterstützen.

Mentoren bringen in Teams eine freundschaftliche Atmosphäre ein – sie sind oftmals diejenigen, die dabei helfen, Probleme aus einer breiteren Perspektive zu betrachten und einen Konsens zu finden.

Ziele

Sie mögen es, Menschen bei ihren Problemen zu helfen und provozieren sie, die richtigen Fragen zu stellen und die dazugehörigen Antworten zu suchen. Das Bewusstsein, dass sie hilfreich waren, ist für *Mentoren* überaus befriedigend. Sie setzen sich anspruchsvolle Ziele und glauben daran, dass sie Einfluss auf das Schicksal ihres Landes und der Welt haben. Viele Menschen erachten solche Ziele als hochtrabend und unwirklich, *Mentoren* nehmen diese aber sehr ernst.

Unternehmen

Mentoren finden sich gut in Unternehmen oder Institutionen wieder, deren Tätigkeit den Ausgleich von Chancen, die Unterstützung lokaler Gemeinschaften oder von Menschen, die mit ihren Problemen nicht zurechtkommen, zum Ziel hat. Sie arbeiten oftmals sozial, als Berater oder Lehrer. *Mentoren* können aber auch genauso gut Schriftsteller, Textautoren oder Geistliche sein.

Oftmals sind *Mentoren* Autoren von Systemlösungen, die bspw. das gesellschaftliche Leben betreffen. Sie finden sich auf allen Positionen zurecht, in denen Kreativität gefragt ist und die Eigenständigkeit garantieren.

Aufgaben

Mentoren mögen Aufgaben, dank denen sie anderen Menschen helfen und die Welt zum Guten verändern können. Dahingegen verlieren sie den Boden unter den Füßen, wenn sie administrative Tätigkeiten übernehmen müssen, die nach pingeliger Genauigkeit, Analyse von Dokumenten oder der Verarbeitung von Daten verlangen. *Mentoren* sind ferner auch nicht imstande, in einer Atmosphäre eines Interessenskonflikts zu arbeiten oder Aufgaben zu übernehmen, die nicht mit ihrem Weltbild einhergehen.

Berufe

Das Wissen über das eigene Persönlichkeitsprofil sowie die natürlichen Präferenzen stellen eine unschätzbare Hilfe bei der Wahl des optimalen Berufsweges dar. Die Erfahrung zeigt, dass *Mentoren* mit Erfolg in verschiedenen Bereichen arbeiten und aufgehen können. Doch dieser Persönlichkeitstyp prädisponiert sie auf natürliche Art und Weise zu folgenden Berufen:

- Arzt,
- Berater,
- Bibliothekar,
- Coach,
- Designer,
- Ernährungsberater,
- Experte für Arbeitnehmerrechte,
- Filmschaffender,
- Fotograf,
- Geistlicher,
- Journalist,
- Konsultant,
- Künstler,
- Kurator,
- Lehrer,
- Mitarbeiter in der Sozialhilfe,
- Musiker,
- Pädagoge,
- Psychologe,
- Physiotherapeut,
- Projektkoordinator,
- Redakteur,
- Sanitäter,
- Schriftsteller,
- Soziologie,

- Therapeut,
- TV-Produzent,
- Vermittler,
- Wissenschaftler.

Potenzielle starke und schwache Seiten

Ähnlich wie auch andere Persönlichkeitstypen haben *Mentoren* potenzielle starke und schwache Seiten. Dieses Potenzial kann auf verschiedenste Weise ausgeschöpft werden. Glück im Privatleben sowie Erfolg im Beruf hängen bei *Mentoren* davon ab, ob sie die Chancen, die mit ihrem Persönlichkeitstyp verknüpft sind, nutzen und ob sie den Gefahren auf ihrem Weg die Stirn bieten können. Im Folgenden eine ZUSAMMENFASSUNG dieser Chancen und Gefahren:

Potenzielle starke Seiten

Mentoren erkennen Dinge, die für andere nicht selbstverständlich sind – Verbindungen zwischen einzelnen Ereignissen und sich wiederholende Verhaltensmuster. Wenn sie an der Lösung eines Problems arbeiten, analysieren sie es unter verschiedenen Gesichtspunkten und aus verschiedenen Perspektiven. Für gewöhnlich sind sie imstande, den möglichen Verlauf von Ereignissen vorherzusehen und potenzielle Chancen und Gefahren einer Situation zu erkennen. Ihre Ideen sind sehr kreativ und unkonventionell. Sie haben keine Probleme, komplexe Theorien und abstrakte Konzepte zu verstehen.

Sie interessieren sich wirklich für andere Menschen und ihre Probleme. *Mentoren* sind empfänglich für ihre Bedürfnisse und Gefühle. Sie zeichnen sich durch eine unglaubliche Intuition und Empathie sowie natürliche Herzlichkeit aus. *Mentoren* sind hervorragende Beobachter und Zuhörer. Sie vermögen es, menschliche Gefühle und Empfindungen zu deuten. Sie inspirieren andere Menschen, ihr eigenes Potenzial zu entdecken und es zu nutzen. Ferner geben *Mentoren* anderen Menschen den nötigen Antrieb, ihr Leben in den Griff zu bekommen.

Ihre Beziehungen zu anderen Menschen sind natürlich, ehrlich und tiefgründig. *Mentoren* verstehen es, unter die Oberfläche zu gelangen, um den Kern eines Problems zu erkennen. Sie sind sehr pflicht- und verantwortungsbewusst und behandeln all ihre Aufgaben sehr ernst. Darüber hinaus sind sie nicht dazu fähig, diese Aufgaben unter ihrem Niveau auszuführen, da sie sehr hohe Ansprüche an sich selbst und andere stellen. Ihr Wunsch ist es, dass alle Menschen ihre Möglichkeiten und Talente in vollem Maße zu nutzen wissen. Darüber hinaus vermögen es *Mentoren*, hervorragend mit dem geschriebenen und gesprochenen Wort umzugehen, weswegen sie auch immer auf eine klare Art und Weise ihre Gedanken äußern. Ihr Ziel ist die Perfektion. Wenn sie einen Sinn in ihrer Arbeit sehen, vermögen sie es sich voll und ganz auf ihre Pflichten zu konzentrieren und auch viel dafür zu opfern. Sie schenken etwaigen Hindernissen dabei keine Beachtung und es fällt im Allgemeinen schwer, *Mentoren* zu entmutigen.

Potenzielle schwache Seiten

Der Idealismus von *Mentoren* bewirkt, dass sie oftmals Probleme mit dem Leben in der realen Welt haben. Sie neigen dazu, nicht sachlich zu sein (es kommt vor, dass sie bei Gesprächen von dem eigentlichen Thema zu allgemeinen Überlegungen abschweifen). Des Weiteren haben *Mentoren* Probleme mit Routine und alltäglichen Tätigkeiten. Sie tendieren auch dazu, Einzelheiten zu vergessen.

Ihre Erwartungen gegenüber anderen Menschen sind ab und zu unrealistisch, denn sie berücksichtigen deren natürliche Grenzen nicht. Oftmals erwecken *Mentoren* den Eindruck von Menschen, die man kaum befriedigen kann. Für gewöhnlich gehen sie auch davon aus, dass sie Recht haben und erklären anderen nicht einmal, wieso dem so sein sollte. Sie sind dazu fähig, die Meinung anderer Menschen von vornherein zu verwerfen. Ihre „vielschichtige" Wahrnehmung der Realität bewirkt darüber hinaus, dass sich *Mentoren* oftmals die Frage stellen, ob der von ihnen gewählte Weg oder ihre Entscheidungen richtig sind. In Situationen, die nach Improvisation oder schnellen Entscheidungen verlangen, verlieren *Mentoren* oftmals den Boden unter den Füßen.

Es fällt ihnen nicht einfach, anderen ihre Probleme mitzuteilen und ihre Hilfe in Anspruch zu nehmen. Auch Konfliktsituationen vertragen *Mentoren* ebenso schlecht wie Kritik, die sie häufig als persönlichen Angriff werten. Stress hingegen bewirkt bei ihnen innere Anspannung sowie (oft) auch somatische Leiden. Er entzieht ihnen zudem den Glauben an die eigenen Fähigkeiten und bewirkt manchmal, dass sie zu Genussmitteln greifen.

Mentoren sind sehr empfindlich und verletzbar, weswegen sie auch Probleme damit haben, zu verzeihen und so über lange Zeit nachtragend sein können.

Persönliche Entwicklung

Die persönliche Entwicklung von *Mentoren* hängt davon ab, in welchem Grad sie ihr natürliches Potenzial nutzen und ob sie die Gefahren, die in Verbindung mit ihrem Typ stehen, zu bewältigen vermögen. Die folgenden praktischen Tipps stellen eine Art Dekalog des *Mentors* dar.

Sprechen Sie mit anderen über Ihre Ideen

Nicht alle wissen, wie Sie auf ihre Ideen gekommen sind, weswegen Sie nicht davon ausgehen sollten, dass es offensichtlich ist. Die Besprechung ihrer Ideen mit Vertrauten und Mitarbeitern wird die Atmosphäre sehr verbessern und Ihnen dabei helfen, sie aus einem anderen Blickwinkel zu betrachten.

Haben Sie keine Angst vor Kritik

Haben Sie keine Angst, kritisch zu sein und Kritik seitens anderer Menschen anzunehmen. Kritik kann konstruktiv sein und muss nicht unbedingt einen Angriff auf andere Menschen oder die Anzweiflung ihrer Werte bedeuten.

Seien Sie praktischer

Sie haben eine natürliche Tendenz zu idealistischen Ideen, die fern ab des reellen Lebens sind. Denken Sie über ihre praktischen Aspekte nach – darüber, wie sie in der realen, unvollkommenen Welt realisiert werden könnten.

Lehnen Sie die Ideen und Meinungen anderer Menschen nicht ab

Hören Sie genau zu, was andere zu sagen haben. Versuchen Sie ihre Ideen zu verstehen, bevor Sie sie ablehnen oder meinen, sie bereits gehört zu haben. Gehen Sie nicht von der Annahme aus, dass niemand sich so gut auskennt wie Sie.

Haben Sie keine Angst vor Konflikten

Auch zwischen sich sehr nahestehenden Personen kommt es manchmal zu Meinungsverschiedenheiten. Konflikte bedeuten aber nicht zwangsweise etwas Destruktives. Sehr oft helfen sie dabei, Probleme aufzuzeigen und sie zu lösen! Stecken Sie also nicht Ihren Kopf in den Sand, wenn Sie sich in einer Konfliktsituation befinden. Versuchen Sie viel mehr klar Ihren Standpunkt sowie Ihre Empfindungen bzgl. des Problems zu vertreten.

Beschuldigen Sie andere Menschen nicht für Ihre Probleme

Denken Sie gut über die Quelle von Problemen nach. Vergehen und Fehler werden nicht nur von anderen begangen. Auch Sie können der Grund für ein Problem sein.

Hören Sie auf mit der Schwarzmalerei

Konzentrieren Sie sich nicht auf Gefahren und Bedrohungen. Die Angst vor ihnen kann Sie lähmen. Sie werden viel mehr schaffen, wenn Sie sich den helleren Seite des Lebens widmen und versuchen, deren Potenzial zu nutzen.

Seien Sie nachsichtiger

Seien Sie mit anderen Menschen geduldiger angesichts deren Mängel und Unzulänglichkeiten. Vergessen Sie dabei nicht, dass nicht jeder die gleiche Aufgabe bekommen kann, denn nicht alle Menschen sind für alle möglichen Arten von Aufgaben geschaffen. Wenn also einmal jemand sich mit seiner Aufgabe schwertut, dann ist das nicht zwangsweise ein Anzeichen von Böswilligkeit oder Faulheit.

Ruhen Sie sich aus

Versuchen Sie manchmal, Ihre Pflichten loszulassen und etwas Angenehmes zu unternehmen. Entspannen Sie, haben Sie ein bisschen Spaß. Dies hilft Ihnen, einen besseren Standpunkt einzunehmen und mit einem klaren Kopf zu Ihren Pflichten zurückzukehren.

Sehen Sie ein, dass Sie auch irren können

Niemand ist unfehlbar. Andere Menschen können teilweise oder komplett Recht haben. Sie wiederum können teilweise oder komplett im Irrtum sein. Akzeptieren Sie dies und lernen Sie, Fehler einzugestehen.

Bekannte Personen

Eine Liste bekannter Personen, die dem Profil des *Mentors* entsprechen:

- **Johann Wolfgang von Goethe** (1749-1832) – der herausragendste deutsche Dichter der Weimarer Klassik (u. a. *Erlkönig*), Dramaturg (u. a. *Faust*),

Prosaiker (u. a. *Die Leiden des jungen Werther*), Gelehrter und Politiker;

- **Nathaniel Hawthorne** (1804-1864) – einer der herausragendsten Schriftsteller der Vereinigten Staaten (u. a. *Der scharlachrote Buchstabe*) und Verfasser von Kurzgeschichten, Vertreter der Romantik und des Transzendentalismus;
- **Emily Jane Brontë** (1818-1848) – britische Schriftstellerin (u. a. *Sturmhöhe*) und Dichterin;
- **Fanny Crosby**, eigtl. Frances Jane Crosby (1820-1915) – blinde US-amerikanische Dichterin geistlicher Texte (über 8000), Aktivistin der Methodistenkirche, zu Lebzeiten eine der bekanntesten Frauen in den Vereinigten Staaten;
- **Mary Baker Eddy** (1821-1910) – US-amerikanische Mystikerin und Wissenschaftlerin, Begründerin der Christian-Science-Lehre;
- **Mahatma Gandhi**, eigtl. Mohandas Karamchand Gandhi (1869-1948) – einer der Begründer der modernen indischen Staatlichkeit, Befürworter eines passiven Widerstands als Mittel zum politischen Kampf;
- **Nelson Mandela** (1918-2013) – südafrikanischer Aktivist gegen die Apartheid in Südafrika, nach deren Aufhebung Präsident von Südafrika, Friedensnobelpreisträger;
- **Jimmy Carter**, eigtl. James Earl Carter (geb. 1924) – der 39. Präsident der Vereinigten Staaten, Aktivist für Menschenrechte, Friedensnobelpreisträger;
- **Martin Luther King jr.** (1929-1968) – US-amerikanischer Baptistenpastor und Bürgerrechtler, der sich für die Abschaffung der Rassentrennung in den USA aussprach, Friedensnobelpreisträger;

- **Piers Anthony**, eigtl. Piers Anthony Dillingham Jacob (geb. 1934) – US-amerikanischer Science-Fiction- und Fantasy-Autor (u. a. *Xanth*);
- **Michael Landon**, eigtl. Eugene Maurice Orowitz (1936-1991) – US-amerikanischer Schauspieler, Produzent und Regisseur (u. a. *Ein Engel auf Erden*);
- **Billy Crystal** (geb. 1948) – US-amerikanischer Schauspieler (u. a. *Reine Nervensache*), Regisseur und Drehbuchautor;
- **Mel Gibson**, eigtl. Mel Columcille Gerard Gibson (geb. 1956) – US-amerikanischer Schauspieler (u. a. *Lethal Weapon*), Regisseur und Filmproduzent (u. a. *Die Passion Christi*);
- **Nicole Kidman** (geb. 1967) – US-amerikanisch-australische Schauspielerin (u. a. *Unterwegs nach Cold Mountain*), Sängerin.

Der Moderator (ESFP)

Profil

Lebensmotto: *Heute ist der richtige Zeitpunkt!*

Optimistisch, energisch und offen gegenüber Menschen. *Moderatoren* sind lebenslustig und haben gerne Spaß. Sie sind praktisch, zugleich aber auch flexibel und spontan. Sie mögen Veränderungen und neue Erfahrungen. Einsamkeit, Stagnation und Routine hingegen vertragen sie eher schlecht. *Moderatoren* mögen es, im Zentrum der Aufmerksamkeit zu stehen.

Sie verfügen über ein natürliches Schauspieltalent und über die Gabe, interessant und packend zu berichten. Indem sie sich auf das Hier und Jetzt konzentrieren verlieren sie manchmal langfristige Ziele aus den Augen. Sie neigen dazu, Konsequenzen ihres Handelns nicht richtig einschätzen zu können.

Natürliche Veranlagungen des *Moderators*

- Die Quelle seiner Lebensenergie: seine äußere Welt.
- Informationsaufnahme: Sinne.
- Art und Weise wie Entscheidungen getroffen werden: Herz.
- Lebensstil: spontan.

Ähnliche Persönlichkeitstypen

- *Anwalt*
- *Künstler*
- *Betreuer*

Statistische Angaben

- *Moderatoren* stellen ca. 8-13 % der Gesellschaft dar.
- Unter *Moderatoren* überwiegen Frauen (60 %).
- Das Land, welches dem Profil des *Moderators* entspricht, ist Brasilien.[13]

Buchstaben-Code

Der universelle Code des *Moderators* ist in den Jungschen Persönlichkeitstypologien ESFP.

Allgemeines Charakterbild

Moderatoren sind überaus optimistisch und spontan. Sie vermögen es, den Augenblick zu genießen und möchten so gut es nur geht ihr Leben ausnutzen. Sie lieben Veränderungen,

---

[13] Dies bedeutet nicht, dass alle Einwohner von Brasilien zu dieser Gruppe gehören, wenngleich die brasilianische Gesellschaft – als Ganzes – viele charakteristische Eigenschaften der *Moderatoren* verkörpert.

neue Erfahrungen und Überraschungen. Wenn sich *Moderatoren* für etwas engagieren, bringen sie all ihre Energie dafür auf. Sie mögen es, dort zu sein, wo etwas passiert.

In den Augen anderer Menschen

Moderatoren mögen Menschen und vermögen es, sich wahrhaftig über jedes Treffen und jedes Gespräch zu freuen. Der Kern ihrer Beziehungen zu anderen Menschen ist die Sorge um andere Menschen sowie das gemeinsame Vergnügen. Ihr Optimismus, ihre Offenheit und ihre Fähigkeit, sich am Leben zu erfreuen, rufen Bewunderung bei anderen Menschen aus (nicht selten bewirken sie, dass auch andere Menschen positiver denken).

Üblicherweise strotzen *Moderatoren* nur so vor Energie und sind die Seele der Gesellschaft. Wo auch immer sie auftauchen, ziehen sie die Aufmerksamkeit anderer Menschen auf sich. In ihrer Gesellschaft amüsieren sich Menschen ausgezeichnet und vergessen all ihre Probleme, wobei sie manchmal auch das Gefühl haben, dass sie an einer Aufführung teilnehmen. *Moderatoren* haben nämlich einen hervorragenden Sinn für Humor und natürliches Schauspieltalent. Sie vermögen es auf eine unglaublich bunte Art die Realität zu kommentieren und über ihre zahlreichen Abenteuer zu erzählen. Wenn sie Zuhörer haben, können sie stundenlang erzählen, wobei sie zahlreiche nebensächliche Geschichten und Anekdoten einbringen.

Ihre Zuhörer hören ihnen dabei gespannt zu, wenngleich sie sich dessen bewusst sind, dass *Moderatoren* einen Hang zur Ausschmückung und Aufbauschung von Fakten haben. Oftmals beneiden sie *Moderatoren* auch um ihr interessantes Leben und die Fähigkeit, sich an jedem Tag zu erfreuen. *Moderatoren* selbst hingegen verspüren große Zufriedenheit, wenn sie anderen Menschen Optimismus vermitteln können, ihnen dabei behilflich sein können Spaß zu haben oder sie zum Handeln motivieren können. Wenn *Moderatoren* an Treffen teilnehmen, übernehmen sie oftmals die Rolle von Tanzmeistern und Moderatoren (daher auch die

Bezeichnung für diesen Persönlichkeitstyp), da sie sich hervorragend in der Rolle von Gastgebern und Zeremonienmeistern fühlen.

Ihr Interesse an Menschen, ihre Akzeptanz sowie ihre ehrliche Sympathie bewirken, dass *Moderatoren* gute Beziehungen zu den meisten Menschen pflegen. Einige stören sich jedoch an ihrer unbekümmerten und sorgenlosen Art sowie an der Tatsache, dass sie ständig versuchen, im Mittelpunkt zu stehen und Anerkennung und Akzeptanz zu erlangen. Andere Menschen wiederum halten *Moderatoren* vor, sie wären oberflächlich, nicht pflichtbewusst und nicht fähig, ernsthaft über das Leben nachzudenken.

Moderatoren hingegen stören sich an Menschen, die das Leben zu ernst nehmen. Sie mögen auch keine Passivität, Pessimismus, Mangel an Enthusiasmus, Stagnation sowie die Tatsache, dass manche Menschen Effektivität und Profit dem menschlichen Glück vorziehen. Es fällt ihnen auch schwer, Einzelgänger zu verstehen, die in ihrer eigenen Welt leben und sich mit abstrakten Theorien und philosophischen Überlegungen auseinandersetzen. *Moderatoren* vermögen es selber nicht, über längere Zeit einsam zu sein (sie eignen sich nicht für solch einen Lebensstil).

Unter Menschen

Moderatoren sind eine unerschöpfliche Quelle neuer Nachrichten, aktueller Informationen und neuer Witze (viele grübeln, woher sie sie nehmen). Für gewöhnlich wissen sie, was bei anderen gerade los ist, wenngleich dies kein Resultat von Tratsch ist, aber das Ergebnis ihres ehrlichen Interesses an Menschen. Wenn andere Menschen diese Eigenschaft erkennen, teilen sie *Moderatoren* gerne ihre Erlebnisse mit. Wenn Menschen mit *Moderatoren* sprechen, fühlen sie sich aufgebaut und getröstet. Menschen hilft die Tatsache, dass jemand ihnen aufmerksam zuhört, ihre Erlebnisse versteht und ihre Empfindungen in Worte zu fassen vermag. *Moderatoren* sind hervorragende Vertraute, da sie sich wirklich für andere Menschen interessieren und es vermögen, sich in deren Lage zu versetzen. Ferner sind sie ausgezeichnete Zuhörer und Beobachter menschlicher Verhaltensweisen.

In der Regel nutzen *Moderatoren* alle Gelegenheiten aus, um sich mit anderen Menschen zu treffen und etwas zu unternehmen. Sie verpassen sehr selten familiäre Feierlichkeiten oder andere Anlässe. Viel mehr sind sie selber gerne Gastgeber solcher Zusammenkünfte. Es fällt ihnen schwer, auf ihr Vergnügen und die Gelegenheit, angenehm die Zeit zu verbringen, zu verzichten. Auch wenn *Moderatoren* viel beschäftigt sind, vermögen sie es, Zeit für ihre Freunde zu finden. Sie freuen sich auch immer über unerwarteten Besuch. Der aktuelle Tag ist für sie wichtiger als die Zukunft, die Menschen hingegen stehen vor der Arbeit und den Pflichten. Für gewöhnlich nutzen sie jede Gelegenheit, um zu feiern – sie verpassen keine Geburtstage, Jahrestage usw. Zu wichtigen Festen und Anlässen organisieren sie gerne prachtvolle Empfänge.

Moderatoren mögen Unterhaltung und Feiern so sehr, dass diese manchmal zum Ziel selbst für sie werden. Es kommt vor, dass sie bei ihrer Jagd nach Vergnügen, neuen Erfahrungen und Experimenten jegliche Einschränkungen und Hemmungen fallen lassen. Ihre Tendenz zu Risiko bewirkt manchmal, dass sie sich selbst Gefahren aussetzen und sogar ihre Gesundheit ruinieren bzw. von Genussmitteln abhängig werden.

Haltung

Moderatoren schätzen sehr ihre Freiheit und Unabhängigkeit (auch anderer Menschen) und sind sehr empfindlich für jegliche Anzeichen von Freiheitsbeschränkung. Sie dulden keine übertriebene Kontrolle, Unifizierung, Schubladendenken oder die Tatsache, dass Menschen wie Rädchen im Getriebe behandelt werden. Dahingegen schätzen *Moderatoren* Individualismus und gehen davon aus, dass jeder Mensch seinen Wert hat und unersetzlich ist.

Von Natur aus interessieren sie sich nicht für abstrakte Theorien und Konzepte, die nicht unmittelbar im Leben im Hier und Jetzt anwendbar sind. *Moderatoren* bevorzugen es, sich in der Welt konkreter Daten und handfester Fakten zu bewegen. Hypothetische Möglichkeiten und potenzielle Chancen und Bedrohungen langweilen sie, auch langfristige Planungen für die Zukunft gehören nicht zu ihrer „Welt". In der Regel liegt es *Moderatoren* fern, Ersparnisse „für schlechtere Zeiten" anzulegen oder „für die Rente" zu sparen. Sie konzentrieren sich eher auf den aktuellen Tag. Wenn ihnen freie Mittel zur Verfügung stehen, ziehen *Moderatoren* es vor, diese sofort auszugeben.

Für gewöhnlich versuchen sie auch, vor allen unangenehmen Erfahrungen zu fliehen und nicht an die traurigen Aspekte des Lebens zu denken. *Moderatoren* bevorzugen es, sich auf die hellen Seiten des Lebens zu konzentrieren. Ihr angeborener Optimismus bewirkt, dass sie die Welt durch eine rosarote Brille betrachten. Sie glauben, dass alles möglich ist und haben keine Angst vor neuen Herausforderungen und dem damit verbundenen Risiko. Auch Hindernisse oder Schwierigkeiten vermögen es nicht, sie von ihren Vorhaben abzuschrecken.

Wahrnehmung und Gedanken

Moderatoren verfügen über einen entwickelten ästhetischen und räumliche Sinn sowie künstlerische Fähigkeiten. Sie kennen sich in neuen Trends gut aus und interessieren sich oftmals für Mode. Ihr Zuhause hingegen zeichnet sich durch einen geschmackvollen Stil aus. *Moderatoren* vermögen es, ihre Inneneinrichtung und die Dekorationen so zu wählen, dass sie ihren Räumen einen warmen und gemütlichen Charakter verleihen. Häufiger als andere verfügen sie auch über kulinarische Fertigkeiten sowie die Vorliebe für gutes Essen. Neue Sachen erlernen sie am liebsten durch Beobachtung, Experimente und Erfahrungen.

Von Natur aus sind *Moderatoren* Pragmatiker. Sie interessieren sich hauptsächlich für alle Dinge, die sie anfassen, erfahren oder schmecken können. Sie mögen praktische Aufgaben und helfen gerne anderen bei der Lösung von konkreten, greifbaren Problemen. Dabei scheuen sie keine Zeit oder Energie. Wenn *Moderatoren* es mit komplexen Problemen und komplizierten Situationen zu tun haben, versuchen sie sie um jeden Preis zu vereinfachen. Dabei tendieren sie dazu, Dinge so zu vereinfachen, dass ihre Vorschläge unangemessen und provisorisch sind (sie erlauben es, die Probleme temporär zu beheben, nicht aber sie zu beseitigen). *Moderatoren* mögen keine schwierigen, zweideutigen oder unklaren Situationen, die ihnen großes Unbehagen bereiten. Ihr Weltbild ist für gewöhnlich schwarz-weiß, weswegen sie in Situationen, in denen sie mit der „grauen" Realität in Kontakt treten (in der weiß nicht ganz weiß und schwarz nicht ganz schwarz ist), oftmals zu Vereinfachungen greifen (bspw. „hellen" sie das Weiße und „verdunkeln" das Schwarze).

Entscheidungen

Wenn *Moderatoren* Entscheidungen treffen, denken sie darüber nach, welchen Einfluss diese auf das Leben anderer Menschen ausüben werden. Sie beraten sich gerne mit ihren Bekannten und holen die Meinung ihres Umfelds ein. Für gewöhnlich richten sich *Moderatoren* nach ihrem Verstand und stützen sich auf Fakten und konkrete Daten (sie glauben nicht an Intuition und Vorahnung). Entscheidungen treffen sie für gewöhnlich recht schnell und wägen nicht das Für und Wider ab. Sie vermögen es, blitzschnell die Situation sowie die bestehenden Möglichkeiten einzuschätzen und schnell die ihres Erachtens vernünftigste Lösung auszuwählen.

Die meisten Schwierigkeiten machen ihnen Entscheidungen, die nach einer Berücksichtigung langfristiger Konsequenzen verlangen sowie der Fähigkeit, mit den Gedanken voraus zu sein und neue – bislang nicht aufgetretene –

Faktoren einzukalkulieren (bspw. potenzielle Gefahren, die langfristig auftauchen könnten). Dahingegen kommen *Moderatoren* weitaus besser mit Entscheidungen zurecht, die aktuelle, sofortige, konkrete und handfeste Probleme betreffen.

Leidenschaft

Moderatoren fühlen sich von all jenen Dingen angezogen, die neu, originell und „frisch" sind – neue Bekannte, neue Ideen, neue Produkte, neue Erfahrungen, neue Modetrends… Für gewöhnlich kennen *Moderatoren* alle aktuellen Trends und Neuheiten. Oftmals wissen sie als erste über neu eröffnete Restaurants, Clubs oder Pubs bzw. über geplante Veranstaltungen, Konzerte und jegliche Neuveröffentlichungen, die auf den Markt kommen sollen. Im Leben begeistert sie die Tatsache, dass jeder Tag etwas Neues bringt und jeder Augenblick eine Überraschung parat haben kann. Im Gegensatz dazu wirken Monotonie, Langeweile, Routine und Stagnation erschöpfend auf sie. Sie vermögen es jedoch, in jeder Aufgabe und jeder Situation etwas Aufregendes zu finden und versuchen jeder Arbeit spielerische und attraktionssteigernde Elemente hinzuzufügen, um Freude an ihr zu haben.

Moderatoren mögen keine Planung. Sie bevorzugen es viel mehr darauf zu warten, was der Tag bringt, um je nach Situation spontan Entscheidungen zu treffen. Ihr Leben läuft im jeweiligen Augenblick ab – sie versuchen das Beste aus jedem Moment zu machen. *Moderatoren* leben selten in ihren Erinnerungen oder Gedanken an die Zukunft. Sie möchten keine Zeit für Überlegungen über Probleme verlieren, die vielleicht das Morgen bringt. Für sie ist es weitaus wichtiger, das Leben zu genießen und sich erst mit Problemen auseinanderzusetzen, wenn sie da sind. Von Natur aus sind sie sehr flexibel und vermögen es, zu improvisieren, weswegen sie sich gut in schnell wandelnden Umständen zurechtfinden, die nach blitzschnellen Reaktionen und Anpassung an die neue Situation verlangen.

Kommunikation

Moderatoren bereiten Gespräche mit anderen Menschen viel Freude, weswegen sie auch gerne das Wort in der Gruppe ergreifen. Naturgemäß sind sie ausgezeichnete Redner, Conférenciers und Moderatoren. Mit ihrer Anwesenheit schaffen sie eine nette, freundliche Atmosphäre und vermögen es, die Gäste zu unterhalten. *Moderatoren* haben keine Angst vor öffentlichen Auftritten und mögen es, im Rampenlicht zu stehen. Wenn sie etwas präsentieren oder eine Rede halten, nutzen sie all ihre schauspielerischen Fähigkeiten, ihr Improvisationstalent und ihren Sinn für Humor.

Wenn *Moderatoren* wiederum eine Aufgabe, ein Ziel oder eine Initiative vorstellen sollen, machen sie dies auf eine natürliche und attraktive Art und Weise. Sie vermögen es, Begeisterung bei den Zuhörern zu wecken, auf ihr Weltbild Einfluss zu nehmen und sie zum Handeln zu motivieren. Für gewöhnlich sprechen sie auf eine sehr verständliche und präzise Art und Weise, ihr Stil ist sachlich und direkt.

Moderatoren mögen es jedoch nicht, ihre Gedanken schriftlich in Worte zu fassen. Sie bevorzugen verbale Kommunikation und direkten Kontakt.

Dank ihrer hervorragenden interpersonellen Fähigkeiten sowie ihrer Empathie vermögen sie es, Menschen zu „lesen" und in ihnen versteckte Motive und Probleme zu erkennen. Dahingegen haben *Moderatoren* Probleme damit, sich gegenüber anderen kritisch zu äußern und sie zu tadeln (bspw. für unangemessenes Verhalten). Sie selbst vertragen Kritik auch recht schlecht, vor allem da es ihnen schwer fällt, sie konstruktiv zu nutzen. Oftmals empfinden *Moderatoren* Kritik als Boshaftigkeit, einen Angriff auf ihre Person oder einen Versuch, ihre Werte in Frage zu stellen. Wenn sie sich verteidigen, sind sie zu scharfen Reaktionen fähig und es kommt vor, dass sie Sachen sagen, die sie später bereuen.

In Stresssituationen

Aufgaben, die nach langfristiger Konzentration, tiefgründiger Reflexion, eigenständiger Arbeit oder weit reichender, strategischer Planung verlangen, bewirken bei *Moderatoren* oftmals Unbehagen und Spannungen. Es kommt vor, dass sie aufgrund von langfristigem Stress anfangen, schwarze Szenarien zu erschaffen, Erleichterung in sinnlichen Freuden suchen oder nach Genussmitteln greifen. Zum Glück sind *Moderatoren* auch imstande, auf eine konstruktivere Art und Weise zu entspannen, bspw. indem sie Sport betreiben oder Zeit mit Freunden oder der Familie verbringen (indem sie z.B. Treffen, Picknicks oder Familienausflüge organisieren). Sie gehören definitiv nicht zu den Menschen, die ihren Urlaub mit einem Buch oder dem Lösen von Kreuzworträtseln verbringen.

Sozialer Aspekt der Persönlichkeit

Moderatoren sind überaus offen und es ist einfach, sich ihnen zu nähern. Sie behandeln alle Menschen wie alte Bekannte. Schon beim ersten Treffen haben Menschen den Eindruck, sie würden *Moderatoren* seit Jahren kennen, da sie direkt, konfliktfrei und überaus flexibel sind.

Menschen sind ein wichtiger Teil des Lebens von *Moderatoren*! Die Sorge um andere bereitet ihnen Freude, sie selbst hingegen vermögen es auch, ihre Hilfe in Anspruch zu nehmen. *Moderatoren* kümmern sich stets um eine gute Atmosphäre und gute Beziehungen zu anderen Menschen. Sie vertragen dahingegen nur schlecht Konfliktsituationen und versuchen diese um jeden Preis zu meiden. Um unangenehmen Gesprächen aus dem Weg zu gehen sind sie bereit, Probleme „unter den Teppich zu kehren" oder so zu tun, als ob sie sie nicht sehen würden.

Unter Freunden

Für gewöhnlich sind *Moderatoren* sehr offen und knüpfen gerne neue Bekanntschaften. Sie vermögen es schnell, andere Menschen zu „lesen" und wissen manchmal bereits nach wenigen Minuten eines Gesprächs, mit wem sie es zu tun haben. Herzliche und freundschaftliche Beziehungen zu anderen Menschen sind für *Moderatoren* eine der wichtigsten Sachen in ihrem Leben. Es liegt ihnen wirklich am Glück anderer Menschen und sie scheuen keine Zeit, Energie oder Geld, um ihnen zu helfen bzw. mit ihnen angenehm die Zeit zu verbringen. *Moderatoren* vertragen Einsamkeit recht schlecht, doch zum Glück sind sie meistens von Menschen umgeben – ihr Optimismus, ihr Sinn für Humor, ihre Herzlichkeit und ihre Empathie sowie Ehrlichkeit wirken wie ein Magnet auf andere. Menschen mögen ihre Gesellschaft und teilen ihnen gerne ihre Erlebnisse und Probleme mit. Das Vertrauen sowie die Sympathie seitens anderer Menschen sind für sie die Quelle ihrer Zufriedenheit und ihres Glücks.

Moderatoren legen Wert auf die Meinungen andere Menschen und sind von Natur aus anfällig für den Einfluss von außen. Sie vermögen es, sich an Situationen anzupassen und erwägen die Bedürfnisse anderer Menschen, wenngleich sie sich nicht ausnutzen lassen. Für gewöhnlich verfügen sie über sehr viele Bekanntschaften, die Mehrheit dieser Beziehungen ist jedoch von relativ oberflächlicher Natur. Die größte Aufmerksamkeit schenken sie neuen Bekannten und vernachlässigen dabei die alten. Für gewöhnlich haben *Moderatoren* nur wenige nahestehende Freunde. Am häufigsten sind es *Anwälte*, *Künstler*, *Enthusiasten* und andere *Moderatoren*. Am seltensten hingegen *Strategen*, *Direktoren* und *Logiker*.

In der Ehe

Als Lebenspartner bringen *Moderatoren* Herzlichkeit, Energie und Optimismus mit in die Beziehung ein. Es ist unmöglich, sich mit ihnen zu langweilen, da sie gewährleisten, dass

„immer etwas los ist" und ihren Partnern verschiedene Attraktionen bieten. Für gewöhnlich nehmen *Moderatoren* in der Familie die Rolle von „Außenministern" ein, die sie nach außen hin vertreten und für die Kontakte mit der Außenwelt zuständig sind. Charakteristisch für *Moderatoren* ist die Tatsache, dass sie jeglichen Jahrestagen, Geburtstagen oder anderen Familienfeiern große Bedeutung zuschreiben. Sie mögen es sehr, Familienfeste oder Treffen zu organisieren und übernehmen dann die Rolle von Zeremonienmeistern. Wenn sie eine Feier planen, scheuen *Moderatoren* keine Zeit und vor allem keine Kosten, was andere Menschen als Anzeichen von Verschwendung ansehen. Manchmal führt dies in der Ehe auch zu Spannungen – ihre Lebenspartner sehen bisweilen dringendere Bedürfnisse, für *Moderatoren* wiederum gibt es kaum wichtigere Dinge im Leben als der gemeinsamen Spaß mit Familie und Freunden.

Moderatoren sind von Natur aus großzügig. Sie kalkulieren nicht und sind nicht berechnend. *Moderatoren* möchten wirklich, dass ihre Partner glücklich sind. Ihre Liebe zu ihnen wiederum ist bedingungslos. Sie kommen ihren Bedürfnissen entgegen und bieten ihnen viel Wärme, zärtliche Worte und Gesten. *Moderatoren* selbst brauchen auch Wärme, Nähe und Akzeptanz. Es ist einfach, sie zu verletzen, da sie jegliche bissige Bemerkungen und tadelnde Kommentare oder auch Gleichgültigkeit sehr persönlich nehmen. Kritik gegen ihre Handlungen empfinden sie als persönlichen Angriff auf ihre Person und vermögen dann mit einem Gegenangriff zurückzuschlagen. Sie mögen es nicht, unangenehme Sachen zu bereden und meiden um jeden Preis Konflikte und Streitigkeiten.

Moderatoren lieben von ganzem Herzen und holen alles aus sich heraus, ohne dabei etwas im Gegenzug zu erwarten. Ihre Emotionen sind sehr leidenschaftlich und sinnlich. Dahingegen haben *Moderatoren* aber Probleme mit langfristigen Verpflichtungen. Das Ehegelübde „Bis dass der Tod uns scheidet" verlangt ihnen für gewöhnlich eine Menge Opferbereitschaft ab, da sie von Natur aus für den Tag leben und mit ihren Gedanken nicht in die Zukunft vorauseilen. Ihr Bedürfnis, neue Erfahrungen zu sammeln und zu experimentieren sowie ihre Vorliebe für sinnliche Vergnügen können eine Gefahr für ihre Beziehungen darstellen.

Natürliche Kandidaten als Lebenspartner sind für *Moderatoren* Personen mit verwandten Persönlichkeitstypen: *Anwälte*, *Künstler* oder *Betreuer*. In solchen Beziehungen ist es für sie einfacher, gegenseitiges Verständnis und harmonische Beziehungen aufzubauen. Die Erfahrung zeigt aber, dass *Moderatoren* auch imstande sind, gelungene, glückliche Beziehungen mit Personen einzugehen, deren Typ offensichtlich völlig verschieden ist. Umso interessanter sind diese Beziehungen, da die Unterschiede zwischen den Partnern der Beziehung Dynamik verleihen und Einfluss auf die persönliche Entwicklung nehmen können (viele Personen bevorzugen diese Perspektive, die sich für sie interessanter gestaltet als eine harmonische Beziehung, in der ständig Einklang und gegenseitiges Verständnis herrscht).

Als Eltern

Als Eltern sind *Moderatoren* sehr fürsorglich und begegnen ihren Kindern mit viel Herzlichkeit. Sie vermögen es die Welt mit ihren Augen zu sehen, weswegen sie wissen, was ihren Kindern die größte Freude bereitet. Sie bieten ihnen viele Attraktionen und Überraschungen und feiern stolz all ihre Erfolge mit (was für ihren Nachwuchs einen riesigen Anreiz und Motivation darstellt). *Moderatoren* verbringen sehr gerne Zeit mit ihren Kindern, da Gespräche und gemeinsame Spiele ihnen viel Freude bereiten. Normalerweise haben sie nichts gegen Lärm und Trubel. *Moderatoren* freuen sich, wenn ihre Kinder Spaß haben. Sie vermögen es hervorragend, ihre praktischen elterlichen Aufgaben zu erfüllen und haben keine Angst vor ihren Pflichten in der Familie. *Moderatoren* motivieren ihre Kinder, sie selbst zu sein, ihre Leidenschaften zu realisieren und ihre starken Seiten zu fördern.

Für gewöhnlich sind *Moderatoren* keine anspruchsvollen Eltern, weswegen sie auch Probleme haben, Disziplin in ihrer Erziehung walten zu lassen (oftmals glauben sie nicht einmal an ihren Sinn). Im Endresultat haben ihre Kinder manchmal das Problem, gute und erwünschte Verhaltensweisen von den schlechten und tadelnswerten zu unterscheiden. *Moderatoren* bevorzugen gewöhnlich einen Partnerstil. Sie sind sehr tolerant, konfliktlos und verständnisvoll, wenngleich es auch vorkommt, dass sie streng und ungeduldig sind. Ihrer Erziehung fehlt es aber oftmals an Kohärenz und Konsequenz. Wenn das zweite Elternteil nicht imstande ist, Ordnung in die Erziehung einzuführen, können ihren Kindern Stabilität, Sicherheit und klare Regeln im Leben fehlen.

Erwachsene Kinder von *Moderatoren* erinnern sich für gewöhnlich an sie als herzliche, fürsorgliche und sorgsame Eltern, die ihnen viele Attraktionen geboten, Freiheiten gewährt, sie zur Verwirklichung ihrer Leidenschaften angespornt und in schwierigen Situationen bedingungslos unterstützt haben.

Arbeit und Karriere

Moderatoren mögen Bewegung, Vielfalt und Unbeständigkeit. Sie fühlen sich von Posten angezogen, die ihnen die Möglichkeit bieten, etwas zu erschaffen, zu experimentieren oder konkrete, praktische und greifbare Probleme zu lösen.

Unternehmen

Moderatoren arbeiten gerne in Firmen mit einer flachen Struktur, die ihren Mitarbeitern Freiheiten und Einfluss auf Personalentscheidungen gewähren. Sie vertragen hingegen keine Bürokratie, Hierarchie, Routine, sich wiederholende Aufgaben und steife Prozeduren. Auch das Verfassen und Vorbereiten von Berichten sowie die Bearbeitung von Daten langweilt sie. *Moderatoren* eignen sich nicht für individuelle Aufgaben. Dafür finden sie sich hervorragend in Bereichen zurecht, die nach interpersonellen Fähigkeiten, Einfallsreichtum, Flexibilität und Improvisation verlangen. Sie mögen es dort zu sein, wo „etwas los ist". *Moderatoren* fühlen sich in Institutionen wohl, deren Tätigkeit gesellschaftlich fördernd ist und auf handfeste, positive Veränderungen im Leben der lokalen Gemeinschaft, der Gesellschaft oder auf der Welt ausgerichtet ist.

Aufgaben

Bei der Realisierung von Aufgaben, die für *Moderatoren* wichtig sind, bringen sie all ihre Energie auf. Für gewöhnlich mögen sie keine konzeptuellen Aufgaben und verlieren sich vor allem dann, wenn sie sich nicht auf bisherige Erfahrungen berufen und auf keine Unterstützung seitens anderer zählen können. Ferner haben *Moderatoren* oftmals Probleme, sich auf Aufgaben zu konzentrieren und zu fokussieren, die langfristig bearbeitet werden müssen (vor allem dann, wenn die Ergebnisse ihrer Arbeit in der Zukunft liegen oder die Ziele unklar definiert sind).

Moderatoren lassen sich leicht ablenken – den Kampf um ihre Aufmerksamkeit gewinnen gewöhnlich die stärksten und neusten Impulse. Es fällt ihnen schwer, bereits begonnene Aufgaben fortzuführen, wenn am Horizont neue, aufregendere Herausforderungen warten. Sie arbeiten am liebsten an Aufgaben mit kurzer Dauer, wobei sie auch imstande sind, mehrere Aufgaben gleichzeitig auszuführen. *Moderatoren* freut es, wenn ihre Handlungen einen positiven Einfluss auf das Leben anderer Menschen haben. Für gewöhnlich sorgen sie sich auch sehr um die Zufriedenheit ihrer Kunden, Schützlinge und Kollegen.

Im Team

Wenn sie im Team arbeiten, schätzen *Moderatoren* eine gesunde und freundschaftliche Atmosphäre. Als Mitglieder einer Gruppe sind sie konfliktfrei und flexibel. Sie sorgen sich darum, dass niemand übergangen oder ausgeschlossen wird. *Moderatoren* kümmern sich gerne um die Bedürfnisse anderer und vermögen es, Kompromisse zu schließen und anderen die Arbeit zu erleichtern. Oftmals sind sie auf natürliche Art und Weise die Vertreter ihres Teams, die als Sprecher den Standpunkt der Gruppe vorstellen. Für gewöhnlich verspüren sie eine starke Bindung zu ihren Kollegen und verpassen selten jegliche Treffen oder Betriebsausflüge. *Moderatoren* versuchen Konflikte und Streitigkeiten zu meiden. Sie verstehen Menschen nicht, die Konflikte provozieren, um Macht kämpfen und bewusst anderen Kollegen Schaden zufügen.

Vorgesetzte

Moderatoren mögen Vorgesetzte, die ihre Mitarbeiter in erster Linie als Menschen ansehen und nicht als Werkzeuge zur Realisierung von Zielen. Sie schätzen Chefs, die tolerant, flexibel und offen für innovative Lösungen sind und die es verstehen, ihren Mitarbeitern die Richtung aufzuzeigen, wobei sie ihnen zugleich die nötigen Freiheiten gewähren und ihren individuellen Arbeitsstil akzeptieren.

Wenn *Moderatoren* selbst in leitenden Positionen sind, agieren sie auf ähnliche Art und Weise. Sie schätzen die Beziehungen zu ihren Mitarbeitern und stellen stets den Menschen an erste Stelle (und nicht die Ergebnisse oder Leistungen). Eines der größten Probleme für *Moderatoren* als Führungskräfte ist ihr Unvermögen, schwächere Teammitglieder zu disziplinieren, sowie ihre zu große Nachsicht.

Berufe

Das Wissen über das eigene Persönlichkeitsprofil sowie die natürlichen Präferenzen stellen eine unschätzbare Hilfe bei der Wahl des optimalen Berufsweges dar. Die Erfahrung zeigt, dass *Moderatoren* mit Erfolg in verschiedenen Bereichen arbeiten und aufgehen können. Doch dieser Persönlichkeitstyp prädisponiert sie auf natürliche Art und Weise zu folgenden Berufen:

- Arzt,
- Berater,
- Betreuer,
- Event-Veranstalter,
- Experte für Öffentlichkeitsarbeit,
- Florist,
- Fotograf,
- Handelsvertreter,
- Innendekorateur,
- Konsultant,
- Lehrer,
- Maler,
- Mitarbeiter in einem Erholungspark,
- Mitarbeiter in einer Personalabteilung,
- Mitarbeiter in einem Reisebüro,
- Mitarbeiter in der Sozialhilfe,
- Modedesigner,
- Moderator,
- Musiker,
- Portier,
- Psychologe,
- Retter,
- Sanitäter,
- Schauspieler,
- Stylist,
- Therapeut,
- Tierarzt,
- Trainer,
- Unternehmer,
- Versicherungsagent.

Potenzielle starke und schwache Seiten

Ähnlich wie auch andere Persönlichkeitstypen haben *Moderatoren* potenzielle starke und schwache Seiten. Dieses Potenzial kann auf verschiedenste Weise ausgeschöpft werden. Glück im Privatleben sowie Erfolg im Beruf hängen bei *Moderatoren* davon ab, ob sie die Chancen, die mit ihrem Persönlichkeitstyp verknüpft sind, nutzen und ob sie den Gefahren auf ihrem Weg die Stirn bieten können. Im Folgenden eine ZUSAMMENFASSUNG dieser Chancen und Gefahren:

Potenzielle starke Seiten

Moderatoren sind enthusiastisch, flexibel und spontan. Sie vermögen es, schnell auf wandelnde Gegebenheiten zu reagieren und sich an neue Bedingungen anzupassen. Ferner sind sie praktisch veranlagt und lernen sehr schnell. *Moderatoren* mögen Experimente, haben keine Angst vor Risiko und kommen gut mit Veränderungen zurecht. Sie sind von Natur aus Optimisten und lassen sich von Widrigkeiten nicht abschrecken. *Moderatoren* sind imstande, jeden Tag zu genießen und jeden Augenblick zu nutzen. Ihre Begeisterung und ihr Optimismus wirken ansteckend und üben positiven Einfluss auf andere Menschen aus. Wenn *Moderatoren* in einem Team arbeiten, vermögen sie es das Team zu integrieren und Kompromisse zu schaffen. Sie schätzen die Individualität und Freiheit anderer Menschen und interessieren sich wahrhaftig für sie, wobei sie großen Wert auf ihr Glück und Wohlbefinden legen. *Moderatoren* helfen gerne anderen Menschen und sind ihrerseits bereit, deren Hilfe oder Ratschläge anzunehmen und aus den Erfahrungen anderer zu lernen.

Moderatoren sind hervorragende Beobachter ihrer Umwelt und menschlicher Emotionen. Sie sind sehr aufgeschlossen, weswegen es anderen Menschen einfach fällt, sie kennenzulernen. *Moderatoren* selbst sind ebenfalls imstande, andere Menschen schnell zu „durchschauen". Für gewöhnlich sind sie erwünschte Gesellen, Gefährten und Zuhörer. Ihre Herzlichkeit, ihr ehrliches Interesse, ihr Optimismus und ihr Sinn für Humor ziehen andere Menschen an. *Moderatoren* sind darüber hinaus hervorragende Redner, Conférenciers und Moderatoren, die über angeborene schauspielerische Fähigkeiten und einen künstlerischen und ästhetischen Sinn verfügen.

Vertreter dieses Persönlichkeitstyps vermögen es, auf eine interessante Art und Weise zu sprechen, die bei ihren Zuhörern Begeisterung hervorruft. Sie sind überaus spendabel und freuen sich, wenn sie anderen helfen bzw. sie beschenken können. *Moderatoren* mögen es, anderen Attraktionen zu bieten, sie zu überraschen oder ihnen einfach die Zeit zu versüßen. Darüber hinaus kommen sie gerne ihren Bedürfnissen entgegen und vermögen es, sich an die jeweilige Situation anzupassen.

Potenzielle schwache Seiten

Moderatoren fällt es sehr schwer, in ihren Gedanken das „Hier und Jetzt" zu verlassen, Aufgaben zu erfüllen, die nach vorausschauendem Denken verlangen, sowie Opfer zu bringen und auf angenehme Dinge zu verzichten, um erst in der Zukunft davon zu profitieren. Sie verlieren sich auch in Welten abstrakter Konzepte und komplexer Theorien. Weitere Probleme haben *Moderatoren* auch mit Aufgaben, bei denen lange Konzentration erforderlich ist oder die alleine zu bewältigen sind (vor allem dann, wenn die Ergebnisse ihrer Arbeit erst in Zukunft erkennbar werden). *Moderatoren* tendieren dazu, alles zu ignorieren, was sich nicht auf praktische Handlungen übertragen lässt. Ferner neigen sie dazu, Probleme zu vereinfachen. Sie bevorzugen schnelle und einfache Lösungen, die keiner tiefgründigen Reflexion bedürfen. Solch eine Haltung erlaubt es ihnen für gewöhnlich, Probleme aus der Welt zu schaffen, womit sie ihre Energie für angenehmere Dinge verwenden können. Selten hingegen hilft ihnen diese Einstellung beim Verständnis der Ursachen dieser Probleme. Indem sich *Moderatoren* auf Spaß, Freizeit und Vergnügen konzentrieren, verlieren sie manchmal den tieferen Sinn des Lebens aus den Augen.

Moderatoren können Schwierigkeiten damit haben, andere Perspektiven und Ansichtsweisen zu verstehen, weswegen sie es oft nicht vermögen, Probleme aus der Sicht anderer Menschen zu betrachten. Sie haben auch nicht selten Angst vor Meinungen und Ansichten, die sehr stark von ihren eigenen abweichen. *Moderatoren* kommen schlecht mit Kritik seitens anderer Menschen zurecht – sie empfinden sie als Angriff oder Boshaftigkeit, weswegen sie häufig nicht imstande sind, sie konstruktiv zu verwerten. Sie selbst sind auch nicht immer fähig, Kritik zu äußern, da sie dazu tendieren, Problemen und unangenehmen Situationen bzw. Konflikten aus dem Weg zu gehen. Sie kommen schlecht mit Routine, Monotonie sowie sich wiederholenden Tätigkeiten zurecht. Die Verwaltung von Finanzen gehört ebenfalls nicht zu ihren starken Seiten.

Persönliche Entwicklung

Die persönliche Entwicklung von *Moderatoren* hängt davon ab, in welchem Grad sie ihr natürliches Potenzial nutzen und ob sie die Gefahren, die in Verbindung mit ihrem Typ stehen, zu bewältigen vermögen. Die folgenden praktischen Tipps stellen eine Art Dekalog des *Moderators* dar.

Konzentrieren Sie sich

Legen Sie Ihre Prioritäten fest und bemühen Sie sich dasjenige auch zu beenden, was Sie angefangen haben. Konzentrieren Sie sich auf das, was für Sie am Wichtigsten ist und lassen Sie nicht zu, dass weniger wichtige Angelegenheiten Sie ablenken. Wenn Sie so vorgehen, vermeiden Sie Frust und erreichen mehr.

Beenden Sie das, was Sie begonnen haben

Sie beginnen mit Begeisterung neue Aufgaben, es fällt Ihnen aber schwer, sie auch abzuschließen. Solch eine Herangehensweise erbringt für gewöhnlich schlechte Resultate. Versuchen Sie festzustellen, was für Sie das Wichtigste ist und wie Sie es erreichen können. Fangen Sie daraufhin an zu arbeiten und lassen Sie sich nicht davon ablenken!

Haben Sie keine Angst vor Konflikten

Wenn Sie in eine Konfliktsituation geraten, stecken Sie Ihren Kopf nicht in den Sand! Äußern Sie offen Ihren Standpunkt und Ihr Empfinden. Konflikte helfen oft dabei, Probleme zu erkennen und sie zu lösen.

Agieren Sie weniger impulsiv

Bevor Sie eine Entscheidung treffen oder sich für etwas engagieren, wenden Sie ein wenig Zeit auf um Informationen zu sammeln, sie zu analysieren und die Situation objektiv zu bewerten. Wahrscheinlich werden Sie dadurch den Umfang Ihrer Tätigkeiten verringern, diese gewinnen dafür aber an Effizienz.

Fragen Sie

Gehen Sie nicht davon aus, dass das Schweigen anderer Menschen deren Gleichgültigkeit oder Feindseligkeit bedeutet. Wenn Sie es wirklich wissen möchten, was andere denken, fragen Sie einfach.

Haben Sie keine Angst vor Kritik

Haben Sie keine Angst davor, kritisch zu sein und Kritik seitens anderer Menschen anzunehmen. Kritik kann konstruktiv sein und muss nicht unbedingt einen Angriff auf andere Menschen oder die Anzweiflung ihrer Werte bedeuten.

Seien Sie unabhängig von der Bewertung anderer Menschen

Akzeptieren Sie sich genauso, wie Sie andere Menschen akzeptieren. Bewerten Sie sich nicht durch das Prisma der Bewertungen anderer Menschen, denn sie können irren und sich nicht wahrheitsgetreu äußern. Sie haben die größten Kompetenzen, um über Ihr Leben zu entscheiden.

Meiden Sie provisorische Lösungen

In Anbetracht von Problemen neigen Sie dazu, schnell zu handeln und rasche Lösungen zu suchen, die aber provisorisch sind bzw. das Problem nur zeitlich hinauszögern. Versuchen Sie in solchen Situationen eine langfristige Perspektive einzunehmen und der jeweiligen Angelegenheit mehr Zeit zu widmen, um sich des Problems nicht nur zu entledigen, sondern es auch wirklich zu lösen.

Haben Sie keine Angst vor Ideen und Meinungen, die im Widerspruch zu Ihren stehen

Bevor Sie sie ablehnen, denken Sie erst gut darüber nach und versuchen Sie, sie zu verstehen. Die Offenheit gegenüber Ansichten anderer Menschen muss nicht zwangsläufig bedeuten, dass man seine eigenen Meinungen verwirft.

Betrachten Sie die Welt nicht schwarz-weiß

Versuchen Sie einen breiteren Kontext von Problemen zu erkennen und sie unter verschiedenen Gesichtspunkten zu durchleuchten. Dinge können weitaus komplexer sein als es Ihnen vorkommt. Probleme können nicht nur durch andere Menschen hervorgerufen werden und Recht müssen auch nicht immer nur Sie haben.

Bekannte Personen

Eine Liste bekannter Personen, die dem Profil des *Moderators* entsprechen:

- **Pablo Picasso** (1881-1973) – spanischer Maler, Bildhauer und Grafiker, Erschaffer des Kubismus, gilt als einer der herausragendsten Künstler des 20. Jahrhunderts;

- **Leonard Bernstein** (1918-1990) – US-amerikanischer Komponist, Pianist und Dirigent;

- **Gene Hackman** (geb. 1930) – US-amerikanischer Schauspieler (u. a. *Crimson Tide – in tiefster Gefahr*), Regisseur und Filmproduzent, Träger zahlreicher prestigeträchtiger Auszeichnungen;

- **Elvis Presley** (1935-1977) – US-amerikanischer Sänger und Filmschauspieler, Vorreiter des Rock *'n'* Roll, Ikone der Popkultur des 20. Jahrhunderts;

- **Al Pacino**, eigtl. Alfredo James Pacino (geb. 1940) – US-amerikanischer Film- und Theaterschauspieler italienischer Abstammung (u. a. *Im Auftrag des Teufels*);

- **Joe Pesci**, eigtl. Joseph Frank Pesci (geb. 1943) – US-amerikanischer Schauspieler italienischer Abstammung (u. a. *Good Fellas – Drei Jahrzehnte in der Mafia*);

- **John Goodman** (geb. 1952) – US-amerikanischer Filmschauspieler (u. a. *Blues Brothers 2000*);

- **Branscombe Richmond** (geb. 1955) – US-amerikanischer Film- und Fernsehschauspieler (u. a. die Serie *Renegade – Gnadenlose Jagd*);

- **Linda Fiorentino** (geb. 1958) – US-amerikanische Filmschauspielerin (u. a. *Men in Black*);

- **Kevin Spacey**, eigtl. Kevin Spacey Fowler (geb. 1959) – US-amerikanischer Theater- und Filmschauspieler (u. a. *K-PAX – Alles ist möglich*), Regisseur und Produzent;
- **Woody Harrelson** (geb. 1961) – US-amerikanischer Filmschauspieler (u. a. *Welcome to Sarajevo*);
- **Steve Irwin** (1962-2006) – australischer Naturforscher, TV-Moderator, Umweltaktivist;
- **Dean Cain**, eigtl. Dean George Tanaka (geb. 1966) – US-amerikanischer Filmschauspieler (u. a. *Out of Time – Der tödliche Auftrag*);
- **Julie Bowen**, eigtl. Julie Bowen Luetkemeyer (geb. 1970) – US-amerikanische Filmschauspielerin (u.a. *Venus und Mars*);
- **Josh Hartnett** (geb. 1978) – US-amerikanischer Filmschauspieler (u. a. *Black Hawk Down*).

Der Praktiker (ISTP)

Profil

Lebensmotto: *Taten sind wichtiger als Worte.*

Optimistisch, spontan und mit einer positiven Lebenseinstellung. Beherrschte und unabhängige Menschen, die ihren eigenen Überzeugungen treu sind und äußeren Normen und Regeln skeptisch gegenüberstehen. *Praktiker* sind nicht an Theorien oder Überlegungen bzgl. der Zukunft interessiert. Sie ziehen es vor, konkrete und handfeste Probleme zu lösen.

Sie passen sich gut an neue Orte und Situationen an und mögen Herausforderungen und das Risiko. Ferner vermögen sie es, bei Gefahr einen kühlen Kopf zu behalten. Ihre Wortkargheit und extreme Zurückhaltung bei der Äußerung von Meinungen bewirken, dass sie für andere Menschen manchmal unverständlich erscheinen.

Natürliche Veranlagungen des *Praktikers*

- Die Quelle seiner Lebensenergie: seine innere Welt.
- Informationsaufnahme: Sinne.
- Art und Weise wie Entscheidungen getroffen werden: Verstand.
- Lebensstil: spontan.

Ähnliche Persönlichkeitstypen

- *Inspektor*
- *Animateur*
- *Verwalter*

Statistische Angaben

- *Praktiker* stellen ca. 6-9 % der Gesellschaft dar.
- Unter *Praktiker* überwiegen Männer (60 %).
- Das Land, welches dem Profil des *Praktikers* entspricht, ist Singapur.[14]

Buchstaben-Code

Der universelle Code des *Praktikers* ist in den Jungschen Persönlichkeitstypologien ISTP.

Allgemeines Charakterbild

Praktiker leben für den Tag. Sie haben eine positive Lebenseinstellung und vermögen es, sich am Augenblick zu erfreuen. Sie bekümmert selten die Zukunft, ihr Leben passiert nämlich hier und jetzt. In der Regel mögen sie keine

---

[14] Dies bedeutet nicht, dass alle Einwohner von Singapur zu dieser Gruppe gehören, wenngleich die singapurische Gesellschaft – als Ganzes – viele charakteristische Eigenschaften der *Praktiker* verkörpert.

langfristigen Pläne und weitreichenden Verpflichtungen. *Praktiker* investieren ebenfalls nicht viel Zeit in Vorbereitungen. Sie agieren eher impulsiv als geplant. Darüber hinaus haben sie einen ästhetischen Sinn, wenngleich sie von Extravaganz und Bizzarheiten nicht viel halten. Ihr Lebensstil ist relativ einfach.

Wahrnehmung und Lernen

Praktiker bemerken Details, die für andere unerkennbar sind, wohingegen es ihnen schwerfällt, eine breitere Perspektive einzunehmen, langfristige Konsequenzen ihrer Entscheidungen zu erkennen oder Zusammenhänge zwischen einzelnen Fakten und Phänomenen zu sehen. Sie mögen die Tat und sind extrem praktisch veranlagt (daher auch der Name für diesen Persönlichkeitstyp). Unter allen Persönlichkeitstypen haben *Praktiker* den größten Hang zu Risiko. Sie verfügen auch über einen natürlichen technischen Sinn und manuelle Fähigkeiten. Für gewöhnlich sind sie skeptisch gegenüber abstrakten Theorien und Konzepten, die nicht in der Praxis anwendbar sind.

In der Regel gehören *Praktiker* zu den Menschen, die in ihrer Kindheit Spielzeug in Einzelteile zerlegt haben, um zu sehen, wie sie aufgebaut sind. Oftmals erinnern sie sich nicht gerne an den Schulunterricht zurück, da sie von trockenen, theoretischen und monotonen Vorgängen ermüden. Am liebsten und effektivsten lernen *Praktiker* anhand von Erfahrungen. Sie mögen Experimente und schätzen die Freiheit bei der Arbeit an Aufgaben. *Praktiker* interessieren sich für die Art und Weise, wie verschiedene Geräte funktionieren, weswegen sie auch oft handwerklich tätig sind, um auf meisterliche Art verschiedene Änderungen, Verbesserungen oder Reparaturen durchzuführen. Wenn sie ein Problem lösen müssen, vermögen es *Praktiker* rasch einzuschätzen, welche Werkzeuge oder Mittel notwendig sind, um dann blitzschnell mit der Arbeit zu beginnen. Sie kommen sehr gut mit manuellen Tätigkeiten zurecht und erwecken auch bei Dingen, die sie zum ersten Mal machen, den Anschein von Experten.

Innerer Kompass

Praktiker sind von Natur aus flexibel und vermögen es, sich an neue Gegebenheiten anzupassen. Sie erlauben jedoch nicht, dass andere Menschen ihre Privatsphäre verletzen oder sich in ihr Leben einmischen. Sie mögen es nicht, wenn jemand ihnen sagt, was sie machen sollten oder wie sie zu leben haben. Manchmal – aus Prinzip – verhalten sie sich anders als erwartet. Sie sind sehr eigenständig und erlauben niemandem, Entscheidungen für sie zu treffen. Auch Prüfungen und Kontrollen begegnen sie mit Missfallen, da sie Freiheit, Unabhängigkeit und Raum brauchen. Sie ärgern sich, wenn jemand „ihr Territorium" betritt und sind manchmal verrückt in puncto Privatsphäre.

Für gewöhnlich stehen *Praktiker* allgemein anerkannten Autoritäten sowie von oben angeordneten Normen und Wahrheiten skeptisch gegenüber. Sie bevorzugen es, sich im Leben an ihre eigenen Regeln zu halten. In der Regel machen sie auch das, was sie für richtig erachten und begegnen der Meinung und den Urteilen anderer Menschen mit Gleichgültigkeit. Sie vertragen gut Kritik und verstehen es auch selbst, Kritik auszuüben. *Praktiker* sind immun gegen Druck von außen und vermögen es unabhängig von den Umständen bei ihren Ansichten und Vorlieben zu verbleiben.

Für gewöhnlich halten sie sich an die Regeln des Egalitarismus und vertreten die Meinung, dass alle Menschen gleich sind und auch gleich behandelt werden sollten. Jegliche Titel, Abstammung oder Positionen machen auf sie keinen großen Eindruck. Sie schätzen jedoch Menschen, die über besondere Erfahrung oder praktische Fähigkeiten verfügen.

In den Augen anderer Menschen

Von anderen Menschen werden *Praktiker* als selbstsicher, kühl und geheimnisvoll angesehen. Sie gelten aber als Experten auf Gebieten, die nach manuellen Fertigkeiten oder technischem Know-how verlangen. Sie genießen den Ruf tüchtiger und praktischer Menschen, auf deren Hilfe man immer zählen kann. *Praktiker* erstaunen jedoch ihr Umfeld mit ihrer Unbeständigkeit, da sie sehr schnell dazu neigen, ihre Begeisterung zu verlieren und ihre Meinung zu ändern. Andere Menschen wiederum stören sich an ihrer Kurzsichtigkeit und dem fehlende Interesse an Fragen, die über das „Hier und Jetzt" hinausgehen. Verwirrung bei anderen rufen auch ihre Geheimnistuerei, Wortkargheit sowie ihr Widerwille hervor, ihre Überlegungen und Ansichten zu teilen.

Praktiker selbst mögen hingegen Menschen nicht, die versuchen, sie zu belehren oder Druck auf sie auszuüben. Sie verstehen ebenfalls all jene Menschen nicht, die über Monate hinweg über langfristige Pläne sprechen, dabei aber keine Maßnahmen ergreifen, um sie zu realisieren. Es fällt ihnen auch schwer, dass Menschen, die die gleiche Situation beobachten und die gleichen Informationen zur Verfügung haben, oftmals extrem unterschiedliche Rückschlüsse ziehen.

Kommunikation

Ihre Wortkargheit bewirkt, dass *Praktiker* oftmals als geheimnisvoll und undurchlässig eingestuft werden. Entscheidungen treffen sie für gewöhnlich eigenständig und besprechen sie selten mit anderen Menschen, was manchmal ihre Vertrauten und Kollegen überrascht. Unter allen Persönlichkeitstypen sind *Praktiker* am wenigsten kommunikativ. Ihre Aussagen, die selten und lakonisch sind, sind dahingegen sehr oft zutreffend und sachlich.

Beobachtung

Praktiker sind hervorragende Beobachter. Sie beobachten ununterbrochen ihr Umfeld auf der Suche nach neuen Informationen, weswegen sie auch schnell jegliche Veränderungen erkennen. Neue Daten bewerten sie hauptsächlich unter dem Gesichtspunkt des potenziellen Einflusses auf ihr Leben oder der Möglichkeit, sie für konkrete Probleme, die sie antreffen, zu verwenden. *Praktiker* tendieren darüber hinaus dazu, Informationen zu verwerfen, die nicht im Einklang mit ihren Erfahrungen stehen. Solch eine Haltung engt manchmal ihre Perspektive ein und führt gar zu einer eigenen, alternativen Vision der Realität.

Lösen von Problemen

Wenn *Praktiker* ein Problem lösen sollen, vermögen sie es schnell die Situation einzuschätzen. Sie berücksichtigen alle Mittel und Möglichkeiten, die im jeweiligen Moment zur Verfügung stehen, und treffen blitzschnell eine angemessene Entscheidung. Sie kommen hervorragend in Krisensituationen zurecht, in denen schnell entschieden und improvisiert werden muss. Wenn wiederum bewährte Prozeduren und Verhaltensregeln versagen und Menschen den Boden unter den Füßen verlieren, richten sich *Praktiker* nach ihrem inneren Kompass und bewahren einen kühlen Kopf.

Bei erhöhtem Risiko oder gefährdeter Sicherheit vermögen es *Praktiker*, wichtige Entscheidungen zu treffen. Sie agieren auf eine rationale und objektive Art und Weise und achten dabei nicht auf die emotionalen Reaktionen ihres Umfelds.

Freizeit

Praktiker sind fähig, sich ihres Lebens zu erfreuen und gekonnt ihre Arbeit mit Vergnügen zu vereinen. Sie finden immer Zeit zum Entspannen oder für ihre Hobbys. In ihrer Freizeit nutzen sie gerne ihre manuellen Fähigkeiten aus, wobei sie aber auch physische Aktivität und Spaß und Spiel mögen. Sie treffen sich gerne mit Menschen, die ihre Interessen und Ansichten teilen. Auf diese Art und Weise vertiefen sie ihr Wissen und erlangen neue Informationen. *Praktiker* sind relativ stressresistent. Langfristige Spannungen bewirken jedoch manchmal, dass sie zynisch und verbittert werden. Sie können ferner auch zu einer immer stärkeren Selbstisolation oder übertriebenen Ausbrüchen führen.

Sozialer Aspekt der Persönlichkeit

Praktiker sind von Natur aus sehr zurückhaltend in Beziehungen und es fällt einem schwer, sich ihnen zu nähern. Dies ist aber keineswegs durch Abneigung gegenüber anderen Menschen bedingt, wie manch einer denken könnte. *Praktiker* sind nämlich für gewöhnlich tolerant und offen und vermögen gesunde und freundschaftliche Beziehungen aufzubauen. Sie gehen aber davon aus, dass Gespräche und Treffen einem Zweck dienen sollten (bspw. der gemeinsamen Lösung eines Problems).

Alleine die Gesellschaft anderer Menschen stellt für *Praktiker* keinen Wert an sich dar. Sie mögen keine Integrationsausflüge, Zusammenkünfte oder besondere Anlässe. Ferner verstehen sie keine höflichen Umgangsformen und vermögen es nicht, über „das Wetter zu sprechen". *Praktiker* wundern sich über die Tatsache, dass andere Zeit für Gespräche über nichts haben. In der Regel interessieren sie sich auch nicht für Personen, die sie nicht kennen und langweilen sich bei Gesprächen mit Menschen, die ganz andere Interessen haben.

Ein häufiges Problem von *Praktikern* ist ihr Unvermögen, über ihre Gefühle und Emotionen zu sprechen. Für gewöhnlich gehen sie davon aus, dass Taten mächtiger sind als Worte, weswegen sie versuchen, mit ihren Taten ihren Emotionen sowie ihrer Hingabe Ausdruck zu verleihen. Wenn ihre Nächsten oder Bekannten praktische Unterstützung benötigen, können sie immer auf *Praktiker* zählen. Respekt und Bewunderung seitens anderer Menschen befriedigt *Praktiker* immens, daher mögen sie es, sich als Experten auf ihrem Gebiet zu fühlen.

Unter Freunden

In Beziehungen schätzen *Praktiker* Einfachheit und Unabhängigkeit. Sie meiden oftmals bewusst Kontakte, die nach intensiverem emotionalem Engagement verlangen und die viel Zeit und Energie in Anspruch nehmen. *Praktiker* schätzen die Privatsphäre und Eigenständigkeit anderer, was auch auf ihre eigene Freiheit zutrifft, weswegen sie eifrig ihr „Terrain" verteidigen. *Praktiker* benötigen oftmals Einsamkeit, Ruhe und Raum, was gelegentlich als das Zeigen von Distanz gegenüber anderen oder Gleichgültigkeit gegenüber deren Bedürfnissen empfunden wird.

Freunde jedoch kennen sie auch von einer anderen Seite. Wenn sich *Praktiker* unter guten Bekannten befinden, hören sie ihnen gerne zu und stellen viele Fragen. Sie sind tolerant und flexibel und haben den Ruf unproblematischer Gesellen. *Praktiker* vermögen es zudem, sich in verschiedenen Situationen zurechtzufinden und gelten als Menschen, bei denen immer etwas los ist. Anderen Menschen imponiert ihre Fähigkeit, Freude am Leben zu haben sowie ihre Vorliebe für Abenteuer und extreme Erlebnisse.

Sie sind fähig, mit ehrlichem Interesse anderen zuzuhören, wenngleich *Praktiker* selber recht wenig sagen. Sie äußern selten ihre eigene Meinung und mögen es nicht, sich vor anderen zu öffnen. Es kommt vor, dass sie auf eine ausweichende oder verzwickte Art und Weise antworten, wenn sie nach ihrer Meinung gefragt werden. Manchmal erwecken sie den Anschein, Einzelgänger zu sein. Was aber der Wahrheit entspricht, ist die Tatsache, dass *Praktiker* andere Menschen brauchen – ohne sie fühlen sie sich entfremdet und nutzlos. Nähere Freundschaften knüpfen sie für gewöhnlich mit Menschen, die ähnliche Ansichten und Interessen vertreten. Nicht selten haben *Praktiker* nur eine Handvoll enger

Bekannte und Freunde. Am häufigsten freunden sie sich mit *Inspektoren, Animateuren, Logikern* und anderen *Praktikern* an. Am seltensten hingegen mit *Beratern, Mentoren* und *Enthusiasten.*

In der Ehe

Praktiker gewähren ihren Lebenspartnern große Freiheiten. Sie selbst brauchen auch Freiheit und kommen nicht gut mit jeglichen Versuchen der Eingrenzung zurecht. Sie bringen in Beziehungen ihre Flexibilität und ihre Begeisterung mit ein. Für gewöhnlich sind sie auf den aktuellen Tag fixiert und denken nicht darüber nach, was die Zukunft bringt. Das bedeutet aber keineswegs, dass sie nicht imstande sind, in einer Beziehung ein ganzes Leben lang auszuhalten. Viel mehr nehmen sie einfach keine langfristigen Perspektiven ein – jeder neue Tag ist für sie ein unbeschriebenes Blatt. Normalerweise denken sie auch nicht voraus, weswegen das Ehegelübde „Bis dass der Tod uns scheidet" sie mit Angst erfüllen kann.

Von Natur aus sind sie wortkarg und äußern selten ihre Meinung, ihre Ansichten oder ihre Gefühle. Die größte Herausforderung in Beziehungen mit *Praktikern* ist ihr Unvermögen, menschliche Gefühle und Bedürfnisse zu deuten (oftmals von ihren Partnern irrtümlicherweise als Gleichgültigkeit empfunden). *Praktiker* sind imstande ihre Partner ehrlich zu lieben und gleichzeitig sich gar nicht derer Gefühle, Empfindungen und Erlebnisse bewusst zu sein. Sie können auch nicht verstehen, dass ihre Lebenspartner Komplimente und Fürsorge brauchen, da sie selbst keinerlei solche Bedürfnisse verspüren. Es kommt also vor, dass sie gar überrascht sind, wenn sie sich die Wünsche ihrer Partner vor Augen führen und nicht wissen, wie damit umzugehen ist.

In Anbetracht einer Krise versuchen *Praktiker* für gewöhnlich die Beziehung zu retten. Wenn ihre Bemühungen aber scheitern, kann es sein, dass sie aufgeben und einsehen, dass die Situation sie überfordert oder dass ihre Partner überhöhte Anforderungen haben. Für gewöhnlich haben *Praktiker* kein Problem damit, destruktive oder toxische Beziehungen zu beenden.

Natürliche Kandidaten als Lebenspartner sind für *Praktiker* Personen mit verwandten Persönlichkeitstypen: *Inspektoren*, *Animateure* oder *Verwalter*. In solchen Beziehungen ist es für sie einfacher, gegenseitiges Verständnis und harmonische Beziehungen aufzubauen. Die Erfahrung zeigt aber, dass *Praktiker* auch imstande sind, gelungene, glückliche Beziehungen mit Personen einzugehen, deren Typ offensichtlich völlig verschieden ist. Umso interessanter sind diese Beziehungen, da die Unterschiede zwischen den Partnern der Beziehung Dynamik verleihen und Einfluss auf die persönliche Entwicklung nehmen können (viele Personen bevorzugen diese Perspektive, die sich für sie interessanter gestaltet als eine harmonische Beziehung, in der ständig Einklang und gegenseitiges Verständnis herrscht).

Als Eltern

Auch als Eltern sind *Praktiker* flexibel und tolerant. Sie beaufsichtigen ihre Kinder nicht übermäßig und gewähren ihnen viele Freiheiten sowie Raum zur Entwicklung. Wenn die Situation es verlangt, verstehen sie es jedoch Disziplin und Strafen walten zu lassen. Dahingegen fühlen sie sich nicht verpflichtet, ihren Kindern ihre Werte beizubringen, ihnen die Welt zu erklären oder ihnen zu sagen, wie man leben sollte. Im Endeffekt fehlt es ihren Kindern ab und zu an klaren Regeln im Leben. Zwischen *Praktikern* und ihren Kindern kommt es ferner oft zu einer Art emotionaler Distanz (wenn das zweite Elternteil nicht fähig ist, die emotionalen Bedürfnisse der Kinder zu befriedigen, kann es schwerwiegende Folgen für ihre Beziehung haben).

Praktiker vermögen es, ihren Kindern viele Attraktionen zu bieten (für die sie auch großzügig Geld ausgeben). Es fällt ihnen aber weitaus schwerer, sich emotional zu engagieren und ihrem Nachwuchs Zeit für gemeinsame Spiele oder Gespräche zu widmen. Es kommt deswegen vor, dass *Praktiker* im täglichen Leben ihrer Kinder praktisch abwesend sind. Dafür verstehen sie es hervorragend, gemeinsame Ausflüge zu organisieren, bei denen sie ihre Kinder besser kennenlernen. Für ihre Kinder sind diese Ausflüge wiederum die wertvollsten Erlebnisse ihrer Kindheit, an die sie sich ihr ganzes Leben lang erinnern.

Arbeit und Karriere

Die Leidenschaft von *Praktikern* ist auch ihr Schlüssel zum Erfolg. Wenn sie sich mit dem befassen, was ihre Begeisterung hervorruft, können sie viel erreichen. *Praktiker* sind „Menschen der Tat" und mögen Aktivitäten und Unbeständigkeit. Dahingegen langweilen sie sich recht schnell, wenn sie Aufgaben übernehmen müssen, die nach langer Konzentration und Planung sowie vorrausschauendem Denken verlangen. Sie bevorzugen entschieden Unterfangen mit einer kürzeren Zeitspanne.

Unternehmen

Praktiker finden sich schlecht in bürokratisierten Institutionen mit festen Strukturen und präzise definierten Prozeduren wieder. Pläne oder Berichte gehören nicht zu ihrer Welt. Sie vertragen keine Routine, da sie Vielfältigkeit mögen und es vermögen, sich zeitgleich mit mehreren Angelegenheiten zu beschäftigen (in der Regel fällt es *Praktikern* einfacher, etwas zu beginnen als zu beenden).

Praktiker finden sich gut in Unternehmen zurecht, die ihre Mitarbeiter nicht einschränken und ihnen Freiheiten bei ihren Aufgaben gewähren. Am liebsten beschäftigen sie sich mit konkreten, praktischen und handfesten Problemen. *Praktiker* haben keine Angst vor Risiko und Experimenten. Sie mögen es jedoch in Bereichen tätig zu sein, die sie gut kennen. Oftmals entwickeln sie sich zu echten Experten auf den Gebieten, für die sie sich interessieren.

Im Team

Praktiker können zwar mit anderen Menschen zusammenarbeiten, aber diese Kooperation führt für gewöhnlich in ihrem Fall zu keiner emotionalen Bindung. Wenn sie in einem Team arbeiten, sind sie für gewöhnlich die Personen, die eine objektive und realistische Einschätzung der Situation einbringen und es vermögen, emotionslos Fakten zu analysieren.

Vorgesetzte

Normalerweise schätzen *Praktiker* Vorgesetzte, die ihren Mitarbeitern Freiheiten gewähren. Sie brauchen keine strenge Kontrolle, da sie sich selbst zur Arbeit motivieren. Wenn *Praktiker* eine leitende Position innehaben, erkennen sie in aller Regel recht schnell die Probleme der Firma und identifizieren die schwächsten Glieder des Systems. Sie betrachten die Realität sehr selten durch eine rosarote Brille.

Im Regelfall sind *Praktiker* Realisten, die keine Illusionen haben. Sie versuchen anderen und sich selbst nicht einzureden, dass die Dinge von alleine besser werden. Ferner haben *Praktiker* keine Skrupel gegenüber schwächeren Mitarbeitern – üblicherweise entledigen sie sich recht schnell solcher Mitarbeiter. *Praktiker* sind keine Befürworter eines kollegialen, demokratischen Verwaltungsstils in einem Unternehmen, da sie sich ungern beraten lassen sowie ungern auf die Meinung anderer hören. Sie bevorzugen es, Entscheidungen eigenständig zu treffen. Ein häufiges Problem von *Praktikern* ist die Tatsache, dass sie unzureichend Pflichten abgeben, weswegen sie dazu neigen, überlastet zu sein.

Normalerweise haben *Praktiker* keine Angst vor Risiko. Sie treffen gewagte Entscheidungen und spielen um große Einsätze, nicht selten setzen sie alles auf eine Karte. *Praktiker* haben keine Angst vor schwierigen Entscheidungen und vermögen es, auf Grundlage nicht kompletter Daten zu handeln. Auf ihre Handlungen haben weder Emotionen noch Sentimentalitäten Einfluss. Manchmal werfen andere

Menschen ihnen vor, dass sie bei ihren Entscheidungen den „menschlichen Faktor" vernachlässigen (sie interessieren sich hauptsächlich für das objektive Wohl des Unternehmens, nicht aber für die Empfindungen der Mitarbeiter).

Berufe

Das Wissen über das eigene Persönlichkeitsprofil sowie die natürlichen Präferenzen stellen eine unschätzbare Hilfe bei der Wahl des optimalen Berufsweges dar. Die Erfahrung zeigt, dass *Praktiker* mit Erfolg in verschiedenen Bereichen arbeiten und aufgehen können. Doch dieser Persönlichkeitstyp prädisponiert sie auf natürliche Art und Weise zu folgenden Berufen:

- Antiterrorspezialist,
- Bauarbeiter,
- Berufsfahrer,
- Detektiv,
- Elektriker,
- Elektroniker,
- Feuerwehrmann,
- Flieger,
- Ingenieur,
- IT-Analytiker,
- IT-Spezialist,
- Jurist,
- Juwelier,
- Landwirt,
- Mechaniker,
- Mitarbeiter im Krisenzentrum,
- Mitarbeiter im technischen Bereitschaftsdienst,
- Musiker,
- Ökonom,
- Pharmazeut,
- Polizeibeamter,

- Programmierer,
- Sanitäter,
- Schlosser,
- Security,
- Soldat,
- Sportler,
- Techniker,
- Tischler,
- Unternehmer.

Potenzielle starke und schwache Seiten

Ähnlich wie auch andere Persönlichkeitstypen haben *Praktiker* potenzielle starke und schwache Seiten. Dieses Potenzial kann auf verschiedenste Weise ausgeschöpft werden. Glück im Privatleben sowie Erfolg im Beruf hängen bei *Praktikern* davon ab, ob sie die Chancen, die mit ihrem Persönlichkeitstyp verknüpft sind, nutzen und ob sie den Gefahren auf ihrem Weg die Stirn bieten können. Im Folgenden eine ZUSAMMENFASSUNG dieser Chancen und Gefahren:

Potenzielle starke Seiten

Praktiker sind spontan, flexibel und tolerant. Sie sind gute Zuhörer und hervorragende Beobachter – sie erkennen Details, die für andere Menschen unsichtbar sind. Gesammelte Informationen speichern *Praktiker* in einer Art innerer Datenbank, weswegen sie diese später für konkrete Probleme verwenden können. Sie sind praktisch veranlagt und verfügen über angeborene manuelle und technische Fähigkeiten. *Praktiker* haben eine positive Lebenseinstellung. Sie sind imstande jeden Augenblick zu genießen. *Praktiker* sind selbstsicher, optimistisch und enthusiastisch. Sie mögen es, aktiv zu sein und vertragen gut jegliche Veränderungen. Sie scheuen keine Zeit oder Energie für ihre Vertrauten, wenn diese praktische Hilfe benötigen.

Ungeachtet der Gegebenheiten vermögen sie es, sich an ihre Überzeugungen zu halten und sind widerstandsfähig gegen Kritik und Druck seitens anderer Menschen. Sie selbst vermögen es auch, Kritik zu äußern und andere zu tadeln, sofern die Situation es verlangt. *Praktiker* sind imstande, Entscheidungen aufgrund von nicht vollständigen Daten zu treffen und unter Risiko zu handeln. Sie verstehen es hervorragend, in gefährlichen, kritischen und schnell wechselnden Situationen zu agieren. Wenn andere sich von Emotionen leiten lassen, behalten *Praktiker* einen kühlen Kopf und treffen objektive und rationale Entscheidungen. Sie haben keine Angst vor gewagten Schritten und riskanten Maßnahmen. *Praktiker* vermögen es zudem, toxische und destruktive Beziehungen zu beenden.

Potenzielle schwache Seiten

Eine der größten Schwächen von *Praktikern* ist ihr Unvermögen, ihre Gefühle zu äußern und ihre Unempfänglichkeit gegenüber den emotionalen Bedürfnissen anderer Menschen (weswegen sie andere unbewusst verletzen können). Eine andere Quelle ihrer Probleme ist ihre Wortkargheit sowie das Unvermögen, ihre Kommunikation an die jeweilige Situation anzupassen. Ihr Widerwille gegen jegliche Kontrolle und Überwachung hingegen kann zu einer Art Besessenheit in puncto Privatsphäre sowie zu Selbstisolation führen.

Praktiker haben ferner Probleme mit Aufgaben, die über eine längere Zeit bearbeitet werden müssen, sowie mit strategischer Planung. Es fällt ihnen auch schwer, eine breitere Perspektive einzunehmen, langfristige Konsequenzen ihrer Handlungen sowie Verbindungen zwischen einzelnen Fakten und Phänomen zu erkennen. Oftmals haben *Praktiker* auch Probleme damit, sich komplexe und abstrakte Theorien anzueignen. Es fällt ihnen auch schwer, sich über längere Zeit auf eine Aufgabe zu konzentrieren, da sie sich recht schnell langweilen und ablenken lassen. Viel einfacher ist es für sie, eine Aufgabe anzufangen als sie zu beenden.

Praktiker tendieren dazu, alles zu verwerfen, was mit ihrer Erfahrung nicht übereinstimmt. Ferner neigen sie dazu, die Gesellschaft von Menschen zu suchen, die ihre Interessen und Ansichten teilen, was zur Entwicklung einer eigenen, alternativen Weltanschauung führen kann. Trotz ihrer Offenheit für neue Erfahrungen und Experimente beschreiten sie selten neue Pfade, die abseits ihres Interessensspektrums liegen.

Persönliche Entwicklung

Die persönliche Entwicklung von *Praktiker* hängt davon ab, in welchem Grad sie ihr natürliches Potenzial nutzen und ob sie die Gefahren, die in Verbindung mit ihrem Typ stehen, zu bewältigen vermögen. Die folgenden praktischen Tipps stellen eine Art Dekalog des *Praktiker* dar.

Denken Sie vorrausschauend

Sie vermögen es, dringende und praktische Probleme zu lösen. Die wichtigsten Probleme jedoch bedürfen einer globalen Herangehensweise sowie langfristiger Handlungen. Um sie zu lösen, müssen Sie ihre Perspektive erweitern und deren Zeithorizont verlängern.

Schätzen Sie Theorie

Alles zu verwerfen, was nicht blitzschnell in der Praxis angewandt werden kann, bringt zahlreiche Einschränkungen mit sich. Es stimmt, dass nicht jede Theorie für die Lösung konkreter Probleme genutzt werden kann, aber diese Theorien können unseren Horizont erweitern und helfen uns, die Welt zu verstehen. Nicht selten sind sie auch eine Inspiration für praktische Maßnahmen in der Zukunft.

Erweitern Sie Ihre Welt

Versuchen Sie Dinge, die über Ihr jetziges Interessens- und Erfahrungsspektrum hinausreichen. Sprechen Sie mit Menschen, die andere Ansichten und Interessen haben als Sie. Nehmen Sie Aufgaben an, die Sie bislang nie gemacht haben. Dies wird Ihnen zahlreiche wertvolle Erfahrungen einbringen und bewirken, dass Sie die Welt aus einer breiteren Perspektive betrachten.

Führen Sie dasjenige zu Ende, was Sie begonnen haben

Sie beginnen mit Begeisterung neue Aufgaben, es fällt Ihnen aber schwer, sie auch abzuschließen. Solch eine Herangehensweise erbringt für gewöhnlich schlechte Resultate. Versuchen Sie festzustellen, was für Sie das Wichtigste ist und wie Sie es erreichen können. Fangen Sie daraufhin an zu arbeiten und lassen Sie sich nicht davon ablenken!

Haben Sie keine Angst vor Ideen und Meinungen, die sich von Ihren unterscheiden

Wenn Ideen und Meinungen den Ihrigen widersprechen, heißt das nicht, dass sie von Grund auf falsch sind. Bevor Sie diese als wertlos ablehnen, versuchen Sie solche Ideen und Meinungen erst zu verstehen und machen Sie sich zu ihnen Gedanken.

Sprechen Sie mehr

Teilen Sie ihre Überlegungen und Ideen anderen mit. Sagen Sie anderen Menschen, wie Sie sich fühlen und was Sie erleben. Äußern Sie Ihre Emotionen. Sie werden so ihren Kollegen und Ihrer Familie helfen. Egal was Sie sagen sollten, es wird weitaus besser als Schweigen sein.

Behandeln Sie andere Menschen „menschlich"

Menschen möchten nicht einzig als Teile des Systems oder Rädchen im Getriebe angesehen werden. Sie möchten, dass ihre Emotionen, Gefühle und Leidenschaften erkannt werden. Versuchen Sie, sich in ihre Lage zu versetzen und zu verstehen, was sie durchleben, was ihre Leidenschaft ist, was sie beunruhigt, wovor sie Angst haben… Sie werden den Unterschied feststellen und überrascht davon sein!

Lehnen Sie allgemein geltende Regeln nicht ab

In Ihrem Leben richten Sie sich nach Ihrem „Kompass" und gehen davon aus, dass das Glück keine universellen Regeln braucht. Diese sind jedoch für die Gesellschaft notwendig! Denken Sie daran, was passieren würde, wenn alle Menschen die allgemeinen Regeln der Gesellschaft missachten und sich nur nach ihren eigenen Regeln verhalten würden.

Bitten Sie andere um Hilfe

Wenn Sie Schwierigkeiten haben, teilen sie dies vertrauten Menschen mit. Wenn Sie wiederum Hilfe brauchen, zögern Sie nicht, um Hilfe zu bitten!

Agieren Sie weniger impulsiv

Bevor Sie eine Entscheidung treffen oder sich für etwas engagieren, sollten Sie etwas Zeit aufwenden, um Informationen zu sammeln, die Situation zu analysieren und sie objektiv zu beurteilen. Dies wird wahrscheinlich die Anzahl Ihrer Handlungen einschränken, dafür werden diese aber effektiver!

Bekannte Personen

Eine Liste bekannter Personen, die dem Profil des *Praktikers* entsprechen:

- **Leonardo da Vinci**, eigtl. Leonardo di ser Piero da Vinci (1452-1519) – italienischer Maler der Renaissance, Architekt, Philosoph, Musiker, Dichter, Entdecker, Mathematiker, Mechaniker, Anatom, Geologe – wahrscheinlich der am vielfältigsten talentierte Mensch in der Geschichte;

- **Michelangelo**, eigtl. Michelangelo di Lodovico Buonarroti Simoni (1475-1564) – italienischer Maler, Bildhauer, Dichter und Architekt, einer der herausragendsten Künstler der Renaissance;

- **Charles Bronson**, eigtl. Charles Dennis Buchinsky (1921-2003) – US-amerikanischer Filmschauspieler tatarischer Herkunft (u. a. *Das dreckige Dutzend*);

- **Alan Bartlett Shepard** (1923-1998) – erster US-amerikanischer Astronaut;

- **Clint Eastwood** (geb. 1930) – US-amerikanischer Schauspieler (u. a. *Die Brücken am Fluß*), Regisseur, Filmproduzent und Komponist, Träger zahlreicher prestigeträchtiger Auszeichnungen;

- **Woody Allen**, eigtl. Allan Stewart Konigsberg (geb. 1935) – US-amerikanischer Drehbuchautor, Regisseur, Schauspieler (u. a. *Plötzlich Gigolo*), Musiker, Produzent und Komponist, Träger zahlreicher prestigeträchtiger Auszeichnungen;

- **Bruce Lee**, eigtl. Lee Jun-fan (1940-1973) – US-amerikanischer Schauspieler chinesischer Abstammung (u. a. *Der Mann mit der Todeskralle*), Meister im Kampfsport;

- **Frank Zappa** (1940-1993) – US-amerikanischer Rock- und Jazzmusiker, Leader der Band The Mothers of Invention;

- **Michael Douglas**, (geb. 1944) – US-amerikanischer Schauspieler (u. a. *Wall Street*), Regisseur und Filmproduzent;
- **John Malkovich (**geb. 1953) – US-amerikanischer Schauspieler (u. a. *In the Line of Fire – die zweite Chance*), Regisseur und Filmproduzent kroatischer Abstammung;
- **Rowan Atkinson** (geb. 1955) – britischer Filmproduzent und Komiker (u. a. *Mr. Bean*);
- **Meg Ryan**, eigtl. Margaret Mary Emily Hyra (geb. 1961) – US-amerikanische Schauspielerin, berühmt für ihre Rollen in romantischen Komödien (u. a. *e-m@il für Dich*);
- **Tom Cruise** (geb. 1962) – US-amerikanischer Schauspieler (u. a. *Mission: Impossible*) und Filmproduzent.

Der Reformer (ENTP)

PERSÖNLICHKEITSTYPOLOGIE ID16™©

Profil

Lebensmotto: *Und wenn man versuchen würde, es anders zu machen?*

Ideenreich, originell und unabhängig. *Reformer* sind Optimisten. Sie sind energisch und unternehmerisch. Wahrhaftige Tatmenschen, die gerne im Zentrum des Geschehens sind und „unlösbare Probleme" lösen. Sie sind an der Welt interessiert, risikofreudig und ungeduldig. Visionäre, die offen für neue Ideen sind. Sie mögen neue Erfahrungen und Experimente. Ferner erkennen sie die Verbindungen zwischen einzelnen Ereignissen und sind mit ihren Gedanken in der Zukunft.

Spontan, kommunikativ und selbstsicher. *Reformer* neigen dazu, ihre eigenen Fähigkeiten zu überschätzen. Darüber hinaus haben sie Probleme damit, etwas zu Ende zu bringen.

Natürliche Veranlagungen des *Reformers*

- Die Quelle seiner Lebensenergie: seine äußere Welt.
- Informationsaufnahme: Intuition.
- Art und Weise wie Entscheidungen getroffen werden: Verstand.
- Lebensstil: spontan.

Ähnliche Persönlichkeitstypen

- *Direktor*
- *Logiker*
- *Stratege*

Statistische Angaben

- *Reformer* stellen ca. 3-5 % der Gesellschaft dar.
- Unter *Reformern* überwiegen Männer (70 %).
- Das Land, welches dem Profil des *Reformers* entspricht, ist Israel.[15]

Buchstaben-Code

Der universelle Code des *Reformers* ist in den Jungschen Persönlichkeitstypologien ENTP.

Allgemeines Charakterbild

Reformer sind scharfsinnig und einfallsreich. Sie vermögen es problemlos, mit komplizierten Systemen und komplexen Theorien umzugehen. *Reformer* zeichnen sich aus durch eine kreative Herangehensweise an Probleme. Sie können sich

---

[15] Dies bedeutet nicht, dass alle Einwohner von Israel zu dieser Gruppe gehören, wenngleich die israelische Gesellschaft – als Ganzes – viele charakteristische Eigenschaften der *Reformer* verkörpert.

auf mehre Dinge gleichzeitig konzentrieren. *Reformer* interessieren sich für die Welt und ihre Phänomene und Geheimnisse. Sie schätzen Ideen und Theorien, die praktisch anwendbar sind und bspw. dabei helfen, konkrete Probleme zu lösen, das Leben zu erleichtern oder die Arbeit effizienter zu gestalten. Dahingegen fällt es ihnen schwer Menschen zu verstehen, die sich mit rein theoretischen Überlegungen zufrieden geben.

Problemlösung

Bei der Analyse von Problemen nehmen *Reformer* eine breite Perspektive ein. Sie betrachten sie aus verschiedenen Gesichtspunkten und sehen daher oft mehr als andere. Ihre Analyse ist vielschichtig, ihre Überlegungen und Ideen wiederum nehmen die Form von schlüssigen Systemen an. In Krisensituationen (wenn andere nur schwarzsehen) vermögen es *Reformer*, Möglichkeiten und Chancen zu erblicken. Dahingegen sind sie in Augenblicken der Zufriedenheit und Euphorie in der Lage, potenzielle Gefahren und Probleme vorherzusehen. In beiden Punkten sind ihre Einschätzungen für gewöhnlich zutreffend.

Sie erkennen besser als andere den Kern eines Problems und haben viel Freude bei dessen Lösung. *Reformer* gehen an Aufgaben auf innovative und unkonventionelle Art und Weise heran. Von Natur aus streben sie gründliche, systematische und weit reichende Lösungen an, die den Kern des Problems betreffen. Dahingegen stören sie sich an provisorischen Lösungen, die Probleme verdecken oder sie zeitlich verzögern, dafür aber nicht ihre Ursachen entfernen. Für gewöhnlich haben *Reformer* gegenüber sich und anderen sehr hohe Ansprüche. Bei der Realisierung von Aufgaben, an die sie glauben, wenden sie all ihre Energie auf. Sie zählen auch nicht die aufgeopferte Zeit, die es erfordert, um eine Aufgabe zu erledigen.

Wenn sie einem Problem begegnen, vermögen es *Reformer* schnell, dessen Wesen zu verstehen und notwendige Schritte einzuleiten. Dabei richten sie sich nach logischen und objektiven Prämissen und lassen sich von anderen Umständen nicht ablenken. Im Falle von Veränderungen der Bedingungen und Gegebenheiten sind *Reformer* ebenfalls imstande, genauso schnell umzulenken und ihre bisherigen Entscheidungen zu korrigieren. Wenn sie Maßnahmen ergreifen, vernachlässigen sie ab und an den sog. menschlichen Faktor. *Reformer* denken darüber nach, ob sie das Recht haben, auf die jeweilige Art und Weise zu handeln und ob es eine rationale Entscheidung sein wird. Seltener hingegen interessiert sie, wie ihr Verhalten von anderen Menschen aufgefasst wird. Solch eine Haltung bewirkt, dass ihr Verhalten manchmal als unmenschlich und unethisch angesehen wird. Es fällt jedoch schwer, *Reformern* irrationales oder unrechtmäßiges Verhalten vorzuwerfen.

Weltanschauung

Reformer vermögen es, allgemeine Regeln, die die Welt ordnen, und Bindungen zwischen einzelnen Phänomen, die auf den ersten Blick nichts miteinander zu tun haben, zu erkennen. Sie verknüpfen einzelne Elemente zu einem Ganzen und erschaffen so kohärente Systeme. *Reformer* erkennen auch sich wiederholende Schemata menschlicher Verhaltensweisen und vermögen es, Theorien zu formulieren, die sie beschreiben. *Reformer* sehen das Leben als Puzzle an – sie suchen stetig nach den fehlenden Elementen und freuen sich, wenn die einzelnen Teile sich zu einem Gesamtbild formen. Die Entdeckung des Unbekannten bereitet ihnen mehr Freude als Wissen und Erfahrung, über die sie bereits verfügen. *Reformer* vermögen es, die Erfahrungen anderer Menschen sowie verfügbare Mittel und Werkzeuge auszunutzen (oftmals kommt es vor, dass sie dies auf eine innovative, unkonventionelle Art und Weise machen). Von Natur aus sind *Reformer* hervorragende Strategen und Planer.

Gedanken

Reformer streben Perfektion an. Sie sind mit ihren Gedanken voraus und denken über aktuelle Bedürfnisse, nicht gelöste Probleme und potenzielle Möglichkeiten nach. Ihr Verstand arbeitet stets sehr intensiv, auch dann, wenn sie ausruhen. *Reformer* verspüren immer eine kreative Anspannung und eine eigentümliche innere Unruhe. Sie möchten bestehende Lösungen verbessern und effizienter gestalten. Neue Herausforderungen verleihen ihnen Energie. *Reformer* begeistern sich für neue Ideen und Theorien, die es erlauben, eine neue Sichtweise auf bisherige Probleme einzunehmen. Darüber hinaus erkennen sie überall Chancen und potenzielle Möglichkeiten.

Aufgaben

Ungeachtet des von ihnen ausgeübten Berufs zeichnen sich *Reformer* durch eine kreative und innovative Herangehensweise aus. Sie faszinieren sich für neue Entdeckungen und visionäre technische Lösungen. Oftmals sind sie selber mutige Reformer (daher auch die Bezeichnung für diesen Persönlichkeitstyp). Sie lassen sich schnell von neuen Ideen anstecken und vermögen auch, andere wiederum mit ihrer Begeisterung anzustecken, weswegen es *Reformern* einfach fällt, Mitarbeiter zu finden, von denen sie bei der Realisierung ihrer mutigen Visionen und Projekte unterstützt werden. Manchmal überschätzen *Reformer* ihre Fähigkeiten. Für gewöhnlich wird ihre Aufmerksamkeit von neuen Herausforderungen abgelenkt, weswegen ihre Begeisterung für frühere Aufgaben verblasst.

Ein allgemeines Problem von *Reformern* ist die Tatsache, dass sie sich schnell ablenken lassen – sie begeistern sich für eine Vielzahl an verschiedenen Sachen und haben so viele Ideen, dass sie manchmal nicht imstande sind, etwas zu Ende zu bringen. Solche Situationen rufen bei ihnen oft Frust und Wut hervor. *Reformer* stören sich auch an Routine und alltäglichen Pflichten, die ihrem Empfinden nach wertvolle Zeit kosten und sie eingrenzen.

Leidenschaft

Reformer interessieren sich oftmals für technische Neuerungen, weswegen sie auch früher und lieber als andere nach neuen Gadgets greifen (die bis dato noch nicht so verbreitet sind). Unter ihren Bekannten gelten sie als Experten, denn wenn die Mehrheit darüber nachdenkt, sich ein neues Gerät zu kaufen, haben *Reformer* dieses für gewöhnlich schon längst im Haus. Darüber hinaus verstehen *Reformer* es, ihre Geräte nicht nur standardmäßig zu verwenden, aber auch fortgeschrittene Funktionen zu benutzen bzw. die Geräte auf eine ganz neue Art zu gebrauchen (die vom Hersteller so nicht vorgesehen war).

Es kommt aber gelegentlich vor, dass sie auf diese Art und Weise auch ihre Geräte kaputt machen (was besonders im jüngeren Alter passiert). Doch ebenso oft gelingt es *Reformern*, sie zu verbessern und ihnen innovative neue Funktionen zu verleihen. Mit der Zeit werden sie also nicht nur zu Rationalisierern, aber auch Projektautoren, Konstrukteuren und Erfindern. Ihre Innovation äußert sich auch durch die Koordinierung von Arbeitsabläufen, durch neue Geschäftsideen und neue Konzeptionen, die die Phänomene auf der Welt erklären sollen.

Reformer mögen für gewöhnlich Reisen und lernen gerne neue Orte, fremde Kulturen und andere Mentalitäten kennen. Von Natur aus sind sie offen für untypische und unkonventionelle Lösungen. *Reformer* verstehen es, sich an wandelnde Gegebenheiten anzupassen, die neuen Erfahrungen hierbei stellen für sie eine Inspiration und einen Impuls zum Handeln dar. Sie haben keine Angst vor Experimenten und begegnen Aufgaben auf eine völlig neue, frische Art und Weise. *Reformern* fällt es schwer, Menschen zu verstehen, die glauben, dass bei der Lösung von Problemen bereits erprobte Methoden am besten sind.

In Anbetracht von Veränderungen

Reformer fühlen sich von Veränderungen angezogen. Die Vision eines Neuanfangs wirkt inspirierend auf sie – die Möglichkeit, das Leben neu anzufangen, neue Chancen wahrzunehmen und neue Möglichkeiten in Anspruch zu nehmen. Es passiert ihnen öfter als anderen, dass sie ihr bisheriges Wertesystem verändern, sich neuen Ideen widmen oder komplett ihr Leben umstrukturieren. Dabei stört sie nicht, dass dies Neuland ist und es bislang niemand probiert hat bzw. dass andere Menschen ihre Ansichten nicht teilen.

Reformer mögen es, die ersten zu sein und fühlen sich hervorragend in der Rolle von Führern und Vorreitern, die einen Pfad zeichnen, die Richtung vorgeben und andere zu neuen Horizonten leiten. Sie gehören nicht zu all jenen, die schnell aufgeben. Hindernisse und Einschränkungen erleben sie als Herausforderung und Inspiration zum Handeln. *Reformer* führen gerne neue Projekte und Pionierlösungen ein. Nachdem dies vollbracht ist, überlassen sie jedoch oft anderen die Arbeit und wenden sich neuen Problemen zu. In der Regel reizt sie am meisten der Anfang und die Konzeptualisierung eines Projekts sowie dessen Durchführung, wohingegen sie Routine und Wiederholbarkeit von Aufgaben schlecht vertragen.

Haltung gegenüber anderen Menschen

Reformer respektieren andere Menschen, vor allem jene, die es vermögen, Herausforderungen anzunehmen, Widrigkeiten zu trotzen, Schwierigkeiten die Stirn zu bieten und sich für eine gerechte Sache einzusetzen, womit sie sich bewusst Kritik, Widerstand oder Unverständnis seitens ihres Umfelds aussetzen. *Reformer* schätzen auch Menschen, die den Mut haben, unbeliebte (aber notwendige) Veränderungen durchzuführen, womit sie auch die bestehende Ordnung antasten oder den Status quo hinterfragen. Dahingegen fällt es ihnen schwer, fremde Fehler und Versäumnisse zu dulden. Sie begegnen zudem Menschen, die über weniger Wissen und Erfahrung verfügen oder mit ihnen nicht Schritt halten können, mit Ungeduld.

Oftmals sind sie nicht imstande zu begreifen, dass andere Menschen Dinge nicht erkennen, die für sie offensichtlich sind. Ebenso wenig können sie diejenigen verstehen, die sich passiv verhalten und nicht die Initiative ergreifen. Fehlende Begeisterung ist für *Reformer* gleichbedeutend mit Passivität oder Faulheit (oftmals zu Unrecht). In der Regel vermögen es *Reformer* nicht, schlecht ausgeführter Arbeit in Ruhe zuzuschauen. In solchen Situationen sprechen sie die jeweiligen Personen sofort an, heben ihre Fehler hervor und versuchen ihr Verhalten zu korrigieren. Sie stören sich auch an unvernünftigen und unlogischen Entscheidungen anderer Menschen.

In den Augen anderer Menschen

Reformer werden als entschiedene, starke und selbstbewusste Menschen angesehen. Für gewöhnlich erfreuen sie sich auch des Rufs kreativer, rationaler und kompetenter Personen. Menschen wissen in der Regel, dass sie bei Problemen auf ihre Hilfe zählen können. Ihr Selbstbewusstsein wird jedoch oftmals als Arroganz oder Wichtigtuerei angesehen.

Viele Menschen stören sich auch daran, dass *Reformer* gerne im Mittelpunkt stehen, anderen ihre Meinung aufzwingen und immer Recht haben wollen. Einige kritisieren auch ihre fehlende Empathie, ihre Gleichgültigkeit, überhöhten Anforderungen und ihre Unempfänglichkeit für die Bedürfnisse anderer Menschen. Ihre Vorliebe für Veränderungen und die ständige Jagd nach Neuheiten bewirkt, dass manch anderer Mensch sie als inkonsequent, chaotisch und wenig ausdauernd bezeichnen würde.

Kommunikation

Eine starke Seite von *Reformern* ist die verbale Kommunikation. Sie vermögen es, komplexe Probleme und komplizierte Theorien auf einfache und verständliche Art und

Weise zu erklären. Dabei äußern sie sich für gewöhnlich sehr präzise und machen bewusst von bestimmten Wörtern Gebrauch. In der Regel heben sie sich durch Selbstbewusstsein hervor. Auch wenn *Reformer* in der Minderheit sind, haben sie keine Angst, ihre Überzeugungen in aller Öffentlichkeit zu verkünden. Bei einem Meinungsstreit stellen sie eine harte Nuss für andere dar – sie verstehen es nämlich, auf überzeugende und scharfsinnige Art und Weise ihre Überzeugungen darzulegen und auch deren Richtigkeit zu belegen.

Reformer mögen es von Natur aus, sich zu streiten und zu polemisieren – sei es nur um der Freude willen. Ferner vermögen sie es, schnell auf Fragen zu antworten und Argumente zurückzuweisen. *Reformer* haben auch keine Angst vor Kritik, Konflikten oder negativen Reaktionen anderer Menschen. Es ist auch schwer, sie zu kränken. Für gewöhnlich sind sie sich nicht bewusst, dass andere Menschen einen niedrigeren Toleranzpegel für Kritik als sie selbst haben, weswegen sie oftmals andere Menschen mit ihren kräftigen Anmerkungen verletzen. Es kommt auch vor, dass sie andere Menschen unterbrechen und ihnen ins Wort fallen. Solch ein Verhalten kann weniger selbstbewusste Gesprächspartner entmutigen oder diese gar abschrecken.

In Stresssituationen

Reformer begeistern sich gewöhnlich für ihren Beruf. Ihre enthusiastische Haltung zu ihren Aufgaben beeinträchtigt jedoch oftmals das Gleichgewicht zwischen Beruf und Freizeit. Übermüdung und langfristiger Stress können dazu führen, dass sie stur und unbeugsam werden und ihre Ziele „über Leichen" realisieren. Eine andere mögliche Reaktion auf Stress ist bei *Reformern* übermäßige Angst vor Krankheiten und Leid oder das Gefühl der Vereinsamung, Zurückweisung oder Entfremdung.

Sozialer Aspekt der Persönlichkeit

Reformer sind offen gegenüber ihrer Umwelt und anderen Menschen. Es ist einfach, sich ihnen zu nähern und mit ihnen Kontakt zu knüpfen. Sie sind gerne dort, wo etwas passiert. Dahingegen vertragen sie keine Isolation und längere Einsamkeit. In zwischenmenschlichen Beziehungen sind *Reformer* für gewöhnlich problemlos, spontan und flexibel. Sie mögen es, neue Menschen kennenzulernen und Bekanntschaften zu knüpfen. Ferner liegt ihnen die Rolle von Gastgebern sehr nahe.

Reformer lieben Überraschungen und spontane Feiern, da sie sich recht schnell an eine neue Situation anpassen können. In der Welt menschlicher Emotionen und Gefühle dagegen fühlen sie sich für gewöhnlich verloren. Gefühlvolle und emotionale Menschen können *Reformer* infolgedessen als kühle und gleichgültige Menschen ansehen. Darüber hinaus können sie *Reformern* instrumentelle Behandlung vorwerfen (bspw. dass sie andere als Informationsquellen oder Werkzeuge zur Arbeit betrachten).

Reformer mögen Diskussionen und Auseinandersetzungen. Sie verstehen es, Konfrontationen zu ertragen und schätzen Menschen, die fähig sind, für ihre eigenen Ansichten zu kämpfen. Solch eine Einstellung schreckt aber all jene ab, die solche Bedürfnisse nicht haben. *Reformer* hingegen können Abneigung gegen Konfrontationen als Anzeichen für Schwäche oder als fehlende Überzeugung vom eigenen Standpunkt deuten.

Unter Freunden

Reformern bedeuten gute und freundschaftliche Beziehungen zu anderen Menschen sehr viel. Der Kern ihre Freundschaften ist der Informationsaustausch, das Teilen von Ideen sowie gemeinsames Lösen von Problemen. Treffen mit anderen verleihen ihnen Energie, helfen ihnen bei der Entwicklung und stellen für sie eine positive Inspiration dar.

Sie lieben inspirierende Gespräche mit Personen, die ihnen wichtig sind, und vermögen es, über alle erdenklichen Themen zu sprechen. In der Regel gibt es für *Reformer* keine Themen, die tabu sind, weswegen *Reformer* auch keine Bedenken haben, dass das Gespräch in eine gefährliche Richtung abdriften könnte (bspw. sie dazu bewegen könnte, ihre Ansichten zu revidieren). *Reformer* verbringen gerne Zeit mit Menschen, die sich für viele Sachen interessieren und ihnen dabei helfen, Probleme aus einer anderen Sichtweise zu betrachten und die – ähnlich wie sie selbst – keine Angst vor neuen Ideen und Herausforderungen haben. *Reformer* selbst teilen ihr Wissen gerne mit, ihre Offenheit, Flexibilität und Spontanität hingegen bewirken, dass sie erwünschte Gesprächspartner und Begleiter sind.

Freunde von *Reformern* sind am häufigsten Menschen, die ihnen ähneln, intelligent sind, über Einfallsreichtum und über einen scharfsinnigen Verstand verfügen. Den Rest der Menschen fassen *Reformer* für gewöhnlich dann ins Auge, wenn sie sich für ihre Ideen und Überlegungen interessieren. Viele *Reformer* gehen davon aus, dass eine Freundschaft sie als Menschen bereichern und ihnen bei ihrer Entwicklung helfen sollte. Wenn sie aber ihr Potenzial ausgeschöpft hat, kann eine Freundschaft auch beendet werden. Unter den Freunden von *Reformern* finden sich am häufigsten *Direktoren*, *Logiker*, *Animateure* und andere *Reformer*. Am seltensten hingegen *Betreuer*, *Anwälte* und *Künstler*.

In der Ehe

Als Lebenspartner gehen *Reformer* ihre Verpflichtungen sehr ernst an. Sie bringen in Beziehungen Optimismus, Begeisterung und Spontanität mit ein und mögen neue Erfahrungen und Experimente – es ist recht schwer, sich mit ihnen zu langweilen. Ihre Hingabe äußern *Reformer* nicht so sehr durch liebevolle Gesten und herzliche Worte, aber vor allem durch konkrete Handlungen – sie sind Menschen der Tat. Von Natur aus sind sie wenig sensibel für die Gefühle ihrer Partner und neigen dazu, sich ihre emotionalen Bedürfnisse nicht vor Augen zu führen. *Reformer* vermögen es ehrlich zu lieben, zeitgleich aber keine Ahnung von den Gefühlen, Emotionen und Erlebnissen ihrer Partner zu haben. Mit ein bisschen Mühe jedoch sind sie imstande, dies zu ändern. In Beziehungen mit romantischen Partnern ist diese Mühe für *Reformer* sogar unabdingbar!

Reformer selbst haben nicht sehr viele emotionale Bedürfnisse. Sie mögen es zu wissen, wie wichtig sie für ihre Lebenspartner sind und dass sie von ihnen geliebt werden, wenngleich sie keine liebevollen Worte, Komplimente oder häufigen Liebesbeweise verlangen. Für romantische und gefühlvolle Partner kann die positive Einstellung von *Reformern* zu Konfrontationen und Streitigkeiten ein Problem darstellen. Es passiert oft, dass *Reformer* mit ihren Anmerkungen und kritischen Kommentaren ihre Nächsten verletzen und es dabei gar nicht merken. Für gewöhnlich mögen sie es auch, im Recht zu sein und haben Probleme damit, Fehler und Schwächen einzugestehen. Ferner fällt es *Reformern* schwer, ihre eigenen Gefühle und Empfindungen in Worte zu fassen.

In Zeiten intensiver Arbeit oder bei besonders hohem Stress sind *Reformer* ab und an schwierige Partner. Sie können dann stur werden, die Bedürfnisse anderer missachten oder Druck auf andere ausüben. *Reformer* lassen sich sehr schnell von neuen Ideen begeistern und beginnen blitzschnell mit der Arbeit an Aufgaben, die ihren Enthusiasmus wecken. Sie vermögen es, ihnen ihre ganze Energie und Zeit zu opfern. Dies kann zu Problemen in der Beziehung führen, vor allem dann, wenn ihre Partner ihre Leidenschaften nicht teilen oder sie nicht verstehen. Die Begeisterung von *Reformern* kann auch Angelegenheiten betreffen, die mit der Familie zu tun haben (sie neigen dazu, Aufgaben und Probleme als Projekte zu betrachten, die es zu realisieren gilt). Es kommt aber vor, dass ihre Begeisterung verblasst, sofern am Horizont neue Aufgaben und aufregende Herausforderungen auftauchen. Obwohl ihre Vorsätze ehrlich sind, haben

Reformer ab und zu Schwierigkeiten damit, Versprechen einzuhalten und Ideen, die sie anfangs begeistert haben, zu realisieren. Eine potenzielle Gefahr für die Stabilität ihrer Beziehungen ist das für *Reformer* charakteristische Bedürfnis nach neuen Erfahrungen und ihre Vorliebe für Abenteuer und Experimente. *Reformer* streben gute Beziehungen zu anderen Menschen an und versuchen in der Regel, Trennungen zu vermeiden, wenngleich sie es vermögen, eine Beziehung zu beenden, sofern sie ihrer Ansicht nach schädlichen und destruktiven Einfluss auf sie ausübt.

Natürliche Kandidaten als Lebenspartner sind für *Reformer* Personen mit verwandten Persönlichkeitstypen: *Direktoren*, *Logiker* oder *Strategen*. In solchen Beziehungen ist es für sie einfacher, gegenseitiges Verständnis und harmonische Beziehungen aufzubauen. Die Erfahrung zeigt aber, dass *Reformer* auch imstande sind, gelungene, glückliche Beziehungen mit Personen einzugehen, deren Typ offensichtlich völlig verschieden ist. Umso interessanter sind diese Beziehungen, da die Unterschiede zwischen den Partnern der Beziehung Dynamik verleihen und Einfluss auf die persönliche Entwicklung nehmen können (viele Personen bevorzugen diese Perspektive, die sich für sie interessanter gestaltet als eine harmonische Beziehung, in der ständig Einklang und gegenseitiges Verständnis herrscht).

Als Eltern

Als Eltern verstehen *Reformer* hervorragend die kindliche Neugier. In gewisser Hinsicht haben sie selber stets etwas von einem Kind und verlieren diese Neugier nie: sie mögen Experimente, Abenteuer und Spiele. Ferner versuchen sie ihren Kindern so viele Erlebnisse und Anreize wie möglich zu vermitteln. *Reformer* organisieren gerne unterschiedliche Ausflüge und verrückte Veranstaltungen, bei denen sie selber genau so viel Spaß haben, wie ihre Kinder. In der Regel lehren sie ihre Kinder kritisch zu denken und versuchen sie zu unabhängigen, eigenständigen Menschen zu erziehen, die fähig sind, Fakten objektiv zu beurteilen und rationale, logische Entscheidungen zu treffen.

Eines ihrer weiteren Probleme ist ihr unvorhersehbares Auftreten. Manchmal versprechen sie ihren Kindern etwas oder legen mit ihnen etwas fest, um es später nicht einzuhalten. *Reformer* lassen sich auch einfach ablenken – wenn sie von einer neuen Vision gefesselt sind, geben sich *Reformer* ihr voll und ganz hin und verlieren dabei gelegentlich die Bedürfnisse ihrer Kinder oder frühere Abmachungen aus dem Auge. Erwachsene Kinder schätzen an ihren *Reformern* die Tatsache, dass sie ihre Unabhängigkeit respektiert, sie bei der Entwicklung ihrer Leidenschaften unterstützt und sie Eigenständigkeit gelehrt haben. Ferner erinnern sie sich auch gerne zurück an die gemeinsamen Familienausflüge und Experimente sowie alle wertvollen Augenblicke, die sie bei gemeinsamem Spaß zusammen mit ihren *Reformern* erlebt haben.

Arbeit und Karriere

Reformer mögen es, wenn sie in ihrer Arbeit die Möglichkeit haben, zu experimentieren. Sie eignen sich hervorragend für Pionieraufgaben und gebrauchen oftmals Methoden, die andere nicht wagen würden. *Reformer* wenden neue Lösungen an oder nutzen bereits bestehende Strategien auf eine innovative Art und Weise, womit sie eine komplett neue Qualität erschaffen. Sie mögen „unerfüllbare" Aufgaben und agieren gerne an vorderster Front.

Talent und Herausforderungen

Reformer werden vom Bewusstsein motiviert, dass es ungelöste Probleme und potenzielle, nicht wahrgenommene Möglichkeiten gibt. Das größte Problem wiederum stellen für sie Tätigkeiten dar, die nach Routine, Wiederholbarkeit und schematischen Maßnahmen verlangen. Für gewöhnlich mögen *Reformer* keine Aufgaben, die lange vorbereitet werden müssen, wohingegen sie es verstehen, hervorragend zu improvisieren und sich schnell an neue Situationen anzupassen. Sie sind imstande, mehrere Aufgaben gleichzeitig zu bearbeiten und auch verschiedene Pflichten zu übernehmen. Ferner mögen *Reformer* Experimente und Veränderungen. Im Angesicht neuer, aufregender Aufgaben vergessen sie oftmals frühere Abmachungen und Verpflichtungen. Darüber hinaus haben *Reformer* auch Probleme damit, systematisch ihre Angelegenheiten zu Ende zu bringen.

Im Team

Reformer mögen Teamarbeit. Für gewöhnlich pflegen sie gute Kontakte zu anderen Menschen und werden von ihnen gemocht. In der Regel bevorzugen sie aber Aufgaben, die nach Kreativität und der Fähigkeit, Probleme zu lösen, verlangen, statt nach Empathie sowie dem Vermögen, menschliche Emotionen, Empfindungen und Bedürfnisse zu deuten. Am liebsten arbeiten sie mit Menschen, die Experten auf ihrem Gebiet sind und die offen für Experimente sowie kreative, innovative und sogar riskante Unterfangen sind. Dahingegen lehnen sie die Zusammenarbeit mit Menschen ab, die alles „nach dem Alten" machen möchten, „erprobte Methoden" bevorzugen und sich krampfhaft an Regeln und Vorgaben halten.

Aufgaben

In der Regel mögen *Reformer* kein Schubladendenken und keine starren, steifen und bürokratischen Strukturen. Sie lassen sich nicht von Argumenten überzeugen, die auf Tradition basieren. Wenn *Reformer* eine Lösung als ineffektiv einstufen, sind sie imstande, sie abzulehnen, ungeachtet dessen, wer sie eingeführt hat und wie lange sie bereits angewandt wird (solch eine Haltung bewirkt, dass sie manchmal als Revolutionäre oder Umstürzler angesehen werden). Für gewöhnlich ordnen sie sich nur ungern jeglichen Reglements oder Vorgaben unter.

Einschränkungen institutioneller und rechtlicher Natur werden von *Reformern* oftmals als Hindernisse auf ihrem Weg zum Ziel wahrgenommen. Wenn sie Bestimmungen als realitätsfremd und sinnlos erachten, vermögen sie es, sie bewusst zu ignorieren. Manchmal behandeln sie auch Menschen auf diese Art und Weise, wenn sie der Ansicht sind, dass sie von diesen bei der Realisierung ihrer Ideen gestört werden. Wenn *Reformer* fest von der Notwendigkeit einer Maßnahme überzeugt sind, üben sie oft Druck auf all jene aus, die ihnen im Weg stehen. Ihre Sturheit ist oftmals der Schlüssel zum Erfolg, wenngleich sie auch einen destruktiven Charakter hat.

Reformer finden sich am besten in Unternehmen zurecht, die ihren Mitarbeiten Freiheiten bei der Realisierung von Aufgaben gewähren, Experimente erlauben, sie zu neuen Lösungen anspornen und ihre Kreativität, Aktivität und Innovation unterstützen. Ferner fühlen sie sich in einem Umfeld wohl, in dem Gespräche über jedes Thema möglich sind und in dem jeder frei seine Meinung äußern kann.

Vorgesetzte

Reformer schätzen Vorgesetzte, die ihren Mitarbeitern Freiheiten in der Arbeit gewähren und sich durch ihr Wissen, ihre Erfahrung, ihre Kompetenzen und ihren Professionalismus hervorheben. Sie schätzen Menschen, die echte Experten auf ihrem Gebiet sind und keine Angst vor Experimenten haben (bspw. dem Verzicht auf bisherige Arbeitsmethoden und der Anwendung innovativer Lösungen). Sie bevorzugen Vorgesetzte, die bei der Beurteilung ihrer Mitarbeiter auf deren Kreativität, Ideen, ausgeführte Aufgaben und gelöste Probleme achten, statt die Menge an vollgeschriebenem Papier oder die pedantische Befolgung von Prozeduren zum Maßstab zu machen.

Auf eine ähnliche Art und Weise benoten sie ihre eigenen Mitarbeiter, die sie am liebsten unter Menschen rekrutieren, die fähig sind, eigenständige Entscheidungen zu treffen, wissen, was in der jeweiligen Situation zu tun ist und keiner ständigen Instruktionen, Hinweise oder engen Kontrolle bedürfen. Sie reagieren verärgert auf Mitarbeiter, die an der Hand geführt werden müssen. *Reformer* gehören nicht zu den Vorgesetzten, die ihre Mitarbeiter mit Komplimenten überhäufen, um ihr Selbstwertgefühl zu verbessern und so die Arbeitsatmosphäre zu verbessern. Sie verstehen es aber sehr wohl, ihre Mitarbeiter für Errungenschaften zu loben und für Erfolge zu belohnen.

Reformer sind natürliche Anführer und Visionäre. Sie verstehen es, die Richtung aufzuzeigen, anderen bestehende Möglichkeiten darzubieten, sie zu inspirieren, ihnen Mut zu geben und sie mit ihrer Begeisterung sowie dem Glauben an Erfolg anzustecken. Als Anführer brauchen sie jedoch starke Unterstützung seitens ihrer Assistenten oder Sekretäre, die ihnen bei praktischen Pflichten und Routineaufgaben aushelfen.

Berufe

Das Wissen über das eigene Persönlichkeitsprofil sowie die natürlichen Präferenzen stellen eine unschätzbare Hilfe bei der Wahl des optimalen Berufsweges dar. Die Erfahrung zeigt, dass *Reformer* mit Erfolg in verschiedenen Bereichen arbeiten und aufgehen können. Doch dieser Persönlichkeitstyp prädisponiert sie auf natürliche Art und Weise zu folgenden Berufen:

- Event-Veranstalter,
- Experte für Marketing,
- Experte für Öffentlichkeitsarbeit,
- Finanzanalytiker,
- Finanzberater,
- Fotograf,
- Handelsvertreter,
- Immobilienvertreter,
- Ingenieur,
- Investor,

- IT-Analytiker,
- Journalist,
- Jurist,
- Künstler,
- Künstlerischer Leiter,
- Logistiker,
- Makler,
- Musiker,
- Planer,
- Politiker,
- Pressevertreter,
- Programmierer,
- Projektkoordinator,
- Psychiater,
- Psychologe,
- Reporter,
- Schauspieler,
- Schriftsteller,
- Wissenschaftler,
- Unternehmer.

Potenzielle starke und schwache Seiten

Ähnlich wie auch andere Persönlichkeitstypen haben *Reformer* potenzielle starke und schwache Seiten. Dieses Potenzial kann auf verschiedenste Weise ausgeschöpft werden. Glück im Privatleben sowie Erfolg im Beruf hängen bei *Reformern* davon ab, ob sie die Chancen, die mit ihrem Persönlichkeitstyp verknüpft sind, nutzen und ob sie den Gefahren auf ihrem Weg die Stirn bieten können. Im Folgenden eine ZUSAMMENFASSUNG dieser Chancen und Gefahren:

Potenzielle starke Seiten

Reformer sind scharfsinnig, kreativ und optimistisch. Sie vermögen es andere mit ihrer Begeisterung und dem Glauben an den Erfolg anzustecken. Sie gehen rational und logisch vor und lassen sich nicht von anderen manipulieren. Es fällt *Reformern* überaus leicht, sich komplexe Theorien und Konzepte anzueignen. Sie sind von Natur aus neugierig und verstehen die Phänomene und Mechanismen, die das Verhalten von Menschen bedingen. *Reformer* erkennen Verbindungen und Beziehungen zwischen verschiedenen Ereignissen und vermögen es, Probleme aus verschiedenen Gesichtspunkten zu betrachten. Sie erkennen schneller als andere neue Möglichkeiten und zukünftige, potenzielle Gefahren. Sie sind unternehmerisch und energisch und vermögen es, Menschen mit ihrem Glauben an den Erfolg anzustecken und sie zum Handeln zu motivieren.

Reformer mögen neue Denkansätze und wegbereitende Ideen. Sie nutzen gerne innovative Lösungen und Methoden und vermögen es, Probleme auf unkonventionelle Art und Weise zu lösen. *Reformer* sind überaus kreativ und mutig. Sie haben keine Angst vor Experimenten, lernen gerne neue Dinge und nehmen Herausforderungen an. *Reformer* bevorzugen es, komplexe Probleme anzugehen und haben keine Angst vor Risiko. Ferner verstehen sie es, sich an neue Situationen anzupassen und sind überaus flexibel. Sie fühlen sich wohl, wenn sie unter anderen Menschen sind und im Team arbeiten. In der Regel verfügen sie über hervorragende kommunikative Fähigkeiten und vermögen es, ihre Gedanken klar und verständlich zu äußern und sie auch im Fall der Fälle zu verteidigen. *Reformer* können gut mit Kritik umgehen und haben keine Angst vor Konfrontationen. Auch schwierige Konflikte stellen für sie kein Problem dar. *Reformer* streben Selbstentfaltung an und helfen gerne anderen bei ihrer Entwicklung.

Potenzielle schwache Seiten

Die Vorliebe für Veränderungen und Experimente, die Jagd nach Neuheiten sowie die Fixierung auf die neuesten und stärksten Impulse bewirken, dass es *Reformern* einfacher fällt, etwas zu beginnen als es zu Ende zu führen. Sie lassen sich darüber hinaus auch einfach ablenken und verlieren ihre Begeisterung für bereits begonnene Unterfangen, wenn am Horizont neue Probleme und Herausforderungen auftauchen. Im Endresultat belassen sie viele Ideen als Konzeptionen, ohne sie dabei zu verwirklichen. Ferner haben sie Probleme, ihre Zeit zu verwalten, sich selbst zu disziplinieren, Entscheidungen zu treffen und Versprechen sowie Termine einzuhalten. Auch die Benennung von Prioritäten und die Anpassung ihrer Aufgaben an diese bereiten *Reformern* große Probleme. In der Regel vermögen es *Reformer* auch nicht, steife Prozeduren einzuhalten und laut Anleitung vorzugehen.

Eines ihrer häufigsten Probleme ist auch ihre Ungeduld gegenüber weniger erfahrenen Menschen, die Hinweise, Vorgaben und Tipps benötigen. Ihr Mut sowie ihr unbeugsamer Glaube an den Erfolg können zu riskanten Schritten und radikalen Lösungen führen. *Reformer* neigen dazu, ihre Fähigkeiten zu überschätzen und Grenzen zu missachten. Ihr Unvermögen, die Gefühle und Empfindungen anderer Personen zu erkennen und selbst auch ihre Gefühle nicht in Worte fassen zu können, kann zu Problemen in ihren Beziehungen mit Freunden und Familie führen. Wiederum ihre kritischen Anmerkungen, ihre konfrontative Haltung, ihre Tendenz, sich immer durchsetzen zu müssen sowie ihre Vorliebe für Konflikte und Polemiken können andere Menschen abschrecken und sensible unter ihnen gar verletzen.

Persönliche Entwicklung

Die persönliche Entwicklung von *Reformern* hängt davon ab, in welchem Grad sie ihr natürliches Potenzial nutzen und ob sie die Gefahren, die in Verbindung mit ihrem Typ stehen, zu bewältigen vermögen. Die folgenden praktischen Tipps stellen eine Art Dekalog des *Reformers* dar.

Lernen Sie, Ihre Zeit zu verwalten und Prioritäten zu setzen

Enthusiasmus ist Ihre Hauptantriebskraft, aber ein Zeitrahmen, ein Arbeitsplan sowie eine Prioritätenliste müssen nicht zwangsweise Ihre Kreativität einschränken, ihre Bewegungen fesseln oder Sie bei der Realisierung Ihrer Pläne stören. Ganz im Gegenteil! Entsprechend angewandt helfen Sie Ihnen, Ihre Ziele zu erreichen.

Seien Sie praktischer

Denken Sie über die praktischen Aspekte Ihrer Ideen und Theorien nach. Um sie voll auszunutzen und ihr Potenzial zu verwerten, müssen Sie andere Menschen von ihnen überzeugen. Überlegen Sie sich, wie sie realisiert werden könnten. Lassen Sie nicht zu, dass die Früchte Ihrer Arbeit in der Schublade landen.

Beenden Sie das, was Sie begonnen haben

Sie beginnen mit Begeisterung neue Aufgaben, es fällt Ihnen aber schwer, sie auch abzuschließen. Versuchen Sie festzustellen, was für Sie das Wichtigste ist und wie Sie es erreichen können. Fangen Sie daraufhin an, zu arbeiten, verfolgen Sie Ihre Prioritäten und lassen Sie sich dabei nicht von weniger wichtigen Dingen ablenken!

Sehen Sie ein, dass Sie irren können

Angelegenheiten können weitaus komplexer sein, als es Ihnen erscheint. Sie müssen nicht immer Recht haben. Behalten Sie das im Auge, bevor Sie anderen Menschen ihre Fehler aufzeigen oder ihnen die Schuld zuweisen.

Kritisieren Sie weniger

Nicht jeder ist imstande, konstruktive Kritik wie Sie zu vertragen. Auf viele Personen hat offene Kritik einen destruktiven Einfluss. Forschungen zufolge wirkt Lob für positive Verhaltensweisen, selbst wenn diese nur selten vorkommen, motivierender auf Menschen als die Kritik an negativem Verhalten.

Lehnen Sie die Ideen und Meinungen anderer Menschen nicht ab

Wenn Meinungen im Widerspruch zu Ihren Ansichten stehen, gehen Sie nicht automatisch davon aus, dass sie falsch sind. Bevor Sie sie als wertlos einstufen, denken Sie zuerst gründlich über sie nach und versuchen Sie, sie zu verstehen.

Erkennen Sie die positiven Seiten

Suchen Sie nicht ständig nach Fehlern, Mängeln oder logischen Widersprüchen. Stellen Sie die wohlgemeinten Intentionen anderer Menschen nicht in Frage. Lernen Sie auch die positiven Aspekte des Lebens zu erkennen und konzentrieren Sie sich auf diese.

Seien Sie nachsichtiger

Zeigen Sie anderen Menschen mehr Geduld. Vergessen Sie nicht, dass nicht jedem Menschen die gleiche Aufgabe zugeteilt werden kann, da nicht alle gleiche Fähigkeiten in denselben Bereichen besitzen. Wenn andere Menschen mit einer Aufgabe nicht klarkommen, muss es nicht immer ein Anzeichen von bösem Willen oder Faulheit sein.

Denken Sie an Termine und Jahrestage

Ein geplantes Treffen, Geburtstage von Verwandten sowie familiäre Jahrestage können Ihnen als etwas Unwichtiges erscheinen, vor allem vor dem Hintergrund der Angelegenheiten, mit denen Sie sich befassen. Für andere Menschen haben solche Daten aber eine immense Bedeutung. Wenn Sie es also nicht schaffen, solche Tage im Gedächtnis zu behalten, dann notieren Sie sie!

Loben Sie andere Menschen

Nutzen Sie jede Gelegenheit, um andere Menschen wertzuschätzen, ihnen etwas Gutes zu sagen und sie für ihre Handlungen zu loben. Auf der Arbeit sollten Sie Menschen nicht nur für die erledigten Aufgaben schätzen, sondern auch dafür, was es für Menschen sind. Sie werden den Unterschied merken und überrascht sein!

Bekannte Personen

Eine Liste bekannter Personen, die dem Profil des *Reformers* entsprechen:

- **Lewis Carrol**, eigtl. Charles Lutwidge Dodgson (1832-1898) – britischer Schriftsteller (u. a. *Alice im Wunderland*) und Mathematiker, Autor von ca. 250 wissenschaftlichen Abhandlungen im Bereich der Mathematik, Logik und Kryptografie;
- **Thomas Edison** (1847-1931) – US-amerikanischer Erfinder; einer der bekanntesten und schöpferischsten Erfinder aller Zeiten, Autor von über 1000 Patenten (u. a. die Glühbirne und der Phonograph), Unternehmer und Gründer der wissenschaftlichen Zeitschrift „Science";
- **Nikola Tesla** (1856-1943) – kroatischer Erfinder, Dichter und Maler, Autor von 112 Patenten (u. a. der elektrische Motor und die Solarbatterie);
- **Theodor Roosevelt** (1858-1919) – 26. Präsident der Vereinigten Staaten, Friedensnobelpreisträger;
- **Buckminster Fuller** (1895-1983) – US-amerikanischer Konstrukteur und Architekt – Pionier der Hi-Tech-Architektur und Autor der sog. Fuller-Kuppeln;

- **Walter Disney** (1901-1966) – US-amerikanischer Filmproduzent, Regisseur, Drehbuchautor, Filmanimateur, Unternehmer und Philanthrop, Gründer von Disneyland und der The Walt Disney Company;

- **Richard Phillips Feynman** (1919-1988) – US-amerikanischer Physiker, einer der Schöpfer der Quantenelektrodynamik, ausgezeichnet mit dem Nobelpreis für Physik;

- **Jeremy Brett**, eigtl. Peter Jeremy William Huggins (1933-1995) – britischer Fernseh- und Filmschauspieler (u. a. *Sherlock Holmes*);

- **John Marwood Cleese** (geb. 1939) – britischer Komiker, Mitglied der Gruppe Monty Python;

- **Roberto Benigni** (geb. 1952) – italienischer Bühnen- und Filmschauspieler, Drehbuchautor und Regisseur (u. a. *Das Leben ist schön*);

- **James Francis Cameron** (geb. 1954) – kanadischer Regisseur von Actionfilmen (u. a. *Terminator*);

- **Tom Hanks**, eigtl. Thomas Jeffrey Hanks (geb. 1956) – US-amerikanischer Schauspieler (u. a. *Philadelphia*), Regisseur und Filmproduzent, Träger zahlreicher prestigeträchtiger Auszeichnungen (u. a. Oscar, Golden Globe, Emmy);

- **Jamie Lee Curtis** (geb. 1958) – US-amerikanische Filmschauspielerin (u. a. *Ein Fisch namens Wanda*) und Kinderbuchautorin;

- **Boris Johnson**, eigtl. Alexander Boris de Pfeffel Johnson (geb. 1964) – britischer Publizist und Politiker, Bürgermeister von London (2008-2016) und Premierminister des Vereinigten Königreichs (2019-2022);

- **Salma Hayek**, eigtl. Salma Hayek Jiménez (geb. 1966) – mexikanisch-amerikanische Filmschauspielerin (u. a. *Desperado*);

- **Celine Dion** (geb. 1968) – kanadische Sängerin mit einigen der weltweit erfolgreichsten Verkaufszahlen für Alben von Sängerinnen.

327

Der Stratege (INTJ)

PERSÖNLICHKEITSTYPOLOGIE ID16™©

Profil

Lebensmotto: *Das lässt sich perfektionieren!*

Unabhängige, herausragende Individualisten, die über unglaublich viel Energie verfügen. Sie sind kreativ und einfallsreich. Von anderen werden sie als kompetente und selbstsichere Menschen angesehen, wenngleich sie distanziert und enigmatisch wirken. *Strategen* betrachten alle Angelegenheiten aus einer breiten Perspektive. Sie möchten ihre Umwelt perfektionieren und ordnen.

Strategen sind gut organisiert, verantwortungsbewusst, kritisch und anspruchsvoll. Es ist schwer, sie aus dem Gleichgewicht zu bringen. Zugleich ist es aber auch nicht einfach, sie völlig zufrieden zu stellen. Ihre Natur erschwert es ihnen, die Gefühle und Emotionen anderer Menschen zu erkennen.

Natürliche Veranlagungen des *Strategen*

- Die Quelle seiner Lebensenergie: seine innere Welt.
- Informationsaufnahme: Intuition.
- Art und Weise wie Entscheidungen getroffen werden: Verstand.
- Lebensstil: organisiert.

Ähnliche Persönlichkeitstypen

- *Logiker*
- *Direktor*
- *Reformer*

Statistische Angaben

- *Strategen* stellen ca. 1-2 % der Gesellschaft dar.
- Unter *Strategen* überwiegen Männer (80 %).
- Das Land, welches dem Profil des *Strategen* entspricht, ist Finnland.[16]

Buchstaben-Code

Der universelle Code des *Strategen* ist in den Jungschen Persönlichkeitstypologien INTJ.

Allgemeines Charakterbild

Strategen sind unabhängige, intelligente und kreative Menschen mit einem reichen Innern. Ihre Welt ist voller Überlegungen und Ideen. Sie schätzen Wissen und Kompetenzen. Wenn *Strategen* ein Problem analysieren, versuchen sie

---

[16] Dies bedeutet nicht, dass alle Einwohner von Finnland zu dieser Gruppe gehören, wenngleich die finnische Gesellschaft – als Ganzes – viele charakteristische Eigenschaften der *Strategen* verkörpert.

unter die Oberfläche zu schauen, um Aspekte, die für andere unsichtbar sind, zu erkennen. Sie konzentrieren sich üblicherweise auf die Zukunft und mögen es nicht zurückzuschauen. Andere Menschen sehen in ihnen „tiefgründige" Menschen mit großem Wissen.

Wahrnehmung und Gedanken

Strategen sind für gewöhnlich tatsächlich hervorragende Strategen (daher auch die Bezeichnung für diesen Persönlichkeitstyp). Sie beobachten unentwegt ihre Umwelt auf der Suche nach neuen Ideen. Es sind Menschen mit einem scharfsinnigen Verstand, die es verstehen, einzelne Fakten und Daten miteinander zu verbinden und deren Zusammenhänge zu erkennen. Sie vermögen es, treffsichere Verallgemeinerungen zu formulieren und erkennen relativ schnell sich wandelnde Bedingungen und Gegebenheiten. *Strategen* sind sich der möglichen Entwicklungsszenarien einer Situation bewusst und vermögen es, potenzielle Probleme und Gefahren zu erkennen. Wenn in ihrem Kopf eine neue Idee heranwächst, beginnen sie sofort darüber nachzudenken, wie sie in der Praxis angewandt werden könnte. *Strategen* hören nie auf, ihr Umfeld zu „überwachen" und vermögen es, mithilfe neuer Daten, ihre vorher gewählte Strategie zu verifizieren.

Strategen sind in der Lage, kühl zu analysieren und Ereignisse objektiv und unparteiisch zu bewerten. Sie sind überaus logisch und rational und richten sich nach ihrer Intuition, der sie sehr vertrauen. Ihre Beurteilungen und Ansichten vertreten *Strategen* als etwas Natürliches. Für gewöhnlich gehen sie von vornerein davon aus, dass sie Recht haben (oftmals ist dem auch so). *Strategen* mögen es, komplexe theoretische Probleme zu lösen. Dahingegen langweilen sie sich bei Routine und sich wiederholenden Tätigkeiten.

Wissen

Von Natur aus sind *Strategen* sehr tiefgründig. Wenn sie sich für eine Idee interessieren, versuchen Sie ihr auf den Grund zu gehen und sie vollkommen zu verstehen. Bereits in ihrer Jugend haben sie weitreichende Interessen und im Laufe der Jahre systematisieren sie ihr Wissen und bauen so eine Art innerer Weltkarte, die es ihnen erlaubt, die Realität mitsamt all ihren Phänomenen besser zu verstehen. *Strategen* kennzeichnen sich durch ständigen Wissensdurst und den Willen, die Welt zu verstehen. Sie lernen selbstständig und stellen sich Fragen, woraufhin sie nach Antworten suchen. *Strategen* analysieren kausale Zusammenhänge zwischen einzelnen Phänomenen und denken über allgemeine Regeln nach, die das menschliche Verhalten begründen.

Strategen überzeugen rationale Argumente. In Konzepten dulden sie keine logischen Inkohärenzen, in Systemen keine internen Widersprüche, in Organisationen wiederum keine unklaren Kompetenzen und Ineffizienz. Trotz ihres großen Wissen und einer guten Orientierung im Weltgeschehen wissen *Strategen* um ihre Mängel. Wenn sie sich auf einem Gebiet nicht auskennen, versuchen sie nicht, Experten vorzutäuschen. Viel mehr geben sie zu, das nötige Wissen nicht zu besitzen. Ferner vermögen sie es auch, aus eigenen Fehlern zu lernen und Konsequenzen für die Zukunft zu ziehen.

Organisation

Strategen haben eine Vorliebe für Ordnung und dulden weder Verschwendung noch Chaos. Von Natur aus sind sie Perfektionisten, die es vermögen, ohne Ende alles, womit sie sich beschäftigen, zu verbessern und zu vervollkommnen. Dabei sind sie aber auch extreme Pragmatiker. Wenn *Strategen* am Horizont neue Aufgaben erblicken, sind sie imstande ihre Verbesserungen von Dingen, die bereits gut funktionieren, aufzugeben, um weitere Herausforderungen anzunehmen.

Wenn *Strategen* eine Aufgabe annehmen, versuchen sie diese so gut wie möglich auszuführen. Sie sind nicht imstande, etwas bewusst unterhalb ihrer Fähigkeiten zu erledigen. Wenn sie eine Angelegenheit zu Ende gebracht haben, erfüllt sie das mit Befriedigung und dem Gefühl von Freiheit – sie können sich dann nämlich vollauf weiteren Herausforderungen widmen.

Entscheidungen

In der Regel brauchen *Strategen* ein bisschen Zeit, um eine Entscheidung zu treffen, verschieden Optionen zu erwägen oder mögliche Konsequenzen abzuwägen. Sie fühlen sich unwohl in Situationen, die von ihnen schnelles Handeln und Improvisation verlangen.

Strategen sind sehr unabhängig. Manchmal scheinen sie gar „inkompatibel" mit ihrem Umfeld zu sein. Die Meinungen und Verhaltensweisen anderer Menschen haben fast gar keinen Einfluss auf ihr Verhalten. Oftmals überraschen sie andere Menschen mit ihren Entscheidungen, da sie sich nicht nach dominierenden Ansichten oder allgemein geltenden Trends richten. Ihre eigenen Überlegungen und Schlüsse sind für sie wichtiger als die Meinung anderer Menschen.

Ihre unerschütterliche Selbstsicherheit (die stärkste unter allen Persönlichkeitstypen!) wird manchmal von anderen Menschen fälschlicherweise als Arroganz, Wichtigtuerei oder Verachtung anderer gedeutet.

Lösung von Problemen

Strategen vermögen es, Probleme als Ganzes, also in einem breiten Kontext zu betrachten. Sie analysieren sie unter verschiedenen Gesichtspunkten und aus unterschiedlichen Perspektiven. Ferner sind sie imstande, unwichtige Informationen auszublenden und sich auf die relevanten Daten zu beschränken, womit sie zu einer objektiven und logischen Analyse gelangen.

Sie sind mit ihren Gedanken voraus und erwägen verschiedene Szenarien. Ferner vermögen es *Strategen*, langfristige Konsequenzen verschiedener Handlungen vorherzusehen (oder deren Ausbleiben). Andere Menschen können oftmals mit ihnen nicht Schritt halten, da *Strategen* nicht selten mit Problemen beschäftigt sind, die noch nicht aufgetreten sind. Manchmal realisieren sie auch so ausgefallene und – auf den ersten Blick – seltsame Ideen, dass manch einer darüber nachdenkt, wie man überhaupt darauf kommen konnte. Dabei sind *Strategen* überaus flexibel – sie sind fähig, Veränderungen von Situationen und neue Voraussetzungen zu berücksichtigen sowie ihre früheren Ansichten und Ideen zu revidieren.

Kommunikation

Der Verstand von *Strategen* ist voller Konzepte, Ideen und Bilder, die einzig und allein für sie selbst verständlich sind. In der ursprünglichen, „unbearbeiteten" Fassung wären sie für ihr Umfeld unverständlich, wobei *Strategen* es verstehen, sie für andere zu „übersetzen" und sie als kohärente und geordnete Systeme darzustellen. *Strategen* vermögen es, ihre Meinung auf eine effektive und sehr überzeugende Art und Weise darzulegen, wenngleich sie manchmal dazu neigen, Fakten leicht zu verdrehen (damit sie besser zu ihrem schlüssigen System passen).

Strategen vermögen es, komplexe Theorien mithilfe von verständlichen Metaphern und einfachen Beispielen zu erklären und Ideen in fertige, langfristige und anwendbare Strategien zu verwandeln.

Leidenschaft

Strategen möchten die Realität und die Welt verbessern und anderen Menschen helfen. Sie machen dies nicht nur mithilfe von fertigen Lösungen für Probleme, aber auch mithilfe ihrer Fragen, die andere Menschen zum Denken und zum Handeln, zu einem Wechsel ihres Standpunktes oder ihrer Weltanschauung anregen. Wenn *Strategen* von einer Aufgabe überzeugt sind, sind sie imstande, sich ihr voll und ganz hinzugeben. Sie achten dabei weder auf ihre Zeit noch ihre Energie und verzichten gar auf Erholung. Sie wundern sich dabei lediglich, dass nicht alle Menschen ihre Begeisterung teilen. Dahingegen fällt es *Strategen* schwer, sich für Unterfangen zu engagieren, von denen sie nicht überzeugt sind.

Für gewöhnlich betrachten sie die Welt als Materie, die man beliebig formen und umwandeln kann, gemäß verschiedener Konzepte und Ideen. Die Möglichkeit der „Materialisierung" von Ideen sowie der Umgestaltung der Realität stellt sie überaus zufrieden. *Strategen* sind oftmals Autoren verschiedener, effektiver Systemlösungen und Handlungspläne. Wenn sie aber einmal ein System mit Erfolg erarbeitet und eingeführt haben, übergeben sie die Kontrolle gerne an andere, um sich neuen Herausforderungen zu widmen.

In Stresssituationen

Eine Problemquelle von *Strategen* kann ihr Unvermögen sein, auszuruhen und mit Stress umzugehen. Unter Stress können sie sich unnatürlich verhalten: sie lassen sich ablenken, achten auf Details, sind pedantisch oder wiederholen ohne nachzudenken die gleichen Tätigkeiten (bspw. Sortieren und Säubern irgendwelcher Gegenstände). Sie können auch versuchen, Stress abzubauen, indem sie auf Genussmittel zurückgreifen.

Sozialer Aspekt der Persönlichkeit

Strategen führen selten ihre Emotionen vor und gehen mit Lob eher sparsam um. Auf andere Menschen wirken sie zurückhaltend, ernst und konservativ. Tatsächlich sind sie jedoch sensibel und sorgen sich um andere Menschen – vor allem um ihre Nächsten. Ein weiterer Mythos ist auch ihr Konservatismus, da *Strategen* offen für jegliche Neuheiten sind und ihr ganzes Leben aktiv nach neuen Ideen und Konzepten suchen.

Es stimmt jedoch, dass zwischenmenschliche Kontakte für sie eine große Herausforderung darstellen. *Strategen* verlieren sich, wenn sie menschliche Emotionen und Gefühle deuten müssen. Sie erkennen auch nicht die Bedeutung von kleinen Gesten und haben in der Regel nichts für Flirts oder gegenseitiges Kokettieren übrig. Ferner halten *Strategen* nichts von physischem Kontakt mit ihren Gesprächspartnern (bspw. Klopfen auf den Rücken). Dafür mögen sie Kommunikation auf Entfernung (bspw. E-Mails).

Von anderen Menschen erwarten *Strategen* rationales und vernünftiges Verhalten sowie einen direkten Ausdruck ihrer Gedanken. Sie mögen es nicht, sich wiederholen zu müssen. Es liegt ihnen auch nicht viel daran, Menschen, die von Anfang an ihre Meinung ohne Kenntnis darüber ablehnen, von ihren Ansichten überzeugen zu müssen. Oftmals gehen *Strategen* davon aus, dass all jenes, worüber sie sprechen, für alle offensichtlich sein sollte. Es kommt deswegen vor, dass sie beim Vorstellen irgendwelcher Thesen nicht erklären, wie sie zu jenen gelangt sind. Für eventuelles Unverständnis ihrer „Gedankensprünge" beschuldigen sie dann für gewöhnlich auch die anderen. Ihre starke Seite hingegen ist die gute Intuition sowie der Wille, die Beziehungen zu anderen Menschen zu verbessern.

Unter Freunden

Ihre Selbstsicherheit, ihr Wissen sowie ihre Intelligenz weckt für gewöhnlich bei anderen Menschen Respekt hervor. Oftmals werden *Strategen* jedoch als Menschen angesehen, denen man sich nur schwer nähern kann und die es schwer ist kennenzulernen, da sie alle auf Distanz halten. Viele Menschen stört die „besserwisserische" Haltung von *Strategen*. Andere wiederum haben Angst vor ihrem Scharfsinn, in der Annahme, *Strategen* wären imstande andere Menschen gänzlich zu durchschauen, weswegen sie sich in ihrer Anwesenheit verlegen fühlen.

All jene, die *Strategen* gut kennen, wissen, dass sie in Wahrheit nicht so strenge und hartgesottene Menschen sind, für die sie ab und zu gelten. In ihrem Freundeskreis vermögen es *Strategen* sich zu erholen und Spaß zu haben. Sie haben auch einen „tiefgründigen" Sinn für Humor, weswegen ihre Witze nicht nur lustig, aber auch scharfsinnig sind.

Ihre Freunde schätzen die Bekanntschaft mit *Strategen* und bewundern ihren Einfallsreichtum und ihr Wissen. *Strategen* sind für gewöhnlich sehr tolerante, diskrete und loyale Freunde. Eine große Bedeutung messen sie der Harmonie in ihren Beziehungen bei. Manchmal brauchen *Strategen* aber eine gewisse Distanz, um sich zurückzuziehen und ein wenig in Einsamkeit zu verweilen. Dies ist ihr natürliches Bedürfnis, da sie so ihre innere Welt schützen, wenngleich dies nicht auf einem Widerwillen gegen andere Menschen basiert.

Strategen mögen Treffen, dank denen sie neue Dinge kennenlernen. Sie schätzen auch Gespräche mit Menschen, die mehr wissen als sie oder Experten auf einem Gebiet sind. Am häufigsten freunden sie sich mit *Logikern, Direktoren, Inspektoren* und anderen *Strategen* an. Am seltensten hingegen mit *Moderatoren, Künstlern* und *Anwälten*. Sie besprechen mit ihren Freunden gerne ihre Ideen und analysieren gemeinsam verschiedene Theorien. Langeweile verspüren sie hingegen bei rein gesellschaftlichen Treffen sowie Small-Talk, Tratsch und höflichen Gesten.

In der Ehe

Strategen sind sehr unabhängig und möchten diese Unabhängigkeit auch ihren Lebenspartnern gewährleisten. Sie behandeln ihre Verpflichtungen gegenüber ihren Nächsten sehr ernst. Ihre Beziehungen sind für gewöhnlich gesund, beständig und stabil. *Strategen* suchen stets nach neuen Ideen und möchten ihr Weltbild perfektionieren, was manchmal zu radikalen Überbewertungen führt. Mit der Zeit kann sich also auch ihr Verständnis für frühere Verpflichtungen gegenüber anderen Menschen ändern.

Ihr Leben findet überwiegend in ihrem Innern statt – sie sind Menschen mit einer großen Phantasie, wobei es ihnen manchmal schwerfällt, ihre Überlegungen und idealistischen Visionen mit der unvollkommenen Realität zu versöhnen. Von Natur aus haben sie keine größeren emotionalen Bedürfnisse und erkennen diese auch nur schwer bei anderen Menschen. Für gewöhnlich sind *Strategen* nicht überschwänglich, weswegen sie ihre Partner auch nicht mit Komplimenten überhäufen. Ihre Hingabe äußern sie viel mehr durch konkrete Taten, wobei sie den Boden unter den Füßen verlieren, wenn sie in eine Situation geraten, in der sie die Gefühle anderer Menschen deuten bzw. ihre eigenen Empfindungen in Worte fassen müssen. Ihre Lebenspartner können in dieser Hinsicht gewisse Defizite empfinden. *Strategen* streben jedoch ununterbrochen die Verbesserung der Realität und Selbstvervollkommnung an, weswegen sie mit dieser Einstellung auch viel in ihrer Beziehung bezwecken können.

Natürliche Kandidaten als Lebenspartner sind für *Strategen* Personen mit verwandten Persönlichkeitstypen: *Logiker*, *Direktoren* oder *Reformer*. In solchen Beziehungen ist es für sie einfacher, gegenseitiges Verständnis und harmonische Beziehungen aufzubauen. Die Erfahrung zeigt aber, dass *Strategen* auch imstande sind, gelungene, glückliche Beziehungen mit Personen einzugehen, deren Typ offensichtlich völlig verschieden ist. Umso interessanter sind diese Beziehungen, da die Unterschiede zwischen den Partnern der Beziehung Dynamik verleihen und Einfluss auf die persönliche Entwicklung nehmen können (viele Personen bevorzugen diese Perspektive, die sich für sie interessanter gestaltet als eine harmonische Beziehung, in der ständig Einklang und gegenseitiges Verständnis herrscht).

Die Beziehungen von *Strategen* zu anderen Menschen sind für gewöhnlich gut, da sie in der Regel keine schlechten

Beziehungen aufrechterhalten. Wenn sie zur Einsicht gelangen, dass eine Beziehung abgebrochen werden müsste, dann machen sie dies auch. Dies kann auch Ehebeziehungen betreffen. Scheidungen sind für *Strategen* aber keineswegs schmerzlose Ereignisse, wie manch einer vermuten könnte.

Als Eltern

Strategen sind sehr ergebene und pflichtbewusste Eltern. Sie nehmen ihre Rolle sehr ernst und helfen ihren Kindern, die Welt zu verstehen. Sie bringen ihnen bei, eigenständig und kritisch zu denken sowie autonome Entscheidungen zu treffen. Für gewöhnlich achten sie auch sehr auf die Bildung ihres Nachwuchses. Darüber hinaus möchten sie ihr Potenzial fördern und sie zu intelligenten und unabhängigen Menschen erziehen. Es kommt jedoch vor, dass sie die emotionalen Bedürfnisse ihrer Kinder nicht hoch genug einschätzen und infolgedessen ihnen auch nicht genügend Liebe und Zuneigung zeigen. Wenn sie nicht fähig sind, diese Feinfühligkeit zu entwickeln, kann es zu einer emotionalen Distanz zwischen ihnen und ihren Kindern kommen.

Strategen, denen es gelungen ist, die o. g. Fehler zu vermeiden, sind für ihre Kinder ausgezeichnete Eltern und große Autoritäten. Sie nehmen ferner Einfluss auf die Entwicklung ihrer Kinder und regen sie an, die Welt zu erkunden und sich Wissen anzueignen, weswegen ihr Nachwuchs für gewöhnlich zu verantwortungsbewussten, kreativen und unabhängigen Menschen heranwächst, die keine Angst vor neuen Herausforderungen haben.

Arbeit und Karriere

Strategen haben eine Vorliebe für die Realisierung von theoretischen Konzepten sowie für die Systematisierung, Ordnung und Organisation der Welt. Sie sind gute Anwärter für Wissenschaftler, Ingenieure und Erfinder. Sie eignen sich auch hervorragend für jegliche Stellen, bei denen Tiefgründigkeit, Intelligenz und Unabhängigkeit gefragt sind.

Im Team

Strategen bevorzugen Einzelarbeit, die ihnen Autonomie gewährleistet und ihre Freiheiten nicht einschränkt. Sie stören sich an übermäßiger Kontrolle seitens ihrer Vorgesetzten, da sie ihre Privatsphäre schätzen und es nicht mögen, wenn jemand ihre Ruhe stört. Sie arbeiten aber auch gerne mit anderen talentierten Menschen und fühlen sich wohl in einer lockeren Gruppe ohne starre Hierarchie.

Strategen konzentrieren sich auf ein Ziel, selbst wenn andere es aus den Augen verlieren. Sie halten Termine immer ein und kommen stets ihren Pflichten nach. Eigenschaften von *Strategen*, die oftmals zu Missmut bei ihren Kollegen führen, sind ihre extreme Unabhängigkeit, ihr Perfektionismus, ihre Ungeduld, ihr Eifer bei Aufgaben, ihre Selbstsicherheit sowie ihr Glaube, sie hätten immer Recht.

Unternehmen

Strategen fühlen sich nicht wohl in Unternehmen, in denen feste Regeln und detaillierte Prozeduren wichtiger sind als kreative Idee und konkrete Erfolge. Sie schätzen Vorgesetzte, die kompetent sind und ihren Mitarbeitern vertrauen, sodass sie ihnen Freiheiten bei den von ihnen aufgetragenen Aufgaben überlassen.

Vorgesetzte

Strategen verfügen über natürliche Führungsqualitäten, wenngleich sie gerne im Hintergrund agieren und ihre Anführer unterstützen. Wenn die Situation es aber verlangt, zögern sie nicht und stellen sich ins Rampenlicht. Trotz fehlender „Machtaspirationen" haben sie oftmals leitende Positionen inne – sie sind perfekte Manager in den Bereichen, die nach organisatorischer und strategischer Planung verlangen.

Als Vorgesetzte achten sie auf die Effizienz ihrer Firma und ihrer Abteilungen, für die sie verantwortlich sind. Für gewöhnlich haben sie auch hohe Ansprüche und erwecken manchmal den Anschein von Personen, die man nur schwer zufriedenstellen kann.

Für gewöhnlich werfen sie ihre Mitarbeiter schnell ins kalte Wasser und helfen ihnen damit, Herausforderungen in der Zukunft sowie sich wandelnde Bedingungen zu erkennen. Sie dulden keine Unordnung, Verschwendung, Passivität und fehlendes Engagement. *Strategen* sind imstande – mit kühlem Kopf – alle unpraktischen und ineffektiven Lösungen zu eliminieren. Sie betrachten Dinge objektiv, ohne Sentiment oder emotionale Umhüllung. Ferner binden sie sich nicht an konkrete Lösungen und sind bereit, sie zu verwerfen, sofern sie in der Praxis nicht mehr anwendbar sind. Für *Strategen* macht es in solchen Fällen auch keinen Unterschied, wer die jeweilige Prozedur eingeführt hat und wie lange sie angewandt wurde.

Berufe

Das Wissen über das eigene Persönlichkeitsprofil sowie die natürlichen Präferenzen stellen eine unschätzbare Hilfe bei der Wahl des optimalen Berufsweges dar. Die Erfahrung zeigt, dass *Strategen* mit Erfolg in verschiedenen Bereichen arbeiten und aufgehen können. Doch dieser Persönlichkeitstyp prädisponiert sie auf natürliche Art und Weise zu folgenden Berufen:

- Administrator,
- Architekt,
- Arzt,
- Ausführender Direktor,
- Designer,
- Direktor für Forschung und Entwicklung,
- Dozent,
- Entwickler von IT-Systemen,
- Experte für Risikobewertung,
- Experte für strategische Planung,
- Finanzanalytiker,

- Fotograf,
- Informatiker,
- Ingenieur,
- Investor,
- IT-Analytiker,
- Jurist,
- Lehrer,
- Manager,
- Ökonom,
- Planer,
- Politiker,
- Programmierer,
- Projektkoordinator,
- Psychologe,
- Redakteur,
- Richter,
- Schriftsteller,
- Techniker,
- Verwalter,
- Wissenschaftler.

Potenzielle starke und schwache Seiten

Ähnlich wie auch andere Persönlichkeitstypen haben *Strategen* potenzielle starke und schwache Seiten. Dieses Potenzial kann auf verschiedenste Weise ausgeschöpft werden. Glück im Privatleben sowie Erfolg im Beruf hängen bei *Strategen* davon ab, ob sie die Chancen, die mit ihrem Persönlichkeitstyp verknüpft sind, nutzen und ob sie den Gefahren auf ihrem Weg die Stirn bieten können. Im Folgenden eine ZU-SAMMENFASSUNG dieser Chancen und Gefahren:

Potenzielle starke Seiten

Strategen verfügen über einen scharfsinnigen Verstand und vermögen es ohne Probleme, Dinge zu sehen, die für andere nicht greifbar sind. Sie erkennen schnell allgemeine Regeln, die das Leben bestimmen, sowie sich wiederholende Schemata menschlicher Verhaltensweisen. *Strategen* sind hervorragende Analytiker und Strategen – sie sind imstande, verschiedene Entwicklungsszenarien von Situationen vorherzusehen, Probleme aus einer breiten Perspektive zu betrachten und optimale Lösungen zu finden. Sie sind sehr eigenständig und gegen Kritik resistent, wenngleich sie fähig sind, ihre Meinung zu ändern, sofern sie Verbesserungen oder bessere Vorschläge entdecken. *Strategen* sind bei Aufgaben, die ihnen wichtig sind, sehr ausdauernd, weswegen sie auch oftmals ihre Ziele erreichen.

Strategen sind von Natur aus Erfinder. Ihre Intelligenz, ihr Verständnis für komplexe Theorien, ihre Logik sowie ihre Ausdauer erlauben es ihnen, neue Lösungen zu finden oder bereits bestehende auf eine neue, kreative Art und Weise zu nutzen. Sie verfügen über ein gesundes Maß an Selbstwertgefühl und kommen gut mit Konflikten zurecht. Sie vermögen es Dinge mit einem kühlen Kopf zu beurteilen – objektiv und emotionslos. *Strategen* sind verantwortungsbewusst und gehen ihre Verpflichtungen sehr ernst an. Sie sind dazu fähig, schädliche und toxische Beziehungen zu beenden und bereit, sich fortzubilden, neue Sachen zu lernen und ihre Beziehungen zu anderen Menschen zu verbessern.

Potenzielle schwache Seiten

Strategen haben von Natur aus Probleme, Gefühle zu deuten und emotionale Bedürfnisse anderer Menschen zu erkennen. Es fällt ihnen auch schwer, ihre eigenen Gefühle und Empfindungen in Worte zu fassen. Sie werden manchmal als zurückgezogen, unsensibel und distanziert angesehen. Oftmals fügen sie mit ihrer Haltung unbewusst anderen

Menschen Leid zu und erzeugen so Spannungen in Beziehungen. Diese Probleme können bei *Strategen* zur Selbstisolation und konsequenterweise zu einem Rückzug in die Einsamkeit führen. *Strategen* fühlen sich in solchen Situationen fremd und beschuldigen andere, ihre Probleme ausgelöst zu haben, für die sie selber jedoch mit verantwortlich sind. In Konfliktsituationen versuchen sie Probleme mithilfe logischer Argumente zu lösen, wobei sie an die Vernunft anknüpfen. Dabei erkennen sie nicht den hohen Stellenwert menschlicher Gefühle und Emotionen an. Oftmals verstehen sie auch nicht, dass viele Probleme mit geistiger Unterstützung, Ermutigung und Trost gelöst werden können. Dies ist ein Bereich, in dem *Strategen* nicht gut zurechtkommen.

Ihre Familie und ihre Kollegen plagen oftmals ihr ständiges Bestreben, alles zu verbessern, ihre Selbstsicherheit sowie ihr Glauben, dass sie immer Recht haben. Ein weiteres Problem von *Strategen* können auch ihre hohen, oftmals unrealistischen Anforderungen an Menschen sein. *Strategen* haben einen niedrigen Toleranzpegel für Fehler anderer Menschen und sind sehr kritisch bei der Bewertung ihrer Leistungen. Sie sehen überall Mängel, Fehler und Ungenauigkeiten. Darüber hinaus suchen sie stets Inkohärenzen in der Denkweise und Argumentation anderer Menschen. Ihre kritische Haltung bewirkt, dass sie manchmal zu voreilig die Meinung oder die Vorschläge anderer Menschen zurückweisen. Eine potenzielle Quelle für Probleme von *Strategen* kann auch ihre natürliche Tendenz zu Arbeitssucht sowie das Unvermögen, zu entspannen, sein.

Persönliche Entwicklung

Die persönliche Entwicklung von *Strategen* hängt davon ab, in welchem Grad sie ihr natürliches Potenzial nutzen und ob sie die Gefahren, die in Verbindung mit ihrem Typ stehen, zu bewältigen vermögen. Die folgenden praktischen Tipps stellen eine Art Dekalog des *Strategen* dar.

Loben Sie andere Menschen

Ständige Kritik und das Aufzeigen von Fehlern wird Menschen nicht helfen. Seien Sie sparsamer mit Kritik und großzügiger mit Anerkennung! Nutzen Sie jede Gelegenheit, um andere Menschen wertzuschätzen und ein gutes Wort für sie parat zu haben. Sie werden den Unterschied merken und werden überrascht sein!

Lassen Sie einige Angelegenheiten ihren natürlichen Lauf nehmen

Es wird Ihnen nicht gelingen, alles unter Kontrolle zu haben. Sie werden nicht imstande sein, jedes Problem zu kontrollieren. Lassen Sie also weniger wichtige Angelegenheiten ihren natürlichen Lauf nehmen. Sie werden so viel mehr Energie sparen können und Frust vermeiden.

Sehen Sie ein, dass nicht alles verbessert werden muss

Einige Dinge sind bereits gut genug. Bei anderen wiederum macht es keinen Sinn, sie zu verbessern. Seien Sie auch nachsichtiger gegenüber anderen Menschen und versuchen Sie nicht, alle zu verbessern.

Lehnen Sie die Ideen und Meinungen anderer Menschen nicht ab

Bevor Sie sie als wertlos einstufen, denken Sie gründlich über sie nach und versuchen Sie, sie zu verstehen. Gehen Sie nicht davon aus, dass sich niemand so gut auf einem Gebiet auskennt wie Sie.

Erkennen Sie die positiven Seiten

Suchen Sie nicht ständig nach Fehlern oder Mängeln. Konzentrieren Sie sich nicht nur auf Unzulänglichkeiten. Erkennen Sie auch die positiven Aspekte des Lebens, die Vorzüge verschiedener Situationen und die guten Leistungen anderer Menschen.

Erlauben Sie anderen, Recht zu haben

Machen Sie sich bewusst, dass auch andere Menschen teilweise oder ganz (!) Recht haben können. Sehen Sie ein, dass auch Sie irren können und lernen Sie, anderen Recht zu geben. Aufgepasst! Zu Anfang können Ihre Verwandten und Kollegen verwundert sein!

Lassen Sie sich von anderen helfen

Wenn Sie ein Problem haben, sollten Sie nicht davor zurückschrecken, andere Menschen um Hilfe zu bitten und diese anzunehmen, bevor die Situation wirklich ernst wird.

Ruhen Sie sich aus

Versuchen Sie manchmal, Ihre Pflichten loszulassen und etwas Angenehmes zu unternehmen. Entspannen Sie, haben Sie ein bisschen Spaß. Dies hilft Ihnen, einen besseren Standpunkt einzunehmen und mit einem klaren Kopf zu Ihren Pflichten zurückzukehren.

Isolieren Sie sich nicht von anderen Menschen

Wahrscheinlich werden Sie niemals ein Faible für Gesellschaftstreffen, Tratsch, Small-Talk und Austausch von Anstandsfloskeln haben. Ihr Leben wird jedoch reicher sein, wenn Sie Kontakte mit Ihren Freunden pflegen und sich mit Menschen treffen, mit denen Sie ihre Leidenschaften und Interessen teilen.

Lächeln Sie mehr

Vielleicht wissen Sie es nicht, aber als *Stratege* machen Sie oftmals eine ernsthafte und harte Miene. Lernen Sie Ihre

Mimik zu kontrollieren und verängstigen Sie andere Menschen nicht mit ihrem scheinbar bedrohlichen Gesichtsausdruck. Lächeln Sie mehr – nicht der Rede wert, aber die Effekte verblüffen!

Bekannte Personen

Eine Liste bekannter Personen, die dem Profil des *Strategen* entsprechen:

- **Isaac Newton** (1643-1727) – englischer Physiker, Astronom, Mathematiker und Philosoph, Entdecker des Gravitationsgesetzes;
- **Thomas Jefferson** (1743-1826) – 3. Präsident der Vereinigten Staaten;
- **Jane Austen** (1775-1817) – britische Schriftstellerin (u. a. *Stolz und Vorurteil*);
- **Karl Marx** (1818-1883) – deutscher Philosoph, Ökonom, Denker (u. a. *Das Kapital*) und Revolutionär, Mitbegründer der Ersten Internationalen;
- **Susan B. Anthony** (1820-1906) – US-amerikanische Sufragette, Gründerin der NWSA (National Woman Suffrage Association);
- **Friedrich Nietzsche** (1844-1900) – deutscher Altphilologe, Philosoph und Schriftsteller;
- **Lise Meitner** (1878-1968) – österreichische Kernphysikerin, sie veröffentlichte als erste die physikalisch-theoretische Erklärung der Kernspaltung;
- **Niels Bohr** (1885-1962) – dänischer Physiker, erhielt den Nobelpreis für Physik für seine Erforschung der Struktur der Atome und ihrer Strahlung;
- **C. S. Lewis** (1898-1963) – britischer Literaturkenner, Denker und Schriftsteller (u. a. *Die Chroniken von Narnia*);

- **Alan Greenspan** (geb. 1926) – US-amerikanischer Ökonom, langjähriger Vorsitzender der US-Notenbank (Federal Reserve System), Autorität auf dem Gebiet der Ökonomie und Geldpolitik;
- **Colin Powell** (1937-2021) – US-amerikanischer General und Politiker;
- **Arnold Schwarzenegger** (geb. 1947) – österreichisch-amerikanischer Bodybuilder und Schauspieler (u. a. *Terminator*), 38. Gouverneur von Kalifornien;
- **Dan Aykroyd** (geb. 1952) – kanadisch-amerikanischer Schauspieler (u. a. *Blues Brothers*);
- **Lance Armstrong** (geb. 1971) – US-amerikanischer Radfahrer und Olympiateilnehmer.

Der Verwalter (ESTJ)

Profil

Lebensmotto: *Erledigen wir diese Aufgabe!*

Fleißig, verantwortungsbewusst und überaus loyal. Energisch und entschieden. Sie schätzen Ordnung, Stabilität, Sicherheit und klare Regeln. *Verwalter* sind sachlich und konkret. Sie sind logisch, rational und praktisch. Sie vermögen es, sich eine große Menge detaillierter Informationen anzueignen.

Hervorragende Organisatoren, die Ineffizienz, Verschwendung und Faulheit nicht dulden. Sie sind ihren Überzeugungen treu und aufgeschlossen gegenüber anderen Menschen. Sie legen ihre Meinung entschieden dar und üben offen Kritik aus, weswegen sie manchmal ungewollt andere Menschen verletzen.

Natürliche Veranlagungen des *Verwalters*

- Die Quelle seiner Lebensenergie: seine äußere Welt.
- Informationsaufnahme: Sinne.
- Art und Weise wie Entscheidungen getroffen werden: Verstand.
- Lebensstil: organisiert.

Ähnliche Persönlichkeitstypen

- *Animateur*
- *Inspektor*
- *Praktiker*

Statistische Angaben

- *Verwalter* stellen ca. 10-13 % der Gesellschaft dar.
- Unter *Verwaltern* überwiegen Männer (60 %).
- Das Land, welches dem Profil des *Verwalters* entspricht, sind die USA.[17]

Buchstaben-Code

Der universelle Code des *Verwalters* ist in den Jungschen Persönlichkeitstypologien ESTJ.

Allgemeines Charakterbild

Verwalter sind entschlossen, selbstsicher und strotzen vor Energie. Sie sind ihren Überzeugungen überaus treu und betrachten das Leben rational. Sie verschwenden keine Zeit für abstrakte Theorien, Vermutungen oder Überlegungen.

---

[17] Dies bedeutet nicht, dass alle Einwohner der USA zu dieser Gruppe gehören, wenngleich die amerikanische Gesellschaft – als Ganzes – viele charakteristische Eigenschaften des *Verwalters* verkörpert.

Interessant sind für sie nur Fakten, konkrete Tatsachenbestände und Beweise.

Wahrnehmung und Gedanken

Verwalter überwachen kontinuierlich ihre Umgebung auf der Suche nach Anzeichen von Ineffizienz und Verschwendung. Der Gedanke an eventuelle Verbesserungen motiviert sie zum Handeln. In der Regel ist es schwierig, sie für etwas zu engagieren, das nicht zur Lösung eines konkreten, handfesten Problems führt. Normalerweise sind sie auch skeptisch gegenüber neuen Ideen und Spekulationen über potenzielle Möglichkeiten oder Theorien, die in der Praxis nicht angewandt werden können. *Verwalter* mögen keine Experimente, da sie erprobte und bewährte Vorgehensweisen bevorzugen. Wenn sie eine Entscheidung über zukünftige Angelegenheiten fällen müssen, machen sie dies für gewöhnlich auf Grundlage ihrer bisherigen Erfahrung (oder der Erfahrung anderer Personen).

Bevor sie sich für etwas engagieren, verschaffen sie sich einen Überblick über die Gesamtsituation und wenden viel Zeit für die Sammlung relevanter Daten auf. Sie versuchen so viele Informationen wie möglich zu bekommen, um die bestmögliche Wahl zu treffen.

Verwalter äußern offen ihre Meinung. Wenn ihnen etwas nicht gefällt, sagen sie es. Normalerweise sind sie sich ihrer Meinung sicher. Sie gehen davon aus, dass andere Menschen ihnen nicht viel zu bieten haben, weswegen sie der Meinung und den Ansichten anderer keine größere Bedeutung beimessen.

In den Augen anderer Menschen

Andere Menschen sehen in ihnen entschlossene, fleißige und verantwortungsvolle Menschen. Viele sind jedoch aufgrund ihrer Direktheit, Selbstsicherheit und herablassenden Lebensart eingeschüchtert oder gar gereizt. *Verwalter* gelten oftmals als Menschen, die „immer alles am besten wissen".

Ferner gelten sie auch als unflexibel, zu offiziell, übermäßig organisiert und pedantisch.

Verwalter wiederum stört an anderen Menschen deren Inkompetenz, mangelhafte Sorgfalt und Leichtfertigkeit. Sie sind nicht imstande Menschen zu verstehen, die sich ununterbrochen verspäten, ihr Wort nicht halten, leichtsinnig Geld ausgeben oder ihre (oder fremde) Zeit nicht respektieren. Sie mögen auch keine Menschen, die allgemein geltende Regeln brechen, Abkürzungen wählen oder nur an sich denken. Ebenso hegen *Verwalter* Abneigung gegenüber Menschen, die sich - trotz fehlender Erfahrung - für herausragende Experten halten.

Kompass im Leben

Verwalter schätzen Tradition, allgemein geschätzte Werte sowie erprobte und bewährte Vorgehensweisen. Sie sind ihrer Überzeugung außerordentlich treu und handeln gemäß den Regeln, an die sie glauben. Für gewöhnlich haben sie großen Respekt vor Autoritäten und sind verantwortungsbewusste und rechtschaffene Bürger. Sie versuchen auf praktische Art und Weise ihren Anteil an einem gut funktionierenden Staat und ihrer lokalen Gemeinschaft zu leisten. *Verwalter* schätzen Stabilität, Sicherheit und Vorhersehbarkeit. Verhaltensweisen, die die Harmonie stören und eine Gefahr für die gesellschaftliche Ordnung darstellen, können sie wiederum nicht dulden. Sie stören sich an Radikalismus und Extremismus.

Ferner mögen *Verwalter* keine bizarren Erscheinungen oder jegliche Art von Abweichungen von allgemein akzeptierten Verhaltensmustern. Veränderungen, neuen Ideen und Experimenten begegnen sie mit Vorsicht. Sie verneinen sie zwar nicht, möchten aber sicher gehen, dass sie nützliche und praktische Resultate liefern (z.B. die Effizienz steigern oder Ersparnisse einbringen). *Verwalter* gehen davon aus, dass es keinen Sinn macht, etwas zu ändern, was gut funktioniert, weswegen sie auch keine Veränderungen mögen, deren einzige Ursache der Wille ist, etwas Neues zu erschaffen.

Organisation

Verwalter brauchen Struktur. Sie dulden keine Unordnung, Chaos oder Improvisation. Sie mögen Ordnung und gute Organisation, können somit in keiner Umgebung leben, in der keine Regeln und Normen vorherrschen. Wenn sie die Möglichkeit sehen, ein System zu verfeinern, seine Effektivität zu verbessern oder Verschwendung vorzubeugen, sind sie motiviert zu handeln. *Verwalter* übernehmen gerne die Verantwortung für die Lösung eines Problems und übernehmen so die natürliche Leitposition.

Sie sind hervorragende Verwalter (daher auch die Bezeichnung für diesen Persönlichkeitstyp). Sie vermögen es, Handlungsstrategien zu entwerfen, Prozeduren zu erläutern und gekonnt die Arbeit anderer zu verwalten. *Verwalter* mögen es, die Kontrolle über die Lage zu behalten. Dies ist aber nicht, wie einige denken mögen, durch die Gier nach Macht bedingt, sondern durch die Annahme, dass eine Aufgabe nur dann ordnungsgerecht ausgeführt wird, wenn sie diese koordinieren. *Verwalter* sind für gewöhnlich sehr anspruchsvoll (auch gegenüber sich selbst) und kritisch. Sie dulden keine Faulenzerei, Unzuverlässigkeit oder die Vernachlässigung von Pflichten. Sie sind nicht imstande, passiv Ungerechtigkeiten oder Brüche von Regeln, an die sie glauben, zu beobachten. In solchen Situationen sind sie imstande dagegen anzukämpfen, auch wenn es viel kosten sollte.

Von Natur aus verantwortungsbewusst, praktisch veranlagt und pünktlich erwarten sie dasselbe von anderen. Sie versuchen die ihnen aufgetragenen Aufgaben bestmöglich auszuführen. *Verwalter* planen oftmals (in Gedanken oder auf Papier) ihren Tag im Voraus und bereiten eine To-Do-Liste vor. Für gewöhnlich halten sie sich gewissenhaft an festgelegte Prozeduren und ordnen sich gerne ihren Vorgesetzten unter. Aus ihrer Perspektive ist dies unabdinglich, damit alles reibungslos verläuft. *Verwalter* erkennen Anzeichen von Ineffizienz, die für andere nicht sichtbar sind, und schätzen ihre Zeit, weswegen sie versuchen, jede Minute optimal zu nutzen.

Freizeit

Sie erfreuen sich an einfachen Sachen: die Zeit mit Familie und Freunden, gemeinsames Essen, Spiele. Sie vermögen es zu entspannen und zu relaxen, wenngleich nur dann, wenn keine neuen Aufgaben auf sie warten! In der Regel verbringen *Verwalter* ihre Freizeit gerne aktiv. Der langwierige Stress führt dazu, dass sie sich entfremdet und überflüssig fühlen, weshalb sie anfangen, ihren eigenen Wert anzuzweifeln. Der Druck führt manchmal dazu, dass sie sich abschotten und dogmatisch bzw. stur werden.

Sozialer Aspekt der Persönlichkeit

Verwalter mögen es, unter Menschen zu sein und finden sich gut unter neuen Personen zurecht. Sie neigen dazu, formal bei der Kontaktpflege zu sein, wenngleich es recht einfach ist, mit ihnen Bekanntschaft zu schließen und sie kennenzulernen. Sie versuchen taktvoll und höflich zu sein, wobei sie es nicht zulassen, dass andere sie ausnutzen. Ferner kämpfen *Verwalter* nicht um jeden Preis um die Sympathien anderer Menschen. Sie sind unempfänglich für Druck von außen oder Manipulationen.

Für gewöhnlich verspüren sie die Zugehörigkeit zu einer größeren Gruppe. Oftmals engagieren sie sich für soziale Initiativen und sind Mitglied in verschiedenen Clubs, Vereinigungen oder Gemeinschaften. *Verwalter* scheuen keine Pflichten und opfern gerne ihre Zeit für die Realisierung von Zielen, mit denen sie sich identifizieren. Sie legen großen Wert auf familiäre Sitten und Feste. Kontakte zu Bekannten hingegen pflegen sie gewissenhaft und nutzen jede Gelegenheit für ein Treffen mit Freunden.

Verwalter sind gegenüber ihrer Familie außerordentlich loyal. Verantwortung ist für sie die Basis für alle zwischenmenschlichen Beziehungen. Sie geben viel und verlangen dies auch von anderen. Sie helfen gerne, unterstützen andere Menschen, geben ihnen Kraft und helfen ihnen, ihre

Talente zu entdecken, wofür sie viel Zeit und Energie opfern. Auch ihre Erfahrung teilen sie gerne.

Menschen mit dieser Persönlichkeit mögen es, wenn andere ihre Hingabe anerkennen und sich dankbar für ihre Hilfe zeigen. Sie sind der Ansicht, dass Handeln wichtiger ist als Worte. Ihre Bindung und Hingabe äußern sie dementsprechend auf praktische Art und Weise. Ihre Emotionen offenbaren sie jedoch recht selten und sind sparsam mit Lob. Eines ihrer Probleme ist auch das fehlende Vermögen, die Gefühle und Emotionen anderer zu deuten. Es kommt vor, dass sie mit ihren direkten Bemerkungen sowie unmissverständlichen Kommentaren unwissentlich andere verletzen.

Unter Freunden

Verwalter mögen für gewöhnlich die Gesellschaft von Menschen, denen sie trauen können und auf die sie immer zählen können. Sie mögen es, mit ihnen Zeit zu verbringen und schöpfen daraus wahre Freude. Fremde Menschen betrachten *Verwalter* oft als formelle und strenge Traditionalisten, wenngleich Freunde sie von einer ganz anderen Seite her kennen – als Menschen, die Spaß haben können, witzig sind und gerne im Mittelpunkt stehen. Ihr direkter Stil, obgleich er manchmal andere einschüchtert, bewirkt, dass man sie recht einfach erkennen kann. Sie sprechen nämlich das aus, was sie denken und verbergen ihre Meinung und ihre Ansichten nicht. Wenn sie unter Freunden sind, nehmen sie keine Rollen ein und setzen sich keine Maske auf.

Oftmals schließen *Verwalter* Freundschaften für ein ganzes Leben. Sie integrieren sich gewöhnlich schnell mit Kollegen auf der Arbeit. Darüber hinaus sind sie Treffen und Integrationsveranstaltungen nicht abgeneigt, wobei sie sich auch mit ihnen in der Freizeit gerne treffen. *Verwalter* schätzen erfahrene, kompetente und einflussreiche Menschen. Dafür sind sie extravaganten und exzentrischen Menschen sowie all jenen abgeneigt, die Konventionen nicht einhalten. Es fällt ihnen zudem schwer, einen gemeinsamen Nenner mit Menschen zu finden, die die Welt komplett anders sehen. Am häufigsten freunden sie sich mit *Animateuren, Inspekteuren* und *Direktoren* an. Am seltensten hingegen mit *Idealisten, Enthusiasten, Beratern* und anderen *Verwaltern*. Bekannte von *Verwaltern* schätzen ihre Hingabe und Zuverlässigkeit, wenngleich sie manchmal – trotz langer Bekanntschaft – sich von ihrer Selbstsicherheit erdrückt fühlen.

In der Ehe

Die Ehe ist *Verwaltern* heilig. Normalerweise lassen Sie den Gedanken über eine Scheidung gar nicht an sich heran. Falls aber ihre Beziehung scheitert, sind sie imstande, sich schnell wieder zu sammeln. Familie ist für sie eine der wichtigsten Sachen im Leben. Sie nehmen alle familiären Pflichten sehr ernst. Für ihre Familie, der sie jederzeit gerne helfen, sind sie eine wahre Stütze. Es ist für *Verwalter* eine natürliche Pflicht, ihrer Familie ein würdiges Leben und Sicherheit zu gewährleisten, denn sie ist für sie jegliches Engagement und Aufopferung wert. Ihre Verbundenheit und Hingabe äußern sie auf praktische Art und Weise, indem sie sich im Familienleben engagieren und ihre häuslichen Pflichten erfüllen.

Ihrer Verantwortung gegenüber ihrer Familie durchaus bewusst, versuchen *Verwalter* nicht selten, Anweisungen zu erteilen und zu belehren (was für gewöhnlich nicht gerne von ihren Partnern gesehen wird). *Verwalter* vermögen es zudem nicht, Emotionen und Gefühle ihrer Lebenspartner zu deuten, weswegen sie sie manchmal mit ihren groben Kommentaren und Bemerkungen unwissentlich verletzen. Sie zeigen ihren Partnern selten spontan Zuneigung. Viele Komplimente gehören auch nicht zu den Stärken von *Verwaltern* (sie loben eher für konkrete Verdienste). Ihre Lebenspartner können in dieser Hinsicht also gewisse Defizite verspüren.

Natürliche Kandidaten als Lebenspartner sind für *Verwalter* Personen mit verwandten Persönlichkeitstypen: *Animateure, Inspektoren* oder *Praktiker*. In solchen Beziehungen ist es für sie einfacher gegenseitiges Verständnis und harmonische Beziehungen aufzubauen. Die Erfahrung zeigt aber, dass *Verwalter* auch imstande sind, gelungene, glückliche Beziehungen mit Personen einzugehen, deren Typ offensichtlich völlig verschieden ist. Umso interessanter sind diese Beziehungen, da die Unterschiede zwischen den Partnern der Beziehung Dynamik verleihen und Einfluss auf die persönliche Entwicklung nehmen können (viele Personen bevorzugen diese Perspektive, die sich für sie interessanter gestaltet als eine harmonische Beziehung, in der ständig Einklang und gegenseitiges Verständnis herrscht).

Als Eltern

Verwalter nehmen ihre elterlichen Pflichten sehr ernst. Die Rolle der Eltern ist für sie etwas ganz Natürliches. Sie bemühen sich sehr, um ihre Kinder zu verantwortungsbewussten und unabhängigen Menschen zu erziehen. *Verwalter* bevorzugen ein traditionelles Familienmodell, in dem die Eltern für Kinder eine Autorität darstellen (sie sind keine „Kumpel"), weswegen ihnen auch Respekt gebührt werden sollte. Sie dulden keinen Ungehorsam und die Nichtbeachtung von Regeln. Gegenüber ihren Kindern sind sie anspruchsvoll und führen gerne Disziplin ein.

Da sie gerne kritisch sind, sind *Verwalter* zugleich sparsam, wenn es um Lob für ihre Kinder geht. Oftmals erkennen sie auch nicht, welche emotionalen Bedürfnisse ihr Nachwuchs hat und zeigen ihnen infolgedessen auch nur unzureichend Fürsorge. Dafür möchten sie ihnen aber richtige Verhaltensweisen sowie den Unterschied zwischen Gut und Böse beibringen. Ihre Kinder lernen von ihnen auch eine praktische, logische und vernünftige Herangehensweise an Probleme. *Verwalter* verlieren ihre Geduld, wenn ihre Kinder immerfort die gleichen Fehler machen bzw. ununterbrochen ihre Pflichten vernachlässigen. Nichtsdestotrotz sind sie ihnen sehr ergeben und opfern für sie viel Zeit und Energie auf. Nach vielen Jahren schätzen ihre Kinder vor allem ihre Bereitschaft und ihre Aufopferung sowie die

Tatsache, dass ihre Eltern immer eine Stütze für sie waren und ihnen die Funktionsweise der Welt eingetrichtert haben.

Arbeit und Karriere

Verwalter sind Titanen der Arbeit, die sich voll für die Realisierung der ihnen aufgetragenen Pflichten engagieren. Sie sind nicht imstande, bewusst ihre Fähigkeiten während der Arbeit nicht komplett auszuschöpfen. *Verwalter* kommen hervorragend mit praktischen Aufgaben zurecht, vermögen es komplexe Prozeduren zu befolgen und passen sich an Richtlinien an. Sie bevorzugen ein stabiles Umfeld, weswegen sie auch keine häufigen Veränderungen mögen.

Im Team

Verwalter sind der Ansicht, dass nur die gewissenhafte Ausführung von Pflichten, Kooperation und klare Regeln ein Team zu seinem Ziel führen können. Menschen mit diesem Persönlichkeitstyp treten in keine Konflikte mit ihren Vorgesetzten und sind zuverlässig. Ferner vermögen sie es in Harmonie mit anderen Menschen zusammenarbeiten. Es passiert selten, dass sie die Anordnungen ihrer Vorgesetzten anzweifeln oder bestehende Prozeduren ignorieren.

Organisation

Verwalter müssen nicht erinnert, gehetzt, beaufsichtigt oder kontrolliert werden. Sie handeln selbstmotiviert und erfreuen sich an gut ausgeführter Arbeit.

Sie eignen sich hervorragend für Arbeiten, die organisatorischer Fähigkeiten und einer Vorliebe für Ordnung bedürfen. *Verwalter* sind unersetzlich bei der Vorbereitung von Handlungsstrategien, Plänen, Systemen und Zeitplänen (mitsamt deren Durchsetzung!). Wenn sie ein Team oder ein System koordinieren sollen, kann davon ausgegangen werden, dass sie penibel alle obligatorischen Prozeduren und

Termine einhalten werden, damit die Arbeit reibungslos und ohne Störungen verläuft.

Verwalter verstehen Menschen nicht, die sich keine Mühe bei den ihnen aufgetragenen Aufgaben machen, bewusst Vorschriften missachten oder vorab festgelegten Verpflichtungen nicht nachgehen. Sie erkennen Ungerechtigkeit, wenn solide Mitarbeiter auf gleicher Höhe mit all jenen behandelt werden, die ihren Pflichten nicht voll nachgehen. Sie sind entschiedene Befürworter von ergebnisorientierten Belohnungen. Gerecht hingegen heißt für *Verwalter* keineswegs, dass es gleich für alle ist.

Aufgaben

Verwalter bevorzugen Aufgaben mit kurzfristigen Terminen. Sie mögen es, konkrete und handfeste Probleme zu lösen und im Nachhinein die Früchte ihrer Arbeit zu sehen. Sie sind überaus zufrieden, wenn Systeme wieder funktionieren, Mittel, die früher vergeudet wurden, nun effektiv eingesetzt werden oder eine neue Arbeitsorganisation immens viel Zeit spart. Sie finden sich wiederum schlechter in Situationen zurecht, in denen sie in die Zukunft blicken, an Theorien anknüpfen, improvisieren oder intuitiv handeln müssen.

Unternehmen

Verwalter mögen Vorgesetzte, die ihre Mitarbeiter respektieren, ihre Erfahrung schätzen und sie für ihre Erfolge belohnen. Aufgrund ihrer Zuverlässigkeit, Loyalität und Vorhersehbarkeit sind sie für Aufgaben in der Verwaltung (in staatlichen Institutionen und in der Wirtschaft) geeignet. *Verwalter* schätzen Stabilität und Prestige, die mit einer Anstellung in großen Institutionen oder Unternehmen mit einer gefestigten Position verbunden sind. Sie sind sehr loyale Mitarbeiter, die sich in hierarchischen, korporatistischen Strukturen, die Karrieremöglichkeiten bieten, wiederfinden.

Oft bleiben sie in einer Firma über die meiste Zeit ihres Lebens und erklimmen immer höhere Posten in der internen Hierarchie (nicht selten bis ganz nach oben). Auch Konkurrenz und Wettbewerb können *Verwalter* gut verkraften.

Vorgesetzte

Verwalter haben angeborene Eigenschaften eines Anführers und vermögen es, die Arbeit anderer Menschen zu organisieren und zu beaufsichtigen. Sie mögen es, Entscheidungen zu fällen und Einfluss auf den Verlauf von Ereignissen zu haben. Ferner beschäftigen sie sich gerne mit der Lösung von praktischen Problemen. Theoretische Probleme sowie strategische Planungen gehören nicht zu ihren Stärken.

Als Anführer besetzen *Verwalter* häufiger die Rolle von Managern als von Visionären. In Kontakten mit ihren Mitarbeitern bevorzugen sie einen formellen und amtlichen Ton. Bei Einschätzungen sind sie für gewöhnlich kritisch und anspruchsvoll, dabei aber auch überaus objektiv und gerecht. *Verwalter* bestimmen Prioritäten und zeigen ihren Mitarbeitern klare Ziele auf, weswegen sie leicht deren Leistungen einschätzen können. Von Natur aus ungeduldig möchten sie, dass ausstehende Aufgaben so schnell wie möglich erledigt werden. Das Wissen über Rückstände oder eventuelle Verspätungen bewirkt bei ihnen Unbehagen.

Wenn sie sich auf dringende Angelegenheiten konzentrieren, verlieren sie oft wichtige Aufgaben aus den Augen (vor allem in langfristiger Perspektive). *Verwalter* neigen auch dazu, mit ihren Aufgaben überfordert zu sein. Ihr Problem besteht nämlich darin, dass sie übertrieben versuchen, ihre Mitarbeiter zu kontrollieren und oftmals ihnen Aufgaben nicht erteilen, da sie der Ansicht sind, sie würden es schneller und besser machen als andere (was oftmals auch stimmt). Indem sie so agieren, entmutigen sie ihre Mitarbeiter, selbstständig zu handeln, und nehmen ihnen das Privileg ab, aus ihren Fehlern zu lernen.

Berufe

Das Wissen über das eigene Persönlichkeitsprofil sowie die natürlichen Präferenzen stellen eine unschätzbare Hilfe bei der Wahl des optimalen Berufsweges dar. Die Erfahrung zeigt, dass *Verwalter* mit Erfolg in verschiedenen Bereichen arbeiten und aufgehen können. Doch dieser Persönlichkeitstyp prädisponiert sie auf natürliche Art und Weise zu folgenden Berufen:

- Administrator,
- Auditor,
- Bankangestellter,
- Beamter,
- Bibliothekar,
- Buchhalter,
- Büroleiter,
- Coach,
- Detektiv,
- Direktor,
- Dozent,
- Handelsvertreter,
- Informatiker,
- Ingenieur,
- Inspektor,
- Jurist,
- Koch,
- Lehrer,
- Manager,
- Mitarbeiter im öffentlichen Dienst,
- Ökonom,
- Pharmazeut,
- Politiker,
- Polizeibeamter,
- Projektkoordinator,

- Richter,
- Soldat,
- Techniker,
- Versicherungsagent,
- Verwalter,
- Wissenschaftler.

Potenzielle starke und schwache Seiten

Ähnlich wie auch andere Persönlichkeitstypen haben *Verwalter* potenzielle starke und schwache Seiten. Dieses Potenzial kann auf verschiedenste Weise ausgeschöpft werden. Glück im Privatleben sowie Erfolg im Beruf hängen bei *Verwaltern* davon ab, ob sie die Chancen, die mit ihrem Persönlichkeitstyp verknüpft sind, nutzen und ob sie den Gefahren auf ihrem Weg die Stirn bieten können. Im Folgenden eine ZUSAMMENFASSUNG dieser Chancen und Gefahren:

Potenzielle starke Seiten

Verwalter sind enthusiastisch, freundschaftlich und helfen gerne anderen Menschen. Sie haben eine innere Motivation zu arbeiten und sind überaus pflichtbewusst. Es sind zudem energische, entschlossene und sachliche Menschen, die gerne die Verantwortung für Aufgaben übernehmen und auch imstande sind, Menschen zu leiten. Sie verfügen über angeborene Führertalente und vermögen es, unparteiische und objektive Bewertungen abzugeben. *Verwalter* sind logisch, rational und außergewöhnlich praktisch veranlagt. Sie sagen stets das, was sie denken und sind direkt. Ferner vertragen sie gut Kritik, können aber auch selbst ein kritisches Urteil fällen.

Für gewöhnlich sind sie sehr scharfsinnig, haben ein gutes Erinnerungsvermögen und vermögen es, eine große Zahl an detaillierten Daten aufzunehmen. Wenn Sie die Möglichkeit sehen, ein System zu verfeinern, seine Effektivität zu verbessern oder Verschwendung vorzubeugen, sind sie motiviert zu handeln. *Verwalter* sind imstande, Pläne und Prozeduren zu erschaffen und erkennen Anzeichen von Ineffizienz, die für andere nicht sichtbar sind. Sie sind fleißig, pflicht- und verantwortungsbewusst und überaus loyal. Die ihnen aufgetragenen Aufgaben erfüllen sie fristgerecht, oftmals vor dem Termin. Sie sind nicht dazu imstande, bewusst ihre Fähigkeiten während der Arbeit nicht komplett auszuschöpfen. *Verwalter* lieben Ordnung und haben einen Sinn für Organisation. Sie sind gut in der Verwaltung von Mitteln und stellen hervorragende Organisatoren und Verwalter von Systemen dar. Unabhängig und gegen Manipulationen standhaft sind es Menschen, die ihren Ansichten treu sind und ohne Rücksicht auf ihr Umfeld an den eigenen Grundsätzen festhalten.

Potenzielle schwache Seiten

Verwalter gehen für gewöhnlich von der Annahme aus, dass sie Recht haben. Sie verschließen sich oftmals für Meinungen anderer, die von ihren eigenen abweichen, wodurch sie ihre Sicht der Dinge einschränken. Dieser Persönlichkeitstyp verfügt zudem über eine angeborene Veranlagung, Menschen anzuleiten und zu belehren.

Manchmal verhalten sich *Verwalter* herablassend und versuchen Druck auf andere auszuüben. Sie neigen dazu, sich zu sehr auf Details zu konzentrieren, weswegen sie oftmals einen breiteren Kontext nicht zu erkennen vermögen. Schwierigkeiten bereiten ihnen auch theoretische Tatsachenbestände sowie die Erkennung zukünftiger Konsequenzen aktueller Entscheidungen und Ereignisse. *Verwalter* verlieren den Boden unter ihren Füßen, wenn sie über die Zukunft nachdenken, intuitiv handeln oder improvisieren müssen. Sie tendieren dazu, sich eher auf dringende als wichtige Angelegenheiten zu konzentrieren. Eines ihrer häufigsten Probleme ist es, dass sie nicht imstande sind, genügend Pflichten abzugeben, und dass sie sich in die Arbeit ihrer untergeordneten Mitarbeiter oder Kollegen einmischen. Sie sind sehr anspruchsvoll, doch diese Ansprüche sind nicht selten unrealistisch. Ihr Verhalten könnte den Anschein erwecken, dass es schwer ist, sie zufrieden zu stellen.

Verwalter haben Schwierigkeiten damit, die Emotionen und Gefühle anderer Menschen zu deuten, weswegen es ihnen oftmals nicht bewusst ist, dass sie anderen Leid zufügen. Sie sind sich auch nicht im Klaren, dass ihre kräftigen Äußerungen und Witze anderen Menschen wehtun können. Ihre Kommunikationsform ist ab und an der Situation oder den Umständen unangemessen. *Verwalter* haben auch Schwierigkeiten, eigene Emotionen und Gefühle zu äußern und anderen gegenüber herzlich zu sein. Für gewöhnlich sind sie sparsam mit Lob, dafür aber großzügig bei Kritik. Von Natur aus wenig flexibel vertragen *Verwalter* jegliche Veränderungen recht schlecht. Sie tendieren darüber hinaus stur, dogmatisch, ungeduldig und explosiv zu sein. Auch übertriebenes Fokussieren auf aktuelle Vorteile, den sozialen Status sowie materielle Güter gehört zu ihren Schwächen.

Persönliche Entwicklung

Die persönliche Entwicklung von *Verwaltern* hängt davon ab, in welchem Grad sie ihr natürliches Potenzial nutzen und ob sie die Gefahren, die in Verbindung mit ihrem Typ stehen, zu bewältigen vermögen. Die folgenden praktischen Tipps stellen eine Art Dekalog des *Verwalters* dar.

Seien Sie nachsichtiger

Begegnen Sie Kindern, Jugendlichen und Personen mit weniger Erfahrung bzw. Fähigkeiten mit mehr Geduld. Nicht alle Menschen sind auf denselben Gebieten begabt. Einige können gewisse Aufgaben einfach nicht meistern und dies hat nichts mit Böswilligkeit oder Faulheit zu tun.

Hören Sie zu

Versuchen Sie Menschen Interesse zu zeigen, auch wenn Sie nicht mit ihrer Meinung einverstanden sind bzw. Sie fest davon überzeugt sind, dass sie Unrecht haben. Antworten Sie nicht, bevor Ihr Gegenüber nicht zu Ende gesprochen hat. Die Fähigkeit, anderen zuzuhören, könnte Ihre Beziehungen zu anderen Menschen verbessern.

Protestieren Sie nicht gegen Veränderungen

Lehnen Sie nicht sofort Ideen, die Veränderungen mit sich bringen oder die bestehende Ordnung in Frage stellen, aus Prinzip ab. Wenn Sie dies machen, verlieren Sie die Chance zur Weiterentwicklung und können keine wertvollen Erfahrungen sammeln. Veränderungen bringen zwar immer ein gewisses Risiko mit sich, aber dieses ist oft geringer als Sie denken.

Sehen Sie ein, dass Sie auch im Irrtum sein können

Sie müssen nicht immer Recht haben. Manchmal können Sie auch irren, denn nicht selten ist die Realität komplexer, als es Ihnen vorkommt, weswegen beide Seiten (zumindest teilweise) Recht haben können. Gehen Sie auch nicht von der Annahme aus, dass es niemanden gibt, der sich auf einem gewissen Fachgebiet genauso gut auskennt wie Sie.

Loben Sie andere Menschen

Nutzen Sie jede Gelegenheit, um andere Menschen zu schätzen, ihnen etwas Nettes zu sagen oder für ihre Arbeit zu loben. Im Beruf sollten Sie andere Menschen nicht nur für die getane Arbeit schätzen, aber auch dafür, was für Menschen sie sind. Sie werden den Unterschied merken und werden überrascht sein!

Kritisieren Sie weniger

Nicht jeder ist imstande, konstruktive Kritik so aufzunehmen wie Sie. Im Falle vieler Menschen funktioniert offene Kritik destruktiv. Forschungen zufolge wirkt Lob für positive Verhaltensweisen, selbst wenn diese nur selten vorkommen, motivierender auf Menschen als die Kritik an negativem Verhalten.

Behandeln Sie andere „menschlich"

Menschen wollen nicht nur als Werkzeug zur Realisierung von Zielen angesehen werden. Sie möchten, dass ihre Emotionen, Gefühle und Leidenschaften erkannt werden. Wenn Sie also mit Menschen umgehen, versuchen Sie sich in ihre Lage zu versetzen, um zu verstehen, was sie fühlen, welche Leidenschaft sie haben, was sie bekümmert oder gar verängstigt…

Überlassen Sie einige Dinge ihrem natürlichen Lauf

Es wird Ihnen nicht gelingen, alles unter Kontrolle zu haben und Sie werden auch nicht immer Herr der Lage sein können. Überlassen Sie unwichtigere Dinge ihrem natürlichen Lauf, erledigen Sie weniger dringende Angelegenheiten erst später. Hören Sie auf, Menschen zu reformieren. Sie werden damit viel Energie sparen können und Frustration vermeiden.

Schieben Sie anderen nicht die Schuld für Ihre Probleme zu

Probleme müssen nicht zwangsweise durch andere entstehen. Auch Sie können der Grund sein! Ihnen können auch Fehler passieren. Auch Sie können der Grund für ein Problem sein.

Beherrschen Sie sich

Wenn Sie spüren, dass Sie gleich explodieren, versuchen Sie zu entspannen, sich zu beruhigen, einen Moment lang an etwas anderes zu denken. Wutausbrüche helfen weder Ihnen noch anderen Menschen in Ihrem Umfeld.

Bekannte Personen

Eine Liste bekannter Personen, die dem Profil des *Verwalters* entsprechen:

- **Carry Nation** (1846-1911) – US-amerikanische Aktivistin für Abstinenz und Nüchternheit;
- **Bette Davis**, eigtl. Ruth Elizabeth Davis (1908-1989) – US-amerikanische Theater- und Filmschauspielerin (u. a. *Alles über Eva*), Trägerin zahlreicher prestigeträchtiger Auszeichnungen und Preise, eine der größten Schauspielerinnen aller Zeiten;
- **Harry S. Truman** (1884-1972) – der 33. Präsident der Vereinigten Staaten;
- **Billy Graham**, eigtl. William Franklin Graham Jr. (1918-2018) – US-amerikanischer Baptistenpastor, einer der bekanntesten Evangelisten auf der Welt, Buchautor (u. a. *Friede mit Gott*);
- **Sandra Day O'Connor** (geb. 1930) – US-amerikanische Juristin, war als erste Frau Richterin am Obersten Gerichtshof der USA;
- **George W. Bush** (geb. 1946) – 43. Präsident der Vereinigten Staaten;
- **Susan Sarandon**, eigtl. Susan Abigail Tomalin (geb. 1946) – US-amerikanische Schauspielerin (u. a. *Dead Man Walking – sein letzter Gang*);
- **John de Lancie** (geb. 1948) – US-amerikanischer Filmschauspieler (u. a. *Star Trek*);

- **Bruce Willis** (geb. 1955) – US-amerikanischer Filmschauspieler (u. a. *Armageddon*) und Musiker;
- **Mickey Rourke** (geb. 1956) – US-amerikanischer Filmschauspieler (u. a. *The Animal Factory – Rache eines Verurteilten*) und Drehbuchautor;
- **Laura Linney** (geb. 1964) – US-amerikanische Filmschauspielerin (u. a. *Mystic River*);
- **Brendan Fraser** (geb. 1968) – US-amerikanisch-kanadischer Filmschauspieler (u. a. *Die Mumie*);
- **Daniel Craig** (geb. 1968) – britischer Theater- und Filmschauspieler (u. a. *Casino Royale*).

Anhang

Die vier natürlichen Veranlagungen

1. Dominierende Quelle der Lebensenergie

    o ÄUSSERE WELT
    Menschen, die ihre Energie aus der Um-
    welt schöpfen, die Aktivitäten und Kon-
    takt mit anderen Menschen benötigen. Sie
    vertragen längere Einsamkeit nur
    schlecht.

    o INNERE WELT
    Menschen, die ihre Energie aus ihrem In-
    nern schöpfen, die Ruhe und Einsamkeit
    brauchen. Sie fühlen sich erschöpft, wenn
    sie längere Zeit mit anderen Menschen
    verbringen.

2. Dominierende Art, Informationen aufzunehmen

o SINNE
Menschen, die auf ihre fünf Sinne vertrauen. Sie glauben an Fakten und Beweise und mögen erprobte Methoden sowie praktische und konkrete Aufgaben. Sie sind Realisten, die sich auf ihre Erfahrung stützen.

o INTUITION
Menschen, die auf ihren sechsten Sinn vertrauen. Sie lassen sich durch Vorahnungen leiten und mögen innovative Lösungen sowie Probleme theoretischer Natur. Sie zeichnen sich durch eine kreative Herangehensweise sowie die Fähigkeit aus, Dinge vorherzusehen.

3. Dominierende Art, Entscheidungen zu treffen

o VERSTAND
Menschen, die sich nach ihrer Logik und objektiven Regeln richten. Sie sind kritisch und direkt, wenn sie ihre Meinung äußern.

o HERZ
Menschen, die sich nach ihren Empfindungen und Werten richten. Sie streben nach Harmonie und Einverständnis mit anderen.

4. Dominierender Lebensstil

o ORGANISIERT
Menschen, die pflichtbewusst und organisiert sind. Sie schätzen Ordnung und mögen es, nach Plan zu handeln.

o SPONTAN
Flexible Menschen, die ihre Freiheit
schätzen. Sie erfreuen sich des Augen-
blicks und finden sich gut in neuen Situationen zurecht.

Geschätzter Anteil der einzelnen Persönlichkeitstypen an der Bevölkerung (in %)

Persönlichkeitstyp	Anteil
Animateur (ESTP):	6 – 10 %
Anwalt (ESFJ):	10 – 13 %
Berater (ENFJ):	3 – 5 %
Betreuer (ISFJ):	8 – 12 %
Direktor (ENTJ):	2 – 5 %
Enthusiast (ENFP):	5 – 8 %
Idealist (INFP):	1 – 4 %
Inspektor (ISTJ):	6 – 10 %
Künstler (ISFP):	6 – 9 %
Logiker (INTP):	2 – 3 %
Mentor (INFJ):	ca. 1 %
Moderator (ESFP):	8 – 13 %
Praktiker (ISTP):	6 – 9 %
Reformer (ENTP):	3 – 5 %
Stratege (INTJ):	1 – 2 %
Verwalter (ESTJ):	10 – 13 %

Geschätztes prozentuales Verhältnis von Frauen und Männern je nach Persönlichkeitstyp

Persönlichkeitstyp	Frauen/Männer
Animateur (ESTP):	40 % / 60 %
Anwalt (ESFJ):	70 % / 30 %
Berater (ENFJ):	80 % / 20 %
Betreuer (ISFJ):	70 % / 30 %
Direktor (ENTJ):	30 % / 70 %
Enthusiast (ENFP):	60 % / 40 %
Idealist (INFP):	60 % / 40 %
Inspektor (ISTJ):	40 % / 60 %
Künstler (ISFP):	60 % / 40 %
Logiker (INTP):	20 % / 80 %
Mentor (INFJ):	80 % / 20 %
Moderator (ESFP):	60 % / 40 %
Praktiker (ISTP):	40 % / 60 %
Reformer (ENTP):	30 % / 70 %
Stratege (INTJ):	20 % / 80 %
Verwalter (ESTJ):	40 % / 60 %

Literaturverzeichnis

Arraj, J. (1990): *Tracking the Elusive Human, Volume 2: An Advanced Guide to the Typological Worlds of C. G. Jung, W.H. Sheldon, Their Integration, and the Biochemical Typology of the Future.* Midland, OR: Inner Growth Books.

Arraj, J./Arraj, T. (1988): *Tracking the Elusive Human, Volume 1: A Practical Guide to C.G. Jung's Psychological Types, W.H. Sheldon's Body and Temperament Types and Their Integration.* Chiloquin, OR: Inner Growth Books.

Berens, L. V./Cooper, S. A./Ernst, L. K./Martin, C. R./Myers, S./Nardi, D./Pearman, R. R./Segal, M./Smith, M. A. (2002): *Quick Guide to the 16 Personality Types in Organizations: Understanding Personality Differences in the Workplace.* Fountain Valley, CA: Telos Publications.

Geier, J. G./Downey, D. E. (1989): *Energetics of Personality: Success Through Quality Action.* Minneapolis, MN: Aristos Publishing House.

Hunsaker, P. L./Alessandra, T. (1986): *The Art of Managing People.* New York, NY: Simon and Schuster.

Jung, C. G. (1995): *Psychologische Typen*. Ostfildern: Patmos Verlag.

Kise, J. A. G./Krebs Hirsh, S./Stark, D. (2005): *LifeKeys: Discover Who You Are*. Bloomington, MN: Bethany House.

Kroeger, O./Thuesen, J. M. (1988): *Type Talk or How to Determine Your Personality Type and Change Your Life*. New York, NY: Delacorte Press.

Lawrence, G. D. (1997): *Looking at Type and Learning Styles*. Gainesville, FL: Center for Applications of Psychological Type.

Lawrence, G. D. (1993): *People Types and Tiger Stripes*. Gainesville, FL: Center for Applications of Psychological Type.

Maddi, S. R. (2001): *Personality Theories: A Comparative Analysis*. Long Grove, IL: Waveland Press.

Martin, C. R. (2001): *Looking at Type: The Fundamentals Using Psychological Type To Understand and Appreciate Ourselves and Others*. Gainesville, FL: Center for Applications of Psychological Type.

Meier, C. A. (1986): *Persönlichkeit: Der Individuationsprozess im Lichte der Typologie C. G. Jungs*. Einsiedeln: Daimon.

Pearman, R. R./Albritton, S. C. (2010): *I'm Not Crazy, I'm Just Not You: The Real Meaning of the Sixteen Personality Types*. Boston, MA: Nicholas Brealey Publishing.

Segal, M. (2001): *Creativity and Personality Type: Tools for Understanding and Inspiring the Many Voices of Creativity*. Fountain Valley, CA: Telos Publications.

Sharp, D. (1987): *Personality Type: Jung's Model of Typology*. Toronto: Inner City Books.

Spoto, A. (1995): *Jung's Typology in Perspective*. Asheville, NC: Chiron Publications.

Tannen, D. (1990): *You Just Don't Understand: Women and Men in Conversation.* New York, NY: William Morrow and Company.

Thomas, J. C./Segal, D. L. (2005): *Comprehensive Handbook of Personality and Psychopathology, Personality and Everyday Functioning.* Hoboken, NJ: Wiley.

Thomson, L. (1998): *Personality Type: An Owner's Manual.* Boston, MA: Shambhala.

Tieger, P. D./Barron-Tieger, B. (2000): *Just Your Type: Create the Relationship You've Always Wanted Using the Secrets of Personality Type.* New York, NY: Little, Brown and Company.

Von Franz, M.-L./Hillman, J. (1971): *Lectures on Jung's Typology.* New York, NY: Continuum International Publishing Group.

Über den Autor

Jarosław Jankowski: Magisterstudium der Pädagogik an der Nikolaus-Kopernikus-Universität Toruń (Polen) sowie Absolvent des Executive-MBA-Programms der Brennan School of Business an der Dominican University in River Forest, Illinois (USA). Direktor für Forschung und Entwicklung in einer internationalen Nichtregierungsorganisation. Wissensvermittler zum Thema Persönlichkeitstypen, Begründer des Persönlichkeitstests ID16™©.